«Qué interesante desarrollo que lo[s] utilizando algunas de las herramientas q[ue] de habla inglesa hemos descubierto para ayudarnos a hacer teología sin apología. Tendremos mucho que aprender de estos teólogos. ¡Que sigan aumentando teólogos así!».

—*Stanley Hauerwas*, Profesor Gilbert T. Rowe, Duke University

«La modernidad puso en un brete en su día a la religión, está bien que esta se defienda ahora de aquellos excesos racionales. Y que precisamente lo haga con ayuda de la posmodernidad, denigrada por los caducos restos modernos (autoritarios, dogmáticos, fundamentalistas) que todavía quedan, también en las iglesias. Una idea inteligente y brillante la dialéctica entre modernidad y posmodernidad de este libro, muy bien argumentada y muy bien expuesta, la religión habrá de agradecerlo».

—*Isidoro Reguera P.*, Catedrático, Universidad Extremadura

«Es bueno saber que este tipo de investigación se esté produciendo en América Latina. *Reteniendo lo bueno: Saqueando los tesoros del posmodernismo* busca —utilizando a varios de los más importantes académicos contemporáneos— extraer las riquezas intelectuales de lo mejor de la filosofía posmoderna en beneficio de una teología más completa y abarcadora. Confío en que este trabajo nutrirá enormemente a los teólogos latinoamericanos y a la iglesia».

—*Richard Kearney*, Profesor Charles B. Seelig, Boston College

«Suele atribuirse a Agustín de Hipona, que escribía en el paso del siglo IV al V, la analogía entre la adopción crítica del pensamiento clásico por parte de los cristianos, y el saqueo de los "tesoros de los egipcios" por parte de los israelitas. En realidad, la analogía ya había sido usada dos siglos antes por Ireneo de Lyon. Agustín saqueó, como vemos, los tesoros de los paganos, pero también los de un cristiano de otros tiempos y tierras. Hay ahí una pertinente analogía con este libro de Jorge Ostos y Saúl Sarabia. Como fácilmente notará el lector, no solo han adoptado la sabia disposición de saquear los tesoros de la filosofía postmoderna, sino que también han sabido recoger de un modo sabio la interacción que cristianos de otras tierras han tenido con éstos durante las últimas décadas. El resultado es un libro que brilla por un equilibrio muy necesario entre los cristianos del mundo hispanoparlante».

—*Manfred Svensson*, Profesor, Universidad de los Andes

«El "posmodernismo" ha sido celebrado y demonizado en los círculos cristianos. Es demasiado fácil dar la bienvenida a las novedades o rechazarlas. Muchas críticas al posmodernismo que he escuchado y leído, simplemente defienden las convicciones modernas como si fueran sinónimo de la fe cristiana. Los autores de esta obra han escuchado pacientemente la gracia común de Dios refractada en las cosmovisiones rotas y caídas. Podemos aprender mucho de su sabiduría».

—*Michael S. Horton*, Profesor J. Gresham Machen, Westminster Seminary California

«Algunos en la iglesia dicen que el posmodernismo es contra la fe. Esto es incorrecto. El posmodernismo, como el modernismo, es una manera de ver e interpretar el mundo. Entonces hay que entender el posmodernismo, y cómo la fe puede ser entendida y comunicada por medio de este contexto intelectual. Este libro logra mucho en esta dirección».

—*Daniel Castelo*, Profesor, Universidad Seattle Pacific

«El "posmodernismo" surgió como una crítica a modernidad misma. Si la fe cristiana debe superar el desafío intelectual de la modernidad, entonces necesita tanto entender el problema como adquirir herramientas para la lucha. El estudio cristiano de esa crítica dará abundantes frutos para nuestro tiempo».

—*P. Stephen Freeman*, Pastor Emérito, Iglesia Ortodoxa Santa Ana, autor de *Everywhere Present*

«Ostos y Sarabia ofrecen una rica perspectiva latinoamericana sobre los desafíos y oportunidades del posmodernismo, la cual mueve a los cristianos más allá de la hostilidad dominante, y sugieren que deberíamos considerar en cambio los beneficios del ideal posmoderno. Lyotard, Derrida, Foucault y Wittgenstein se convierten en inesperados socios de diálogo en un objetivo compartido para entender el lugar de la iglesia en el mundo actual reteniendo lo bueno en la crítica posmoderna hacia la modernidad. ¡No existe una discusión comparable en el mundo de habla hispana!».

—*Wolfgang Vondey*, Profesor, Universidad de Birmingham

«En su núcleo, el posmodernismo es un recordatorio de que somos seres encarnados que existen en un mundo social. En lugar de ser visto como una amenaza para el cristianismo, este marco en realidad concuerda bien con el mensaje kenótico de un Dios que entra en la historia para invitarnos a vivir relaciones personales. En una época en la que demasiados cristianos han confundido la fe con la certeza nacionalista, es verdaderamente emocionante ver que este libro fomenta un enfoque posmoderno del cristianismo que invita a la humildad y a la reflexión crítica, a la vez que muestra que la confianza cristiana no se encuentra en las expresiones externas de riqueza o poder, sino en la paciente interrogación del éxito mundano. Como los autores correctamente demuestran, el posmodernismo ilumina de forma útil la lógica inquietante presentada por un Dios que no buscó un estatus exaltado, sino que modeló la hospitalidad hacia la viuda, el huérfano y el extranjero».

—*J. Aaron Simmons*, Profesor, Furman University

«Según la cosmovisión que tengamos, tendemos a deificar o demonizar las cosas; y este tipo de inclinaciones es algo muy marcado en la historia del pensamiento humano. En el libro *Reteniendo lo bueno*, los autores Jorge Ostos y Saúl Sarabia, han encontrado un punto de balance con respecto al posmodernismo, que tanto es alabado como vilipendiado. Vale la pena el leer esta obra de autores latinoamericanos con opiniones tan frescas, que tanto nos hace falta en estos días».

—*Padre Pablo Peña*, Sacerdote ortodoxo del patriarcado serbio; Profesor de Sagradas Escrituras, Universidad Pontificia Santa Rosa

«Jorge Ostos y Saúl Sarabia han emprendido una labor intelectual y literaria por demás interesante y benéfica. Lo más sobresaliente de *Reteniendo lo bueno* es ese intento serio por tender puentes de vinculación entre ámbitos al parecer distantes y ajenos, en este caso, cristianismo y posmodernismo. Naturalmente, este trabajo de confección intelectualmente comprensiva no es fácil. Pero, a pesar de las dificultades ineludibles, los autores han logrado establecer un ámbito de intercambio y enriquecimiento mutuo con diversos teóricos posmodernos que, a final de cuentas, logra desvelar un terreno que, al menos hasta el momento presente, había quedado lamentablemente desatendido. De hecho, estoy convencido que, a partir de la publicación de este trabajo, se abrirán vetas de investigación nuevas y por demás importantes para el mundo actual. Sobre todo, con respecto a una mejor comprensión de la vida de fe cristiana en general según la amplia gama que se desprende de sus propias exigencias. Una gama que, en particular, urge destacar, afrontar y promover en América Latina. Estaré, pues, sumamente contento al ver publicado el interesante libro».

—*Marco A. Camacho,* Profesor, CCH-Vallejo (UNAM)

«Indudablemente, no será una pérdida de tiempo, ni un desperdicio intelectual, leer el libro *Reteniendo lo bueno: Saqueando los tesoros del posmodernismo.* ¡Será todo lo contrario! Una excelente inversión de tiempo y un disfrute intelectual que son dos formas no tradicionales de expresar la espiritualidad cristiana».

—*Darío A. López,* autor y ministro, miembro de la Fraternidad
Teológica Latinoamericana

«En este libro, Jorge Ostos y Saúl Sarabia desafían al lector a mantener una actitud positiva hacia el posmodernismo y sus implicaciones para la vida. Por supuesto, los autores aclaran que el posmodernismo no es un viento fresco del Espíritu, más bien es una posición diferente ante la vida que ofrece nuevas oportunidades para practicar la gran comisión de una manera diferente. A través de las páginas de este libro encontrarás consejos prácticos que te permitirán aprender a retener lo bueno del posmodernismo y a considerarlo como un aliado para tu teología y práctica de fe».

—*Miguel Álvarez*, Presidente, Seminario Bíblico Pentecostal
Centroamericano

«Mientras que Tertuliano preguntaba qué tiene que ver Atenas con Jerusalén, Ostos y Sarabia preguntan qué tiene que ver la posmodernidad con la fe cristiana. Con un vigor intelectual creativo, una reflexión relevante y sabiduría misional, los autores entran en una búsqueda de entendimiento y fidelidad a Jesús. El resultado es un buen mapa para comunicar la fe en el clima contemporáneo».

—*Jules Martínez-Olivieri*, Profesor, Seminario Teológico de
Puerto Rico y Universidad Interamericana de Puerto Rico

«Mediante una amplia y variada bibliografía, los autores de esta obra —jóvenes filósofos cristianos— responden a los desafíos que la posmodernidad hace a la fe. Lo hacen con solidez argumentativa y siguiendo los caminos apologéticos encarnados en San Agustín, Juan Calvino y Abraham Kuyper. Es una obra recomendable para creyentes en general y para teólogos y teólogas en particular».

—*Alberto F. Roldán*, Director de Posgrado, FIET

Reteniendo lo **Bueno**

© 2020 Jorge Ostos y Saúl Sarabia
© 2020 Publicaciones Kerigma

Reteniendo lo bueno: Saqueando los tesoros del posmodernismo
Epílogo: Myron Bradley Penner
Portada, diseño y maquetación: Benjamín Hernández

© *2020 Publicaciones Kerigma*
Salem Oregón, Estados Unidos
http://www.publicacioneskerigma.org

2020 Publicaciones Kerigma
Salem Oregón
All rights reserved
Pedidos: 971 304-1735
www.publicacioneskerigma.org
ISBN:

Impreso en los Estados Unidos
Printed in the United States

CON UN EPÍLOGO POR MYRON B. PENNER

RETENIENDO LO BUENO
SAQUEANDO LOS TESOROS DEL POSMODERNISMO

Jorge **Ostos**   Saúl **Sarabia**

PUBLICACIONES
KERIGMA
Ἐν ἀρχῇ ἦν ὁ Λόγος

A mi comunidad de práctica: mi familia y mi Janin

—Saúl Sarabia

A los tesoros de mi hogar: Erika y Lucas

—Jorge Ostos

CONTENIDO

AGRADECIMIENTOS

ESTE LIBRO ES EL RESULTADO de una investigación consciente de un año y medio aproximadamente. Ha sido un período de muchas lecturas, tertulias, conversaciones, y de un esfuerzo de ambos en medio de todas las ocupaciones que implican el día a día. Por tanto, estamos agradecidos a nuestro Dios por la guía y la fuerza que nos ha dado para culminar esta investigación.

Toda obra es la suma de muchas manos trabajando por un fin específico. Es un hecho que siempre pensamos en comunidad. Creemos que no hubiésemos podido lograr la completación de este libro, sin la ayuda de algunas personas que colaboraron de una u otra manera en este proceso. Agradecemos a Myron B. Penner por su humildad y amabilidad en leer el manuscrito y, además, escribir para nosotros un epílogo que complementa de una manera armónica toda nuestra obra. A Isidoro Reguera por su disposición para leer y darnos sus comentarios, en especial su apreciación sobre el capítulo 6 (nadie mejor que él para decir algo sobre Wittgenstein en español). A J. Aaron Simmons por siempre estar atento al proceso de desarrollo de nuestra obra, y por sus recomendaciones en cuanto a sus propios libros, los cuales sirvieron de mucho refrescamiento para nuestro propio desarrollo. A Christina M. Gschwandtner quien incondicionalmente nos ayudó a ubicar académicos de distintas tradiciones, cuyas obras sirvieron de enriquecimiento para muchos de los puntos abordados en este libro.

También queremos agradecer a todos aquellos que apoyaron con hechos nuestro libro, sin dudarlo ni un segundo: Stanley Hauerwas, Richard Kearney, Michael Horton, Manfred Svensson, Padre Stephen Freeman, Padre Pablo Peña, Daniel Castelo, Wolfgang Vondey, Marco Camacho, Miguel Álvarez, Darío López, Alberto Roldán y Jules Martínez. De igual manera, agradecemos las palabras de ánimo de aquellos que, aunque por limitaciones de idioma y/o compromisos no pudieron apoyarnos con alguna recomendación, se alegraron y celebraron el proyecto: Kevin Vanhoozer, Michael Bird, Charles Taylor, N. T. Wright, Andrew Louth, Merold Westphal, por mencionar algunos.

Mil gracias a Benjamín Hernández por su trabajo de diseño y maquetación en todo este tiempo. Agradecemos enormemente al meticuloso trabajo de revisión por parte de Janin Díaz, Jonathan García, Andrés Doreste y Luis Huerta. Gracias a Publicaciones Kerigma y a Jesús Escudero por permitirnos la oportunidad de publicar esta obra.

A todos, ¡gracias!

PARTE 1

Lo que vamos a saquear

1

POSMODERNISMO Y POSMODERNIDAD

IRÓNICAMENTE, EN MUCHAS OCASIONES, los temas más popularizados son precisamente los mismos temas que más se desconocen. Podríamos enumerar una larga lista de los temas que entrarían fácilmente en la categoría de «los menos entendidos» o «los más caricaturizados». No obstante, como ejemplo claro de esto, basta con ir directo al foco de nuestro libro: el posmodernismo.[1]

Es evidente que no podemos evitar o negar el hecho indiscutible —y muchas veces ignorado— de que es muy complejo alcanzar una definición unánime o unificada de lo que el «posmodernismo» es, y todas las variantes de este término compuesto. ¿Qué significa *posmodernismo*? ¿Qué significa *posmodernidad*? ¿Qué significa ser *posmoderno*? ¿Qué es la condición *posmoderna*? ¿A qué se refieren todas estas cosas? ¿Quiénes las representan?

Los criterios sobre lo indefinible del posmodernismo parecen repetirse una y otra vez como ecos en una habitación vacía: «el posmodernismo sigue siendo un concepto nebuloso: una bestia escurridiza que elude nuestra

---

1   Aunque es cierto que el término «posmodernismo» puede verse como una mera y literal traducción del término inglés *postmodernism* —y lo que puede ser un obstáculo para algunos debido a que el término original *posmodernité* es francés en origen y, por ende, europeo— más que como un término adecuado para nuestro idioma, creemos que es útil usar «posmodernismo» para nuestros propósitos, los cuales aclararemos más adelante. Además de que esta traducción se ha vuelto de uso muy común en círculos latinoamericanos. Agradecemos al Prof. Isidoro Reguera Pérez por alertarnos sobre esto.

comprensión... un camaleón que toma cualquier característica».[2] «El vocablo postmodernidad se halla colmado de ambigüedad y rodeo... es imperioso admitir que el término postmodernidad encierra más inconvenientes de los provistos».[3] «El "post" de la post-modernidad es ambiguo».[4] «Por encima o más allá de esto, no está nada claro qué... es [el posmodernismo]».[5] «[E]l posmodernismo es una coalición flexible de pensadores diversos de varias disciplinas académicas diferentes, y sería difícil caracterizar el posmodernismo de una manera que sea justa».[6] El término «posmoderno se utiliza tan a menudo y de forma tan variada que ha sufrido la devaluación que siempre sigue a la inflación... ¿A qué clase de realidad, si es que la hay, se refiere la palabra?».[7] «La diversidad de imágenes, definiciones y expresiones del posmodernismo puede desconcertar al observador casual; de hecho, producir confusión puede parecer el objetivo del giro posmoderno».[8] «Es importante darse cuenta de que una comprensión precisa de la posmodernidad es notoriamente difícil de precisar».[9] «[E]l concepto de "posmodernismo" se ha convertido en el campo de batalla de un enfrentamiento entre opiniones y fuerzas políticas antagónicas».[10]

Por esta razón evidente nosotros no nos atrevemos a afirmar que el tema es un *¡hágalo usted mismo!* Tampoco pretendemos ocultar los riesgos que pueden surgir al intentar desarrollar una idea un tanto limitada del tema. Al mismo tiempo, creemos que parte de la complejidad al abordar el posmodernismo puede deberse a que *no es una sola cosa* y tampoco *se refiere a una sola cosa*. Por consiguiente, decir, como muchos han hecho, que el posmodernismo es esta o aquella cosa —donde con «esta o aquella cosa» se refieren exclusivamente a una cosa específica (e.g. relativismo, nihilismo, hedonismo,

---

2   James K. A. Smith, *Who's Afraid of Postmodernism? The Church and Postmodern Culture* (Grand Rapids, MI: Baker Academic, 2006), 18–19.

3   Octavi Fullat, *El siglo postmoderno (1900–2001)* (Barcelona: Editorial Crítica, 2002), 25.

4   Krishan Kumar, *From Post-Industrial to Post-Modern Society*, 2da ed. (Londres: Blackwell, 2005), 91.

5   Ernest Gellner, *Posmodernismo, razón y religión* (Barcelona: Ediciones Paidós Ibérica, 1992), 37.

6   J. P. Moreland y William L. Craig, *Fundamentos filosóficos para una cosmovisión cristiana* (Salem, OR: Publicaciones Kerigma, 2018), 157.

7   Peter J. Leithart, *Solomon Among the Postmoderns* (Grand Rapids, MI: Brazos Press, 2008), 16.

8   Myron B. Penner, «Introduction», en *Christianity and the Postmodern Turn: Six Views*, ed. Myron B. Penner (Grand Rapids, MI: Brazos Press, 2005), 13.

9   John R. Franke, «Christian Faith and Postmodern Theory: Theology and the Nonfoundationalist Turn», en *ibíd.*, 106.

10   David Harvey, *La condición de la posmodernidad*, 2da ed. (Madrid: Amorrortu, 2008), 56.

marxismo cultural, sentimentalismo, existencialismo, capitalismo) — es algo ingenuo y simplista.

Para comenzar este rocoso sendero, hagamos un breve abordaje y una aclaración de los dos términos que más nos conciernen (i.e. posmodernidad y posmodernismo).

POSMODERNIDAD Y POSMODERNISMO

Cuando se trata de hablar sobre la posmodernidad generalmente se parte de su contraste con lo que sería la modernidad, lo cual es útil en un sentido, pero a la vez puede ser insuficiente. Hay una muy delgada línea entre lo que llamamos *modernidad* y *posmodernidad*. Esta fina línea se debe a las características de unión y desunión, o como lo expresa el sociólogo argentino Eduardo Grüner en su prólogo para una obra de Fredric Jameson: hay un riesgo «al poner sobre el tapete toda la complejidad, la ambigüedad y el sustrato conflictivo y (por ahora) indecible de la distinción, y la simultánea articulación, entre "modernidad" y "posmodernidad", dos nociones de las que lo menos que puede decirse es que —si se las toma en serio— ponen a prueba la capacidad intelectual de la sutileza vigilante contra el cómodo refugio de los teoremas siempre de antemano demostrables: aquello que Pascal llamaba el espíritu de fineza en su combate contra el espíritu de geometría».[11]

Definitivamente, si vamos a hablar de posmodernidad debemos, entonces, hablar de modernidad. Igualmente, si vamos a hablar de posmodernismo debemos, también, hablar de modernismo. Es obvio que cuando hablamos de estos términos con el sufijo *pos-/post-*, lo que digamos estará determinado por lo que entendamos por los términos sin dicho sufijo. El «pos» de posmodernidad/posmodernismo siempre está en relación con la modernidad/modernismo. Para Thomas Oden, «modernidad» es un concepto y una ideología, y posmodernidad representa una desilusión ideológica con la modernidad. La persona posmoderna es aquella que ha experimentado la modernidad y la ha superado.[12]

Kevin J. Vanhoozer sostiene que en el posmodernismo existe siempre una codependencia con el modernismo.[13] Por su parte, Peter Leithart ve al pos-

---

11   Eduardo Grüner, «Prólogo» en Fredric Jameson, *Ensayos sobre el posmodernismo* (Buenos Aires: Imago Mundi, 1991), 7.

12   Thomas C. Oden, *After Modernity… What?: Agenda for Theology* (Grand Rapids, MI: Zondervan, 1992), 44–63

13   Kevin Vanhoozer, «Pilgrim's Disgress: Christian Thinking on and about the Post/Modern Way»,

modernismo como una intensificación, inversión y desenmascaramiento del modernismo, que surge esencialmente como protesta en contra de las afirmaciones míticas de control, liberación y progreso de la modernidad.[14] Myron B. Penner ofrece tres opciones posibles para explicar esta relación. La primera es la de rechazo: el posmodernismo es una desilusión profunda con el modernismo.[15] La segunda opción es ver el posmodernismo como una continuación con el modernismo: el posmodernismo es un tipo de hipermodernidad.[16] Por último, la tercera opción es ver el posmodernismo como un precursor lógico y no histórico del modernismo: el posmodernismo, en un sentido, ha existido siempre con el modernismo.[17]

Al igual que los eruditos anteriores, creemos que existe una clara relación y codependencia del posmodernismo con el modernismo. No obstante, lo que queremos resaltar —junto con Penner— es que dicha relación no es simplemente temporal sino también lógica y conceptual. Es decir, el posmodernismo no es siempre históricamente posterior al modernismo. Lo importante es entender que, ya sea de manera cronológica, lógica, conceptual o integrada, el posmodernismo no puede ser entendido aparte del modernismo.

Son muchas las páginas que se han escrito sobre la modernidad y el modernismo, sea desde un punto de vista meramente histórico o desde una visión cultural, filosófica o social.[18] Al igual que con el posmodernismo, existen mu-

---

en *Christianity and the Postmodern Turn*, 77.

14 Leithart, *Solomon Among the Posmoderns*, 35–58.

15 «Lo posmoderno denota una crisis (tal vez incluso el fin) de todos los mitos y divinidades que fueron creados por lo moderno, estos son: la razón, la ciencia, el progreso, la democracia, la nación, los derechos humanos». Radovan Bigović, «The Church and Postmodernism», *Саборност* 3 (2009): 178.

16 Muchos autores conservadores ven al posmodernismo como simplemente una intensificación de la modernidad. Véase, e.g., J. Richard Middleton y Brian J. Walsh, *Truth Is Stranger than It Used to Be: Biblical Faith in a Postmodern Age* (Downers Grove, IL: InterVarsity Press, 1995), 41; David F. Wells, *No Place for Truth: Or Whatever Happened to Evangelical Theology?* (Grand Rapids, MI: William B. Eerdmans Publishing Company, 1993), 58; y Albert Borgmann, *Crossing the Postmodern Divide* (Chicago: University of Chicago Press, 1992).

17 Penner, «Introduction», en *Christianity and the Postmodern Turn*, 18.

18 Para algunos tratamientos académicos y especializados sobre el trasfondo y desarrollo histórico-filosófico-cultural del modernismo/modernidad desde distintas perspectivas, véase: José Fernández y María Soto, *Historia de la filosofía moderna* (Navarra: Eunsa, 2004); Jacques Attali, *Historia de la modernidad* (Buenos Aires: Nueva Visión, 2015); Bolívar Echeverría, *¿Qué es la modernidad?* (Ciudad de México: Universidad Nacional Autonóma de México, 2009); Krishan Kumar, *From Post-Industrial to Post-Modern Society* (Londres: Blackwell, 2005); Christopher Butler, *Modernism: A Very Short Introduction* (Oxford: Oxford University Press, 2010); Stephen Toulmin, *Cosmopolis: The Hidden Agenda of Modernity* (Chicago: University of Chicago Press, 1992).

chas descripciones diversas del modernismo.[19] Consideramos que la explicación dominante es la de vincular el modernismo con la Ilustración. Albert Borgmann sostiene que la premodernidad terminó en las manos de Cristóbal Colón, Nicolás Copérnico y Martín Lutero. Esto anterior debido a que estas personas volcaron el mundo descubriendo un nuevo mundo, descentralizando el geocentrismo cósmico, y cambiando la autoridad de la iglesia católica romana por la autoridad de la escritura y sus lectores.[20]

Hay quienes consideran que los principales héroes del modernismo son Francis Bacon, René Descartes, y John Locke. Estos tres autores proclamaron un «nuevo fundamento sólido». Bacon predicó el dominio de la naturaleza como progreso humano; Descartes, por medio de su método de la duda, puso los pensamientos individuales como el único fundamento para construir conocimiento; por su parte, Locke levantó la autonomía individual por encima de otras cosas. Según Borgmann, el modernismo es «la fusión del dominio de la naturaleza con la primacía del método y la soberanía del individuo».[21] Para Merold Westphal, el modernismo es una «actitud filosófica, expresada en una amplia variedad de teorías filosóficas, que pueden ser descritas como una cierta fe en la razón, una razón que tomó la objetividad científica y su método como sus referentes».[22]

Reconocemos también que tanto el término «modernidad» como «modernismo» son en muchas ocasiones usados de manera intercambiable. Lo mismo sucede con posmodernidad/posmodernismo.[23] Sin embargo, siguiendo la línea del sociólogo británico Krishan Kumar y otros, estamos del lado que cree que estos expresan distintas cosas. Igualmente, con Kumar creemos que aunque los términos designan cosas diferentes, también están de una u otra manera conectados entre sí y «no siempre es posible ser completamente consistente en mantenerlos separados».[24]

---

19 Véase Middleton y Walsh, *Truth Is Stranger than It Used to Be,* 14. Véase también, Peter L. Berger, *The Many Altars of Modernity: Toward a Paradigm for Religion in a Pluralist Age* (Boston: De Gruyter, 2014).

20 Albert Borgmann, *Crossing the Postmodern Divide* (Chicago: University of Chicago Press, 1992).

21 *Ibíd.,* 25

22 Merold Westphal, *Overcoming Onto-Theology: Toward a Postmodern Christian Faith,* Perspectives in Continental Philosophy (Nueva York: Fordham University Press, 2001), 78.

23 Incluso, se puede ir más allá y afirmar que sus «derivados, la familia de términos que incluye "posmodernidad", *"poetmodernité"*, "posmodernización" y "posmodernismo", suelen usarse de manera confusa e intercambiable». Mike Featherstone, *Cultura de consumo y posmodernismo* (Buenos Aires: Amorrortu, 2000), 36.

24 Kumar, *From Post-Industrial to Post-Modern Society,* 91.

Por tanto, para la presente obra mantendremos la distinción entre estos dos términos. En cierto sentido, estamos de acuerdo con el profesor Cristian Sonea quien hace diferencia entre estos dos conceptos diciendo: «La posmodernidad es el nombre que se da a *un período histórico*, y el posmodernismo es *la teoría* que se desarrolló para explicar ese período, que comenzó durante la segunda mitad del siglo XX».[25] Vemos que Sonea hace una interesante diferencia entre un término y otro: uno como un período histórico y el otro como una teoría. Kevin Vanhoozer y Myron Penner reconocen las dimensiones teóricas del posmodernismo y las describen como una «condición», «tendencia», «visión del mundo y la vida», «ethos», «actitud intelectual», y «Zeitgeist».[26] Algo similar parece sostener el sociólogo británico Mike Featherstone, quien da una explicación sencilla, pero satisfactoria, de estas distinciones modernidad/posmodernidad y modernismo/posmodernismo. Featherstone, después de afirmar que tanto modernidad como posmodernidad «sugieren el significado epocal», nos explica:

> Por lo general, se sostiene que la Modernidad se inició con el Renacimiento y que se la definió por referencia a la Antigüedad, como en el debate entre los antiguos y los modernos... Desde el punto de vista de la teoría sociológica alemana de fines del siglo XIX y comienzos del XX, a la que le debemos en gran parte nuestro modo de entender hoy el término, la modernidad se contrapone al orden tradicional e implica la progresiva racionalización y diferenciación económica y administrativa del mundo social... En consecuencia, hablar de posmodernidad es sugerir un cambio o una *ruptura epocal* con la modernidad, que conlleva la aparición de una nueva totalidad social con sus propios principios distintivos de organización.[27]

Featherstone entiende el término posmodern*idad* —al igual que modern*idad,* pero en contraste con posmodern*ismo*— como designando una época o

---

25 Cristian Sonea, «The Mission of the Orthodox Church in Postmodernity», *Studia Universitatis Babes-Bolyai Theologia Orthodoxa* 63 (2018): 5–17. Énfasis añadido.

26 Vanhoozer, «Pilgrim's Digress: Christian Thinking on and about the Post/Modern Way», en *Christianity and the Postmodern Turn*, 77; y Penner, «Introduction», en *ibíd.*, 17.

27 Mike Featherstone, *Cultura de consumo y posmodernismo* (Buenos Aires: Amorrortu, 2000), 24. Énfasis añadido.

período histórico que, aunque con mucho debate, puede ser establecido e identificado con siglos e incluso años específicos.

Cuando pasa a hablar del modernismo/posmodernismo, Featherstone afirma: «Lo que todos tienen en común es el lugar central que en ellos ocupa la cultura. En su sentido más restringido, el modernismo alude a los estilos que asociamos a los movimientos artísticos que se iniciaron alrededor del cambio de siglo y que hasta hace poco dominaron en las distintas artes».[28]

Aunque Featherstone asocia, en un sentido más estricto, el modernismo —y, por ende, el posmodernismo— con movimientos artísticos, creemos que no es necesario limitarlo a tendencias artísticas únicamente y, por tanto, estamos de acuerdo con Peter Leithart cuando arguye: «Los escritores suelen distinguir la "posmodernidad", como una *condición social* y *política objetiva*, del "posmodernismo", que por lo general denota tendencias en la teoría, la filosofía y la cultura».[29]

Leithart identifica el posmodernismo no solo con una tendencia artística o cultural, sino también con una teoría y filosofía, así como vimos que hacen Sonea, Vanhoozer y Penner. Es hacia este camino donde queremos transitar en esta obra. Al igual que ellos, con posmodernismo queremos designar más una reflexión teórica-filosófica que una corriente artística, porque «moderno y posmoderno son... generalizaciones, y no pretenden abarcar todos los casos específicos».[30]

Aunque estamos en acuerdo con Leithart con esta distinción, pensamos que las palabras del filósofo canadiense James K. A. Smith expresan de mejor manera la visión que sostendremos a lo largo de esta obra. Smith explica que «debemos al menos notar una distinción heurística... entre el posmodernismo como un *movimiento intelectual* y la posmodernidad como una constelación de *fenómenos culturales*».[31] De esta manera, para nuestro desarrollo debemos tener en cuenta esta cuestión. Estaremos enfocándonos particularmente en el posmodernismo —no en la posmodernidad— como refiriéndose a un movimiento intelectual (*à la* Smith) o tendencia teórica-filosófica (*à la* Leithart, Penner y Vanhoozer). Para decirlo con ejemplos concretos, «La de-

---

28   *Ibíd.*, 30.
29   Leithart, *Solomon Among the Postmoderns*, 17n3. Leithart continúa en la misma nota al pie de página haciendo referencia a Featherstone, quien «acertadamente señala que una de las características clave de la "posmodernidad" como conjunto de hechos sociales y políticos es la intrusión de la cultura en la vida económica, política y social». Para conocer directamente la obra de Featherstone, véasela ya citada: Featherstone, *Cultura de consumo y posmodernismo*.
30   Leithart, *Solomon Among the Postmoderns*, 18.
31   Smith, *Who's Afraid of Postmodernism?*, 20n8.

construcción de Derrida y la genealogía de poder de Foucault son ejemplos de posmoder*nismo*; la absorción adolescente en la realidad virtual y el triunfo del centro comercial como templo [i.e. consumismo] son ejemplos de posmoder*nidad*»,[32] y es en lo primero donde está el interés de este libro.

Cabe destacar también que varios autores académicos importantes[33] afirman que fue el amigo de Unamuno y Ortega, Federico de Onís, la persona que usó por primera vez el término «posmodernismo» allá por la década de 1930 para hacer referencia a una reacción que se estaba gestando contra el modernismo. Posteriormente, en el ámbito intelectual, se vinculó la discusión del posmodernismo a nombres como Bell, Kristeva, Lyotard, Vattimo, Derrida, Foucault, Habermas, Baudrillard y Jameson.[34] No obstante, quizás quien más popularizó el término fue el filósofo francés Jean-François Lyotard a través de su obra *La condition postmoderne: rapport sur le savoir* de 1979.[35]

Ahora, por el mismo hecho de ser el posmodernismo un término para designar un movimiento intelectual o una tendencia filosófica, esto implica intrínsecamente tener distintas piedras angulares dentro del mismo. Un movimiento intelectual puede expresar distintas preocupaciones, y el posmodernismo no está exento de ello, pues muestra varios intereses. Estos mismos intereses —que se han vuelto banderas del posmodernismo— y que algunos de ellos serán abordados a lo largo de este libro, son muchas veces interpretados mal y, lo que es mucho peor, desconocidos por completo, lo que ha llevado a caricaturizaciones y reduccionismos.[36]

---

32   *Ibíd.*
33   Perry Anderson, *Los orígenes de la posmodernidad* (Barcelona: Editorial Anagrama, 2000), 10; Featherstone, *Cultura de consumo y posmodernismo,* 30. Featherstone cita también a Michael Kohler, «"Postmodernismus": Ein begriffsgeschichtlicher Überblick», en *Amerikastudien* 22 (1977): 8–18; y también Ihab Hassan, «The Culture of Postmodernism» en *Theory, Culture & Society* 2 (1985): 119–31.
34   Featherstone, *Cultura de consumo y posmodernismo*, 31.
35   Discutiremos la obra y pensamiento de Lyotard con más detalle en el capítulo 3.
36   Por poner un ejemplo, Christina M. Gschwandtner dice que, si lo posmoderno es presentado como «el rechazo completo e incluso la supresión de la fe», entonces, obviamente, tal descripción es una caricatura. Christina M. Gschwandtner, *Postmodern Apologetics?: Arguments for God in Contemporary Philosophy*, Perspectives in Continental Philosophy (Nueva Yok: Fordham University Press, 2013), xvii.

EL POSMODERNISMO: SUS CRÍTICOS Y SUS AMANTES

Dentro de la religión cristiana, el posmodernismo ha tenido principalmente dos bandos: un bando hostil y crítico, por un lado,[37] y un bando amante y partidario por el otro.[38] Esto se ve más claramente en el mundo angloparlante pero también ha tenido influencia en nuestro contexto en Latinoamérica.

El veneno posmoderno

Muchos cristianos piensan que el posmodernismo es la maldición que está acabando con nuestra sociedad y que su primer objetivo es destruir la fe cristiana. Esta concepción es popular en los Estados Unidos (e incluso en Europa) y en América Latina. El posmodernismo —como en su tiempo lo fue la ciencia, el liberalismo teológico, la neoortodoxia, Darwin y su teoría, entre otras cosas— se ha convertido en el nuevo «enemigo de la fe». John R. Franke nos dice que una respuesta común entre los pensadores cristianos ante el pensamiento posmoderno, es verlo principalmente como «una amenaza a la fe cristiana».[39] En esta visión se considera que el posmodernismo es por naturaleza opuesto a la fe cristiana. La literatura escrita desde esta postura que demoniza al posmodernismo es muy extensa y variada en sus énfasis.[40]

---

37   Podemos reducir su hostilidad a dos puntos específicos: el posmodernismo como negador de la verdad objetiva, que se asocia a un abrazo al relativismo moral y al subjetivismo; y una acusación al posmodernismo como marxismo cultural.

38   También este bando se puede reducir a dos puntos: (1) algunos pensadores emergentes y (2) una especie de posmodernismo radical. Cabe señalar que, por supuesto, existen otras variantes o tipos de radicalismo posmodermo como el que Richard Kearney llama un «posmodernismo místico» extremo, lo cual sería tratar de explicar la preocupación posmoderna por la alteridad, como Kearney lo hace, pero omitiendo la capacidad de decir algo determinado sobre la relación humana con Dios. Kearney también señala, dentro de su contexto investigativo, el «posmodernismo apocalíptico» de Slavoj Žižek como otro extremo a evitar. Véase Richard Kearney, *The God Who May Be: A Hermeneutics of Religion* (Bloomington: Indiana University Press, 2001), 34. Debido a los límites de este libro, no profundizaremos en estas variantes.

39   Franke, «Christian Faith and Postmodern Theory: Theology and the Nonfoundationalist Turn», en *Christianity and the Postmodern Turn,* 105.

40   Para mencionar algunas, que además generalmente usan «posmodernismo» y «posmodernidad» como la misma cosa, véase: Antonio Cruz, *Postmodernidad* (Barcelona: Editorial Clie, 1996); José Pacheco, «La posmodernidad y su efecto en las iglesias evangélicas latinoamericanas», en *Teología y cultura* 4 (2007): 97–104; In Sik Hong, *¿Una Iglesia Posmoderna?* (Buenos Aires: Ediciones Kairos, 2001); José María Mardones, *Posmodernidad y cristianismo* (Santander: Sal Terrae, 1988); José María Mardones, *El desafío de la posmodernidad al cristianismo* (Santander: Sal Terrae, 1988); Rubén Montero, «El desafío de la posmodernidad para el cristiano», en *Apuntes Universitarios. Revista de Investigación* 4 (2014): 79–96; J. Richard Middleton y Brian

El veneno con etiqueta relativista

La mayoría de los autores que ven el posmodernismo como algo opuesto a la fe cristiana plantean una y otra vez objeciones similares contra el posmodernismo. Es importante entender que, por un lado, muchos de ellos no consideran la distinción posmodernismo/posmodernidad, lo que los lleva a meter todo en un mismo saco. Por otro lado, en su mayoría, caen en reduccionismos ingenuos, lo que deja mucho que desear de su entendimiento del tema. No obstante, debemos reconocer que hay otros autores que, aunque pertenecen a este mismo grupo, proponen críticas mucho más sensatas y válidas.

Por ejemplo, William L. Craig, quien es muy reconocido por su trabajo en la filosofía cristiana y apologética, tiene la idea de que es imposible que vivamos en una «cultura posmoderna», lo cual, según él, es «un mito». Incluso, él mismo afirma que una cultura posmoderna sería una «imposibilidad».

J. Walsh, *Truth Is Stranger than It Used to Be: Biblical Faith in a Postmodern Age;* David F. Wells, *No Place for Truth: Or Whatever Happened to Evangelical Theology?* Nancy Pearcey, *Verdad Total: Libera el cristianismo de su cautiverio cultural* (Seattle, WA: Editorial Jucum, 2014). Nancy Pearcey, *El Hallazgo de la Verdad* (Seattle, WA: Editorial Jucum, 2017).

Hay, además, dos casos que merecen mención especial. El primero es —posiblemente, la obra más popular en español sobre este tema— el libro publicado por Theo Donner (*Posmodernidad y fe: Reflexiones para un cristianismo actual* [Barcelona: Editorial Clie, 2012]). El libro pretende ser una obra que ayude al cristiano frente a una época posmoderna. No obstante, Donner parece cometer varios reduccionismos con respecto a lo posmoderno. Por ejemplo, el autor afirma que el cristianismo es un metarrelato, así como que lo posmoderno implica la negación de la interpretación y promueve un abrazo al relativismo, pero sin profundizar mucho en ello (véase esp. 66–67). No estamos de acuerdo con esos reduccionismos por razones que quedarán claras a lo largo de este trabajo. El segundo libro que queremos mencionar es el recién publicado por Lucas Magnin (*Cristianismo y posmodernidad: La rebelión de los santos* [Barcelona: Editorial Clie, 2019]), cuya popularidad ha crecido rápidamente. Esta obra pretende ser «peligrosa», al mismo tiempo que se presenta como una respuesta útil para entender el mundo que nos rodea. Estamos de acuerdo con el planteamiento del problema que hace en el capítulo 1 y su presentación del modernismo como un conjunto de ideales que no cumplieron lo que prometieron (i.e, razón, democracia, capitalismo). No obstante, esta obra presenta algunas imprecisiones en filosofía, como por ejemplo la concepción que el autor tiene de la epistemología, y su presentación de las ideas de filósofos importantes como Descartes (véase *ibíd.*, 33). Lo que es más importante aún, Magnin nunca nos explica lo que está entendiendo por posmodernidad. Lo único que nos dice es que «En estos ensayos, y solo por una cuestión de comodidad, voy a usar la noción de *posmodernidad* que propuso Lyotard» (*ibíd.*, 24). No obstante (con excepción de una cita de Sik Hong en la página 25), nunca explica qué entendía exactamente Lyotard por dicho término, lo cual es precisamente el meollo del asunto (véase nuestro desarrollo en el capítulo 3 de esta obra). Esto hace que el libro se lea más como un conjunto de reflexiones personales, que como una tesis clara a defender. En suma, aunque hay varios aspectos importantes que podemos rescatar de ambas obras, tanto Donner como Magnin cometen reduccionismos o son muy ambiguos en sus presentaciones del tema.

Craig continúa: «Nadie es posmoderno cuando se trata de leer las etiquetas de una botella de medicina frente a una caja de veneno para ratas. Si tienes dolor de cabeza, ¡bien crees que los textos tienen un significado objetivo!... Las personas que piensan que vivimos en una cultura posmoderna han malinterpretado seriamente nuestra situación cultural».[41]

En otra obra, Craig y J. P. Moreland afirman que el posmodernismo «rechaza la existencia de la verdad, especialmente si se interpreta de acuerdo con alguna versión de la teoría de la correspondencia».[42] Y, luego, son mucho más directos al decir que el posmodernismo «es el rechazo de ciertas cosas —por ejemplo, la verdad [y] la racionalidad objetiva».[43]

Aquí podemos ver varias cosas, muy comunes, en las críticas contra el posmodernismo de este primer grupo: para ellos ser «posmoderno» es lo mismo que ser relativista;[44] posmodernismo es rechazar la verdad; y en el desarrollo del posmodernismo en su obra *Fundamentos filosóficos para una cosmovisión cristiana*, los autores (Craig y Moreland) lo dividen en siete aspectos: el posmodernismo como antirrealismo, como rechazo a la teoría de la correspondencia de la verdad, con una carencia de racionalidad, su adherencia al antifundacionalismo y a una forma de nominalismo, sus ideas sobre el lenguaje y el significado, y finalmente con la negación de las metanarrativas o metarelatos.[45]

---

41   William L. Craig, *Fe razonable: Apologética y veracidad cristiana* (Salem: Publicaciones Kerigma, 2018), 19–20.

42   J. P. Moreland y William L. Craig, *Fundamentos filosóficos para una cosmovisión cristiana* (Salem: Publicaciones Kerigma, 2018), 142. Esto, de hecho, no es completamente falso. No obstante, el rechazo por parte del posmodernismo se centra en la teoría de la correspondencia, más que en la verdad per se, (i.e. para ellos la verdad solo puede definirse en términos de correspondencia) lo cual demuestra un énfasis erróneo por parte de estos autores. En capítulos posteriores, en especial en el capítulo 6, abordaremos esta cuestión con más detenimiento.

43   *Ibíd.*

44   Esto se ve claramente en la colocación por parte de Craig de los dos términos uno al lado del otro, como equivalentes, en su libro *Fe razonable*.

45   *Ibíd.*, 158–162. Estamos completamente de acuerdo con Myron Penner cuando, abordando estos acercamientos de Craig y Moreland, nos dice que «Los apologistas modernos tienen una notable y pronunciada tendencia a tratar el posmodernismo como un conjunto de creencias, principios o proposiciones que tienen por objeto proporcionar algún tipo de fundamento epistemológico, justificación o conjunto de argumentos sobre cómo se debe entender el mundo. Y, cuando se acercan al posmodernismo, a menudo suponen que uno puede hacerlo de forma bastante directa utilizando las mismas suposiciones, técnicas y modos de discurso que surgen del discurso moderno sobre la fe cristiana… La estrategia típica de los apologistas modernos para responder a la incredulidad posmoderna en Dios es empezar por defender el movimiento filosófico moderno para entender la verdad, la razón, la creencia, etc.». Myron B. Penner, *The End of Apologetics: Christian Witness in a Postmodern Context* (Grand Rapids, MI: Baker Academic, 2013), 37–38.

Por otro lado, en su ya mencionada obra *Fe razonable*, Craig nos dice: «De hecho, no está claro si realmente existe algo así como el pasado en una visión posmodernista como tal, ya que la multiplicidad de reconstrucciones históricas y textos parece conducir a pasados múltiples, ninguno de los cuales es privilegiado».[46] En este caso, Craig se centra principalmente en la crítica a visiones antirrealistas de la historia (e.g. las de Hayden White, Frank Ankersmit y Keith Jenkins), a favor de una visión realista. Y, aunque este no es un punto que nos concierne en esta obra, nos deja con mal sabor de boca el hecho de que Craig no reconozca los puntos positivos de este debate —algo que sí han hecho algunos de sus colegas—,[47] lo que nos confirma la evidente realidad de que «[a] veces los realistas [como Craig] son culpables de atacar a un hombre de paja cuando critican el posmodernismo».[48] Lo mismo admite el erudito de Nuevo Testamento Scot McKnight, cuando afirma que los posmodernistas son a menudo «caricaturizados de manera inexacta.... Para historiadores posmodernistas como Jenkins, hay de hecho un pasado, un presente y un futuro».[49]

En su obra sobre los milagros, Craig S. Keener, también se mantiene en la misma línea de Licona diciendo: «no estoy abrazando el posmodernismo radical... pero comparto las preocupaciones sobre los extremos demasiado confiados de la Ilustración».[50] Mientras que en otra obra afirma que varios «aca-

---

46 Craig, *Fe razonable*, 19–20.
47 Nos referimos especialmente al caso de Michael R. Licona quien, desde una posición realista parecida a la de Craig, reconoce que «Los realistas admiten que los posmodernistas tienen razón al señalar nuestra incapacidad de confirmar la solidez de los métodos para conocer el pasado... A pesar de sus críticas al posmodernismo, los realistas encuentran difícil presentar un caso positivo para el realismo... el debate posmoderno entre los filósofos de la historia ha sido valioso para la disciplina». Michael R. Licona, *La resurrección de Jesús: Un acercamiento historiográfico* (Salem, OR: Publicaciones Kerigma, 2019), 59, 60, 64. En el contexto de la historiografía, el debate posmoderno «ha obligado a los historiadores a interrogar sus propios métodos y procedimientos como nunca antes, y en el proceso los ha hecho más autocríticos y autorreflexivos, lo que es bueno. Ha llevado a un mayor énfasis en el reconocimiento abierto de la propia subjetividad del historiador, lo que sólo puede ayudar al lector a realizar una evaluación crítica de la obra histórica». R. J. Evans, *In Defense of History* (Nueva York: W. W. Norton, 1999), 216; «El posmodernismo tiene razón al desafiar el mito de la neutralidad». Edith M. Humphrey, *And I Turned to See the Voice: The Rhetoric of Vision in the New Testament* (Grand Rapids, MI: Baker Academic, 2007), 204; «Con toda probabilidad, pocos historiadores en la actualidad aceptarían nociones de objetividad científica absoluta o aceptarían como meta la representación del pasado exactamente como era. Además, muchos concederían puntos válidos a la posición posmodernista». M. T. Gilderhus, *History and Historians: A Historiographical Introduction*, 6ta ed. (Upper Saddle River, NJ: Prentice Hall, 2007), 124.
48 Licona, *La resurrección de Jesús*, 64.
49 Scot McKnight, *Jesus and His Death* (Waco: Baylor University Press, 2005), 9.
50 Craig S. Keener, *Miracles: The Credibility of the New Testament Accounts* (Grand Rapids, MI: Baker Academic, 2011), 99n95. Keener también menciona que muchos pentecostales han

démicos pentecostales han encontrado características valiosas en los enfoques posmodernos... Si bien algunos aspectos de la posmodernidad requieren crítica, la posmodernidad proporciona un lugar en la mesa para las voces informadas, y por lo tanto brinda una valiosa oportunidad para aquellos que pueden hablar su idioma».[51] No obstante, muchos críticos omiten esto. Finalmente, Licona afirma que «A pesar de las debilidades de la posición posmodernista, debemos elogiar a estos historiadores por hacernos atentos a las trampas que pueden y a menudo resultan de los abusos modernistas».[52]

En consonancia con la postura de Craig y Moreland, Brian K. Morley es otro ejemplo de las mismas críticas reduccionistas, él nos dice: «El posmodernismo... rechaza tanto el fundacionalismo como la teoría de la correspondencia de la verdad. Sin Dios como mente absoluta, se queda sin verdad objetiva, sin significado absoluto (relativismo semántico) y sin historia absoluta (reconstruccionismo)».[53] En otra parte de su libro *Mapping Apologetics* también nos menciona «las insuficiencias epistemológicas del posmodernismo, especialmente en lo que respecta a las teorías de la verdad, el conocimiento y la justificación, y los puntos de vista de la lógica y similares».[54]

Voddie Baucham en su libro *Apologética expositiva* se mantiene en la misma línea de estas afirmaciones. Baucham hablando del pensamiento posmoderno, nos dice que «[l]a creencia de que la verdad es relativa se opone directamente al concepto de apologética... la verdad era negada, se afirmaba la ambigüedad y se vilipendiaba la certeza.... Mucho se ha escrito sobre el posmodernismo y su negación de la verdad absoluta... El ejemplo frecuentemente usado es la persona que afirma: "No hay una verdad absoluta"».[55]

---

abrazado las críticas al antisobrenaturalismo de la Ilustración por parte del posmodernismo. Además, afirma que «los enfoques posmodernos en general están más abiertos a múltiples factores en las afirmaciones de los milagros que los modernistas». Véase Keener, *ibíd.*, 98n91; 103n112.

51   Craig S. Keener, *Hermenéutica del Espíritu: Leyendo las Escrituras a la luz de Pentecostés* (Salem, OR: Publicaciones Kerigma, 2017), 145. A lo largo de esta obra Keener se muestra claramente a distancia de un posmodernismo específicamente radical o extremo como él lo llama —del cual nosotros también hacemos el mismo distanciamiento—; no obstante, en ningún sentido se queda callado al momento de reconocer los puntos positivos de los posmodernistas, véanse los capítulos 8 y 12 en *ibíd.*

52   Licona, *La resurrección de Jesús*, 64.

53   Brian K. Morley, *Mapping Apologetics: Comparing Contemporary Approaches*, (Downers Grove, IL: IVP Academic, 2015), 257. Morley, citando a Norman Geisler, dice que el posmodernismo es «una forma de "relativismo total y subjetivismo"». Norman L. Geisler, *Christian Apologetics*, 2da ed. (Grand Rapids, MI: Baker Academic, 2013), 9–10.

54   *Ibíd.*, 55.

55   Voddie Baucham, *Apologética expositiva: Respondiendo objeciones con el poder de la Palabra* (Salem, OR: Publicaciones Kerigma, 2018), 30, 71.

Otros autores, de la misma corriente teológica, nos dicen: «El posmodernismo ve la verdad como relativista, una mera herramienta de poder; niega la verdad universal y absoluta».[56] Antonio Cruz hace referencia al tema en varias de sus obras, pero, quizás, *Postmodernidad* parece ser la obra más representativa de su visión sobre el tema. Cruz dice que en la «postmodernidad» lo importante es «la supremacía de lo estético, el individualismo y el hedonismo narcisista».[57] Luego de hacer un cuadro comparativo entre lo que llama modernidad y posmodernidad, enumera los valores característicos de la posmodernidad, siendo algunos de estos: increencia, secularización, relativismo, subjetivismo, sentimentalismo, individualismo, hedonismo.[58]

Podríamos sin problema seguir citando distintos trabajos que sostienen esta misma visión, pero con lo anterior es fácil ver que el posmodernismo es generalmente —y de manera simplista y reduccionista— igualado a una bomba posmoderna que solo sabe decir «¡No existe la verdad!».[59]

Creemos, de hecho, que existe una versión extrema de posmodernismo —de la cual nos distanciamos completamente— que sostiene un relativismo individual en los ámbitos epistemológicos y morales. No obstante, es ingenuo generalizar y reducir el posmodernismo a estas afirmaciones porque «el posmodernismo no es una celebración del relativismo total o del nihilismo por sí mismo».[60] Como bien declara John D. Caputo: «el posmodernismo no es ni relativismo ni escepticismo, como lo acusan casi a diario sus críticos incomprensivos».[61] Estamos de acuerdo con Kevin Vanhoozer en que eso sería simplemente igualar el posmodernismo con el subjetivismo.[62]

Lo que nos interesa rescatar principalmente a lo largo de este trabajo, son las críticas a los supuestos modernistas de la supremacía de la razón y a las nociones de un sujeto racional individual, autónomo, incorpóreo, objetivo, atemporal como el árbitro final de la verdad. Sostenemos que esas nociones modernistas de verdad y la supremacía del sujeto racional van en contra de la

---

56 Joel R. Beeke y Paul M. Smalley, *Teología Sistemática Reformada: Revelación*, vol. 1 (Salem, OR: Publicaciones Kerigma, 2019), 171.

57 Cruz, *Postmodernidad*, 100.

58 *Ibíd.*, 99–108. En este capítulo, Cruz contrapone a estos valores aquellos de la modernidad. Por ello, el autor caracteriza la modernidad como una época de fe en la libertad, ciencia, progreso, en el ser humano, en Dios, en la objetividad, en la colectividad.

59 Frank Turek, *Robándole a Dios: ¿Porque los ateos necesitan a Dios?* (Salem, OR: Publicaciones Kerigma, 2018), 26. Cf. Nancy Pearcey, *Verdad Total*.

60 Christina M. Gschwandtner, *Postmodern Apologetics?*, 268.

61 John D. Caputo, *Philosophy and Theology* (Nashville: Abingdon Press, 2006), 50.

62 Vanhoozer, «Pilgrim's Disgress: Christian Thinking on and about the Post/Modern Way», en *Christianity and the Postmodern Turn*, 72.

enseñanza cristiana. Veremos más adelante que las críticas posmodernas de estos supuestos son una oportunidad para poner a conceptos como «Verdad», «Fe», «Objetividad», y «Razón» en el lugar donde realmente pertenecen.

El veneno como marxismo cultural

Existe otra vertiente de esta misma corriente —tanto dentro como fuera de la religión cristiana—, que acusa una y otra vez al posmodernismo de ser algo, en el mejor de los casos, marxista y socialista y, en el peor, un «neomarxismo posmoderno».[63] Desde psicólogos y filósofos hasta teólogos cristianos, es común escuchar este juicio sobre el llamado posmodernismo. Al parecer, esta acusación se basa en la identificación de la modernidad con los ideales de la Ilustración. Por consiguiente, el posmodernismo sería una reacción intelectual a esos ideales de la Ilustración (i.e. libertad, razón, objetividad, progreso, etc.), lo que, según estos críticos, nos llevaría a abrazar la ideología marxista y socialista.[64]

Podemos encontrar a algunos pensadores y autores —especialmente desde el área extrateológica— que asocian una y otra vez el posmodernismo con la supuesta teoría del «marxismo cultural» y con el socialismo. Posiblemente uno de los autores más populares que ha difundido esta idea es el psicólogo canadiense Jordan B. Peterson. Peterson, quien tiene estudios en ciencias políticas, psicología y literatura, ha comparado en varias ocasiones el posmodernismo con —lo que él llama— «neomarxismo posmoderno» o incluso «marxismo cultural». En sus conferencias,[65] muchas veces vincula la decadencia cultural con posmodernos como Jacques Derrida y Michel Foucault.[66]

---

63 Cabe señalar aquí de manera directa y enfática, por amor a la claridad y con la intención de eliminar cualquier duda y/o ambigüedad, que nosotros no queremos ni pretendemos promover en ningún sentido una ideología marxista, ni mucho menos una agenda progresista. No somos progresistas ni nos adherimos de ninguna manera a un cristianismo progresista.

64 Con esto no estamos negando que muchos de los pensadores «posmodernos» tengan cierta influencia marxista.

65 La mayoría de sus conferencias están disponibles en YouTube. Véase su canal en: https://www.youtube.com/user/JordanPetersonVideos.

66 Incluso, en uno de sus libros, Peterson llama a Derrida el «líder de los posmodernos» y también le asigna el término «marxista posmoderno». Jordan B. Peterson, *12 Rules for Life: An Antidote to Chaos* (Londres: Penguin Random House UK, 2018), 306, 311. Véase la versión en español de esta misma obra: Jordan B. Peterson, *12 reglas para vivir: Un antídoto al caos* (Barcelona: Editorial Planeta, 2019). No obstante, Peterson nunca cita a Derrida en todo su libro, lo cual deja mucho que desear sobre su dominio y conocimiento sobre el filósofo francés. De hecho, Derrida y Foucault están asociados con el posestructuralismo. Estos filósofos respondieron al «estructuralismo» de Ferdinand de Saussure y Lévi-Strauss, y se apartaron de sus orientaciones básicas.

Cabe resaltar que Peterson parece mostrar muchas ideas vagas sobre el tema *per se*. Es evidente notar también que usa el término (i.e. posmodernismo) de manera muy ligera, además de verlo meramente como el disfraz de oveja que visten los lobos marxistas. En sus propias palabras «el posmodernismo es la nueva piel en la que el viejo marxismo ahora habita».[67] Sin embargo, vincular el marxismo con el posmodernismo no es una idea muy fácil de sostener, y menos si se entiende posmodernismo como un marxismo cultural como lo hace Peterson. Esto fue inteligentemente señalado por el filósofo esloveno Slavoj Žižek cuando le cuestionó a Peterson diciendo: «Tu señalaste... [que el] enemigo [es el] neomarxismo posmoderno. Yo sé a lo que te refieres. Todo esto, desde lo políticamente correcto hasta estos excesos... ¿Tú piensas que realmente lo es? ¿Dónde encontraste la información? Dime algunos nombres. ¿Dónde están los marxistas aquí? ¡No conozco a ninguno! ¿Quién es marxista? ¡Dime nombres relevantes de lo políticamente correcto! ... ¿Dónde está realmente el elemento marxista?»[68]

Peterson posteriormente reconoce las críticas que ha recibido sobre este vínculo marxismo-posmodernismo, y trata de explicar por qué —aun aceptando esta dificultad de unir los dos términos— él mantiene la posibilidad de este vínculo. No obstante, si nos apegamos a los términos y las bases esenciales filosóficas e intelectuales del posmodernismo, sigue siendo evidente lo poco simple de mantener la unión de éste con el marxismo.

Es interesante saber que mucha de la fuente del análisis de Peterson viene de una obra que ha recomendado en sus conferencias,[69] la cual se titula *Explicando el posmodernismo, la crisis del socialismo* del autor Stephen R. C. Hicks.[70] Ya desde el mismo subtítulo del libro tenemos la idea principal de la

---

67   Epoch News The Epoch Times, «Jordan Peterson Exposes the Postmodernist Agenda (Part 1 of 7)», vídeo de Youtube, 00:08–00:16, publicado el 3 de julio de 2017, https://www.youtube.com/watch?v=PkNzYttjSHE.

68   Jordan B Peterson, «Marxism: Zizek/Peterson: Official Video», vídeo de Youtube, 1:54:50–01:56:03, publicado el 15 de mayo de 2019, https://www.youtube.com/watch?v=lsWndfzuOc4. Transcripción original: «You designate... enemy... Postmodern Neo-Marxism. I know what you mean. All this from political correctness to this excesses. Do you think they are really? Where did you find this data? I would ask you here give me some names. Where are the Marxists here? I don't know any! who is Marxist? Show me any big names of political correctness! ... Where is really the Marxist element in it?». Obviamente, Žižek está concediendo aquí que la etiqueta «posmoderno» (en un sentido cultural, no intelectual) que usa Peterson para señalar una realidad cultural es correcta en un sentido, su problema es que se use la etiqueta «marxista».

69   Manning Centre Conference, «Jordan Peterson: Posmodernismo: Cómo y por qué se debe combatir», vídeo de Youtube, 00:01–00:14, publicado el 5 de junio de 2017, https://www.youtube.com/watch?v=Cf2nqmQIfxc. En su libro también lo cita, cf. Peterson, *12 Rules for Life*, 302.

70   Stephen R. C. Hicks, *Explicando el posmodernismo, la crisis del socialismo* (Buenos Aires:

tesis que propone Hicks, i.e. el posmodernismo es el resultado de la crisis de la ideología socialista, de lo que Peterson —como ya observamos— hace eco una y otra vez.

Es posible que en el trabajo de Hicks se encuentren algunas ideas más interesantes sobre este tema de las que se pueden encontrar en Peterson, pero son evidentes los errores por parte de Hicks. Aunque el autor, desde la primera página, nos trae a mención los «principales estrategas» del posmodernismo: «Michel Foucault, Jacques Derrida, Jean-François Lyotard y Richard Rorty»,[71] el libro contiene algunas interpretaciones incorrectas sobre dichos autores; y los mismos problemas se extienden a las presentaciones que hace de otros autores como David Hume, Karl Popper, en incluso Ludwig Wittgenstein.[72] Por otro lado, Hicks comete el mismo error común de caer en reducciones sobre el posmodernismo. Ya hablamos de lo complejo de definir el término en sí mismo por sus variantes y propuestas de diferentes autores; sin embargo, Hicks habla del posmodernismo como compuesto por características que lo definen como un todo único y unido.[73] El problema con esto es que cuando nos acercamos de manera seria al pensamiento de cada intelectual «posmoderno», nos damos cuenta de que no necesariamente cada uno de ellos —aun perteneciendo a la categoría «posmoderna»— se adhiere a las características que Hicks presenta como las determinantes para un posmoderno.

¿Es el posmodernismo meramente marxista?

Entonces, ¿sigue el posmodernismo una tendencia intelectual marxista? ¿Es incluso lo mismo que el llamado «marxismo cultural»? Veamos qué dicen algunos importantes críticos marxistas del posmodernismo y sus proponentes.

Barbarroja Ediciones, 2014). En esta obra, Hicks hace mención precisamente de figuras como Derrida y Foucault.

71 Hicks, *Explicando el posmodernismo*, 7.

72 En pocas palabras, parece que Hicks cree que prácticamente todos los filósofos posteriores a René Descartes están comprometidos con un colectivismo irracional. Véanse los capítulos 2, 3, y especialmente el capítulo 4 «El clima del colectivismo» en *Explicando el posmodernismo*, 77–115. Podemos ver el contraste con el filósofo y antropólogo Ernest Gellner quien, siendo enemigo racionalista del posmodernismo y de figuras como Wittgenstein y Rorty, coloca a Hume y a Kant junto a Descartes como líderes de la gran tradición epistemológica de la Ilustración, lo que contradice completamente a Hicks. Véase, Ernest Gellner, *Posmodernismo, razón y religión* (Barcelona: Ediciones Paidós Ibérica, 1992), 54.

73 En resumen, Hicks caracteriza el posmodernismo como (1) metafísicamente antirrealista, (2) epistemológicamente escéptico, (3) metodológicamente colectivista y (4) políticamente comprometido a proteger grupos victimizados.

Las primeras contribuciones de Slavoj Žižek a la teoría crítica marxista son particularmente innovadoras en la forma en que responde al aparente punto muerto de la crítica posmoderna de la ideología, y son precisamente *las críticas posmodernas al marxismo* las que sitúan a Žižek en una posición crítica. Žižek afirma: «[h]oy la teoría crítica —bajo el atuendo de "crítica cultural"— está ofreciendo el último servicio al desarrollo irrestricto del capitalismo al participar activamente en el esfuerzo ideológico de hacer visible la presencia de éste: en una típica "crítica cultural" posmoderna, la mínima mención del capitalismo en tanto sistema mundial tiende a despertar la acusación de "esencialismo", "fundamentalismo" y otros delitos».[74]

En otra parte de la misma obra, Žižek continúa «[e]n este sentido preciso, el racismo posmoderno contemporáneo es el síntoma del capitalismo tardío multiculturalista, y echa luz sobre la contradicción propia del proyecto ideológico liberal-democrático».[75] El filósofo agrega «hoy, el neofascismo es cada vez más posmoderno, civilizado y lúdico, y mantiene una autodistancia irónica, pero no por eso es menos fascista».[76] Y, finalmente, señala que «la xenofobia y el "fundamentalismo" religioso o étnico posmoderno no sólo no son "regresivos" sino que, por el contrario, ofrecen la prueba más cabal de la emancipación final de la lógica económica del mercado...»[77] En pocas palabras, Žižek parece ver la etiqueta epocal «posmoderna» como contraria a ideales marxistas y más en acorde con lo que él llama el capitalismo tardío o incluso el neofascismo.

No podemos mencionar a Žižek sin dejar de hacer alusión a una de sus influencias: el filósofo y teórico marxista Fredric Jameson,[78] quien se ha hecho académicamente famoso por sus críticas al posmodernismo. Sin ir muy lejos, podemos notar lo interesante del título de unos de sus principales libros: *El posmodernismo. La lógica cultural del capitalismo avanzado* [también llamado tardío].[79] En esta obra el autor hace una crítica al modernismo y al posmodernismo desde una perspectiva marxista.

74 Slavoj Žižek, «Multiculturalismo o la lógica cultural del capitalismo multinacional», en *Estudios Culturales: Reflexiones sobre el multiculturalismo,* vol. 6 (Buenos Aires: Editorial Paidós, 1998), 176.
75 *Ibíd.*, 157.
76 *Ibíd.*, 162.
77 *Ibíd.*, 170. Refiriéndose a la triada elaborada por Fredric Jameson de tradicionalismo, modernismo y posmodernismo, Žižek identifica al posmodernismo con su tercer estadio llamado «la actual "sociedad universal" transnacional».
78 No obstante, Jameson también ha sido crítico de Žižek, véase: Fredric Jameson, *Valencias de la dialéctica* (Buenos Aires: Eterna Cadencia, 2014).
79 Frederic Jameson, *Posmodernismo. La lógica cultural del capitalismo avanzado*, vols. 1, 2 y 3

Principalmente, Jameson lo que hace es asociar —muy en contraste con las críticas al posmodernismo como marxista— el posmodernismo con el mismo modernismo, específicamente como la especie que él llama «capitalismo avanzado». Para Jameson, las «obras asociadas a este movimiento [el posmodernismo] son asimiladas al modernismo clásico propiamente dicho, de manera que el "posmodernismo" queda reducido a ser no más que la forma adoptada por lo auténticamente moderno en nuestro período, y una mera intensificación dialéctica del viejo impulso modernista hacia la innovación».[80] Jameson es muy claro cuando dice: «En lo que concierne al posmodernismo, y a pesar de mis esfuerzos en mi principal ensayo sobre el tema para explicar cómo *no era posible, ni intelectual ni políticamente, simplemente celebrar el posmodernismo...*, críticos... me identificaron rápidamente como un marxista vulgar..., mientras que algunos de los camaradas más ingenuos concluyeron que, siguiendo el ejemplo de tantos predecesores ilustres, había finalmente caído en desvaríos y me había vuelto un "posmarxista" (es decir, un renegado y un desertor)».[81]

Jameson se mantuvo siempre en una crítica inmanente hegeliana que consideraría «un esfuerzo por reflexionar dialécticamente sobre la evolución cultural del capitalismo tardío, para entenderla al mismo tiempo como una catástrofe y un progreso».[82] Por otro lado, dos de las afirmaciones más conocidas de Jameson sobre el posmodernismo sostienen que se caracteriza por el pastiche y por una crisis de historicidad.[83] Además, al igual que con Žižek, son precisamente las críticas posmodernas al marxismo las que colocan a Jameson en una postura poco amigable. Matthew Flisfeder nos confirma esto cuando dice que el posestructuralismo y el posmodernismo «respondiendo a algunos de los mismos fenómenos que Bell y Fukuyama, han buscado desplazar la centralidad de las teorías marxistas de la historia, la ideología y la subjetividad».[84]

El ya citado sociólogo británico Mike Featherstone relaciona a Jameson con Mandel, y continúa diciendo que Jameson «vincula la etapa del moder-

(Buenos Aires: La Marca Editora, 2012–2015).

80   Jameson, *Ensayos sobre el posmodernismo,* 96. Véanse también otras obras de Jameson relacionadas con el tema, e.g. Fredric Jameson, *El postmodernismo revisado* (Madrid: Abada Editores, 2012) y *Reflexiones sobre la postmodernidad* (Madrid: Abada Editores, 2010).

81   *Ibíd.,* 107–108. Énfasis añadido. En este párrafo parece tomar una posición neutral sobre si rechaza o acepta el posmodernismo. Dicha neutralidad fue percibida por muchos como un apoyo implícito a los puntos de vista posmodernos.

82   *Ibíd.,* 77.

83   *Ibíd.,* 91.

84   Matthew Flisfeder, «Postmodern Marxism Today: Jameson, Žižek, and the Demise of Symbolic Efficiency», en *International Journal of Zizek Studies* 13 (2019): 29.

nismo con el capitalismo monopólico y la del posmodernismo con el capitalismo tardío posterior a la Segunda Guerra Mundial».[85] Posteriormente también lo asocia con Jean Baudrillard, y nos dice que «el posmodernismo se basa en el papel central de la reproducción en la "red global descentrada" del actual capitalismo multinacional». Más adelante, siguiendo la referencia de Jameson, nos dice:

> La teoría de la sociedad y el desarrollo sustentada por Jameson deriva del marxismo, y sitúa el posmodernismo como dominante cultural asociada al movimiento que en la etapa posterior a la Segunda Guerra Mundial conduce al capitalismo tardío... el realismo corresponde al capitalismo de mercado, el modernismo al capitalismo monopolista y el posmodernismo al capitalismo tardío, multinacional o de consumo... En conclusión, pues, el posmodernismo no debe entenderse sólo en el nivel del desarrollo de la lógica del capitalismo: es preciso estudiarlo concretamente en términos de la dinámica del cambio de los equilibrios de poder, las luchas competitivas y las interdependencias entre diversos grupos de especialistas en producción simbólica y especialistas económicos.[86]

El profesor y economista marxista británico David Harvey escribió una crítica materialista de las ideas y argumentos posmodernos, sugiriendo que estos realmente emergen de las contradicciones dentro del propio capitalismo.[87] En palabras de Harvey: «La interpretación de tendencias opuestas en la sociedad capitalista en su conjunto... [es una idea] ultrajante para las pautas posmodernistas (en la medida en que revive el fantasma de pensadores marxistas como Lukács y apela a la teoría de las relaciones internas como las que formula Bertell Üllman). Nos ayuda a disolver las categorías del modernismo y del posmodernismo en un conjunto de oposiciones expresivas de las contradicciones culturales del capitalismo».[88]

---

85 Featherstone, *Cultura de consumo y posmodernismo*, 32. Para hablar del vínculo de Jameson con Mandel, Featherstone cita la obra Ernest Mandel, *Late Capitalism* (Londres: New Left Books, 1975), 42.
86 *Ibíd.*, 96–97, 114.
87 Es lo que argumenta Harvey en: David Harvey, *La condición de la posmodernidad* (Madrid: Amorrortu, 2008).
88 Harvey, *La condición de la posmodernidad*, 372–373.

El filósofo y crítico literario británico —y uno de los principales eruditos de la deconstrucción y del trabajo de Jacques Derrida en el mundo— Christopher Norris también sostiene duras críticas contra el posmodernismo desde una visión marxista.[89] Norris comenta: «Es un signo de los tiempos el que el Marxism Today haya sido punto de entrada principal para gurús postmodernos como Baudrillard, pensadores para quienes todo el aparejo del pensamiento marxista —la lucha de clases, la ideología, las fuerzas y relaciones de producción, la plusvalía, la alienación y todo lo demás— no es más que un montón de equipaje "metafísico" inservible, restos de la vieja metanarración ilustrada de progreso, razón y verdad».[90] Norris no solo critica el posmodernismo, sino que también ataca a aquellos pensadores que se identifican de una u otra manera con el marxismo y al mismo tiempo se relacionan con el posmodernismo.[91] Dado todo esto anterior, creemos que es un error reducir el posmodernismo al marxismo.

Obviamente con todas estas referencias que acusan al posmodernismo con el peyorativo capitalismo desde el lado marxista, lo que pretendemos es proveer una considerable lista de *big names* —para usar las palabras de Žižek— que, de hecho, sí son intelectuales marxistas, y no son de ninguna manera posmodernistas.[92] Tampoco el haber hecho estas citas nos da la contundencia para refutar completamente la afirmación de que «el posmodernismo es marxista». Por ello, en los próximos capítulos, cuando expliquemos lo que es el posmodernismo como tendencia intelectual, centrándonos en las figuras de Lyotard, Derrida y Foucault, será más fácil ver el por qué, en cierto sentido, el marxismo y el posmodernismo son cosas muy distintas.

---

89   Otro autor que también mantiene una línea de pensamiento similar a la de Jameson, Featherstone y otros, es el ensayista marxista británico Perry Anderson, quien en su libro *Los orígenes de la posmodernidad* aborda y analiza el pensamiento de Jameson. Anderson, de hecho, también nos sirve como ejemplo de un intelectual marxista que está en total desacuerdo con los que tratan el posmodernismo como una herejía de izquierdas. Véase también Perry Anderson, *Tras las huellas del materialismo histórico* (Buenos Aires: Siglo XXI, 2013).

90   Christopher Norris, *¿Qué le ocurre a la postmodernidad?*, 17. Norris sugiere que se vea la obra Mark Poster, ed., *Jean Baudrillard: Selected Writings* (Cambridge: Polity Press, 1988). Norris también es crítico de figuras como Stanley Fish, Richard Rorty, el movimiento neopragmatista, y lo que él mismo llama «perspectiva pragmatista-postmoderna».

91   E.g. Jean-François Lyotard, quien evidentemente fue influenciado por Marx al punto que algunos le han etiquetado de posmarxista (cf. Stephen Baker, *The Fiction of Postmodernity* [Maryland: Rowman & Littlefield, 2000], 64). También, cabe señalar que el mismo Norris afirma que ya Marx había anticipado casi la totalidad de lo que más tarde diría Lyotard sobre el colapso de las metanarrativas ilustradas. Véase, Norris, *¿Qué le ocurre a la postmodernidad?* 52

92   Por otro lado, no nos concierne, y se escapa de nuestros límites, argumentar si la tesis de estos académicos —i.e. el posmodernismo se relaciona realmente con el capitalismo— es correcta o no.

Por ahora, para resumir esta sección, podemos decir que —por muy irónico que parezca— tanto la derecha como la izquierda tienen algo en común: su hostilidad hacia el posmodernismo. La diferencia radica en la dirección que toma dicha hostilidad. Los de la derecha tienen una crítica dirigida específicamente contra estos nuevos movimientos sociales y extremistas (crítica que también hacen algunos de la izquierda, e.g. Slavoj Žižek) y, aunque podría usarse el término «marxismo posmoderno» de una manera extremadamente particular para referirse a ellos, nos parece que a estos términos (i.e. marxismo y posmodernismo) cuando se abordan de manera seria y, luego, se les compara a los movimientos a los que se les asigna, no se les hace justicia. Los de la izquierda tienden a criticar la relación directa —según ellos— del posmodernismo con el capitalismo y la cultura consumista.

Como autores de este libro, creemos que puede sacarse buenos puntos en las críticas de estos dos polos. Sin embargo, también creemos que hay mucho más que decir en cuanto al posmodernismo, y más cuando se toman en cuentan ciertas ideas filosóficas del mismo y se ponen al lado de la teología. Es justo eso lo que pretendemos mostrar con esta obra.

La cura posmoderna

En la sección anterior hemos revisado algunos ejemplos de teóricos que ven el posmodernismo como un veneno que debe ser combatido. Contrariamente a todo esto, algunos consideran que el posmodernismo es «el aire fresco del espíritu enviado para revitalizar los huesos secos de la iglesia». Esta respuesta se asocia comúnmente al movimiento de la «iglesia emergente», representado mayormente por nombres como Brian McLaren, Leonard Sweet, Robert Webber, Carl Raschke, Mike Yaconelli, entre otros.[93]

Es muy difícil ofrecer un recuento de lo que es la iglesia emergente debido a que existen muchos tipos y maneras de ver este movimiento (o «conversación» como ellos se llaman). A grandes rasgos, lo que este movimiento sostiene es que los cambios en la cultura señalan que una nueva iglesia está «emergiendo» y, por lo tanto, los líderes cristianos deben adaptarse a esta

---

93   Brian D. McLaren, *A New Kind of Christian: A Tale of Two Friends on a Spiritual Journey* (San Francisco: Jossey-Bass, 2001); McLaren, *The Church on the Other Side: Doing Ministry in the Postmodern Matrix* (Grand Rapids, MI: Zondervan, 2000); Leonard Sweet, *Soul Tsunami: Sink or Swim in New Millennium Culture* (Grand Rapids, MI: Zondervan 1999); Robert E. Webber, *The Younger Evangelicals: Facing the Challenges of the New World* (Grand Rapids, MI: Baker, 2002); Carl Raschke, *The New Reformation: Why Evangelicals Must Embrace Postmodernity* (Grand Rapids, MI: Baker, 2004), y Mike Yaconell, ed., *Stories of Emergence: Moving from Absolute to Authentic* (Grand Rapids, MI: Zondervan, 2003).

iglesia emergente. Este grupo es caracterizado por un destino compartido (i.e. el movimiento de la iglesia emergente), y un punto de origen común (i.e. el evangelicalismo tradicional y fundamentalista).[94]

Lo que puso en marcha este movimiento fue una compartida desilusión de las instituciones eclesiales convencionales de finales del siglo XX. De acuerdo con el teólogo D. A. Carson, el movimiento de la iglesia emergente surgió como una protesta en contra de la iglesia institucional, del modernismo y del fenómeno de las megaiglesias.[95]

Sin duda hay varias cosas que podríamos rescatar de la iglesia emergente. Por ejemplo, consideramos que las críticas de la iglesia emergente a la iglesia institucional absorbida por supuestos modernistas son muy acertadas. No obstante, en este trabajo no nos vinculamos a —y más aún, nos distanciamos de— dicho movimiento debido a que varios aspectos de su propuesta son completamente problemáticos. Especialmente aquellos que nos invitan a abrazar aspectos culturales del posmodernismo (i.e. posmodernidad). En pocas palabras, consideramos que las propuestas constructivas que usa la iglesia emergente dejan mucho que desear.

Consideramos que este caso de la iglesia emergente es muy similar al movimiento teórico que intenta hacer teología desde una perspectiva puramente posmoderna. Esta manera de hacer teología es mayormente conocida como teología posmoderna, filosofía continental de la religión, o en algunos casos se asocia con el movimiento de la Ortodoxia Radical.[96] Con autores como Catherine Pickstock, John Milbank, Graham Ward, etc.,[97] la Ortodoxia Radical se posiciona en relación crítica con el modernismo y el posmodernismo. No demoniza al modernismo, pero tampoco celebra del todo al posmodernismo. Más bien, podríamos decir que lo que propone este movimiento se puede dividir en dos estados: uno negativo y otro positivo. En su lado crítico, los

---

94   Donald A. Carson, *Becoming Conversant with the Emerging Church: Understanding a Movement and Its Implications* (Grand Rapids, MI: Zondervan, 2005), 14.

95   Carson, *Becoming Conversant with the Emerging Church*, 36.

96   El mejor trabajo introductorio que existe sobre la Ortodoxia Radical es James K. A. Smith *Introducing Radical Orthodoxy: Mapping a Post-Secular Theology* (Grand Rapids, MI: Baker Academic, 2004). En este libro, Smith presenta la propuesta de la Ortodoxia Radical y desarrolla las convergencias y divergencias de este movimiento con la tradición reformada.

97   Véase e.g. Catherine Pickstock *Más allá de la escritura: La consumación litúrgica de la filosofía* (Barcelona: Herder, 2005); John Milbank, *Theology & Social Theory: Beyond Secular Reason*, 2da ed. (Malden: Blackwell Publishing, 2006); James K. A. Smith y James H. Olthuis, eds., *Radical Orthodoxy and the Reformed Tradition: Creation, Covenant, and Participation* (Grand Rapids, MI: Baker Academic, 2005); Graham Ward, ed., *The Postmodern God: A Theological Reader* (Oxford: Blackwell, 1997).

defensores del movimiento consideran que detrás de la política de la modernidad (secular, liberal) hay una epistemología (razón autónoma) que dirige una
ontología (univocidad que niega la participación). En su propuesta positiva
defienden que detrás de una política alternativa (socialismo) hay una epistemología (iluminación) que dirige una ontología (participación).[98]

Estamos muy de acuerdo con las críticas a la modernidad provenientes de
la Ortodoxia Radical, no obstante, no compartimos todas sus propuestas, especialmente aquellas que tienen que ver con su manera de hacer teología política, y sus lecturas de figuras filosóficas como Platón y Tomas de Aquino.[99] Es
por esa razón que estos autores no serán los referentes principales en este trabajo, solo cuando sus propuestas sean similares a lo que estaremos defendiendo. Nuestra idea —tomando en cuenta el trabajo de Merold Westphal, quien
ha argumentado en sus obras de que el pensamiento posmoderno, si se toma
en serio, puede servir para enriquecer y animar la fe cristiana[100]— es presentar
una propuesta que no sea hostil al posmodernismo, sino que recupere aquello
que es beneficioso y compatible con la fe cristiana. No obstante, que al mismo
tiempo no se comprometa con los errores propios de la propuesta posmoderna. En otras palabras, nuestra manera de abordar el posmodernismo es algo
similar a lo que han propuesto ya autores como Kevin J. Vanhoozer, James K.
A. Smith, Myron B. Penner, Merold Westphal, Michael S. Horton, J. Aaron
Simmons, Peter Leithart, entre otros.

---

98 Smith, *Introducing Radical Orthodoxy*, 143.
99 Estamos de acuerdo con las críticas que hace James K. A. Smith como alguien dentro de este
    movimiento. Para una muy detallada recopilación de artículos y libros sobre la Ortodoxia
    Radical en todas sus facetas, véase, Smith, *Introducing Radical Orthodoxy*, 263–277.
100 Véase especialmente su obra Merold Westphal, *Overcoming Onto-Theology: Toward a
    Postmodern Christian Faith* (Nueva York: Fordham University Press, 2001), de la cual hacemos
    repetidos ecos en este libro. En dicha obra, Westphal traslada más allá el hecho de que la
    proximidad de Kierkegaard a muchos pensadores e ideas posmodernas, lleva a mostrar que
    la fe y la posmodernidad no son incompatibles, involucrando acá también a Schleiermacher,
    Heidegger, Barth, Gadamer y Derrida, así como la interpretación de John Caputo de algunos
    de estos pensadores. Westphal destaca el papel de la hermenéutica en Heidegger y Derrida y
    especialmente su importante papel en la fe cristiana. No hay fe sin interpretación y sin admitir
    una importante dimensión de no-conocimiento. Es imposible tener un conocimiento completo
    cuando se habla de Dios porque tener un conocimiento o control completo eliminaría la
    trascendencia de Dios. Westphal también argumenta que la finitud y la humildad son dimensiones
    importantes de la fe que se pueden aprender de la filosofía posmoderna. Para más detalles sobre
    la trascendencia de Dios en la obra de Westphal, véase, e.g., Merold Westphal, *Transcendence
    and Self-Transcendence: On God and the Soul* (Bloomington: Indiana University Press, 2004).
    Sobre el pensamiento de Søren Kierkegaard, véase, e.g., Westphal, *Kierkegaard's Concept of
    Faith, Kierkegaard as a Christian Thinker* (Grand Rapids, MI: Eerdmans, 2014); véase también,
    Westphal, *Levinas and Kierkegaard in Dialogue* (Bloomington: Indiana University Press, 2008).

CONCLUSIÓN

No consideramos que el posmodernismo sea el enemigo o veneno de la fe cristiana, como tampoco creemos que es un viento fresco del Espíritu para revitalizar los huesos secos de la iglesia. Creemos que, *reteniendo lo bueno*[101] de las críticas que hace el posmodernismo al modernismo puede ser de mucho beneficio para nosotros, además de permitir que la filosofía posmoderna se convierta en un aliado para nuestra teología y fe cristiana.

El pensamiento moderno estuvo caracterizado por un impulso de certeza, universalidad y, quizá por encima de todo, de control. De hecho, Gavin Hyman define lo moderno como «el deseo por un control global de la realidad por medios científicos o racionales».[102] Los pensadores posmodernos rechazan la idea de que la «razón» representa una perspectiva neutral y desinteresada para perseguir la verdad y la justicia. Los posmodernos rechazan que cualquier descripción o definición es neutral. Más específicamente, la teoría posmoderna rechaza los siguientes postulados modernos: (1) que la razón es absoluta y universal; (2) que los individuos son autónomos, capaces de trascender su lugar en la historia, clase y cultura y (3) que los principios y procedimientos son objetivos mientras que las preferencias son subjetivas.[103]

John Caputo, caracteriza el posmodernismo de manera brillante:

> Todo eso [los desarrollos que produjeron el posmodernismo] puso mucho de lo que la Ilustración estaba tratando de vendernos... Adiós a la idea de sujetos puros sin mundo y solipsistas, al ideal de ciencia pura sin presuposiciones, a un mundo prelingüístico puro, a objetos puros, a la conciencia pura y a la razón pura... El mundo es mucho más complicado de lo que los modernos piensan, mucho más desordenado, menos programado, menos gobernado por

---

101 Con el título «reteniendo lo bueno» estamos haciendo referencia al uso popular de la frase, no a una exegesis de 1 Tesalonicenses 5:21 («Examinadlo todo; retened lo bueno», RVR1960). Creemos que este pasaje se refiere a retener lo bueno en el contexto de las profecías, es decir, hace referencia a examinar todas las profecías para retener lo bueno no de las personas, sino de la sustancia de las profecías. Por lo tanto, la aplicación de este texto bíblico es que, debemos aferrarnos a la revelación de Dios en la profecía y abstenerlos de enseñanzas erróneas que supuestamente se basan en esta revelación divina. Véase G. K. Beale, *1–2 Thessalonians*, The IVP New Testament Commentary Series (Downers Grove, IL: Inter Varsity Press, 2003).

102 Gavin Hyman, *The Predicament of Postmodern Theology: Radical Orthodoxy or Nihilist Textualism?* (Louisville: Westminster John Knox Press, 2001), 11.

103 Kevin J. Vanhoozer, «Theology and the condition of posmodernity: a report on knowledge (of God)» en *The Cambridge Companion to Postmodern Theology*, ed. Kevin J. Vanhoozer (Nueva York: Cambridge University Press, 2003), 8.

reglas, más abierto y de textura abierta... la idea colectiva de que el pensamiento humano enciende la capacidad de moverse entre perspectivas, vocabularios y paradigmas cambiantes, la llamamos el *giro posmoderno.*[104]

La persona moderna es *homo autonomous,* cuyas capacidades racionales sin restricciones le permiten el progreso y control del mundo.[105] Debido a este supuesto de una razón objetiva y la autoridad de una descontextualización, la creencia religiosa ha sido restringida a la esfera privada. La idea posmoderna de situar al sujeto en el mundo brinda una nueva oportunidad a la iglesia de ser la iglesia. Argumentaremos a través de este trabajo que las críticas posmodernas al modernismo nos ayudan a deshacernos del individualismo, autonomía, descontextualización, mentalismo, racionalismo, y sentido de control absoluto que ha caracterizado a la iglesia en los últimos siglos.[106]

¿Qué es entonces eso bueno que queremos retener del posmodernismo? Como ya explicamos en páginas anteriores, el posmodernismo se debe entender con relación al modernismo. Creemos que las críticas del posmodernismo a los supuestos centrales del modernismo nos brindan una oportunidad para recuperar muchos aspectos cristianos que habían sido cautivos por el sentido de control del sujeto individualista y autónomo del modernismo. En otras palabras, creemos que el posmodernismo nos ayuda a escapar de —como decía el Protopresbítero Thomas Hopko— «una "religión" privatizada y compartimentada».[107]

Christopher Butler está en lo correcto al afirmar que «los posmodernos son buenos deconstructores críticos, [pero] terribles constructores».[108] En

---

104 John D. Caputo, *Philosophy and Theology*, 48–49.

105 Middleton y Walsh, *Truth Is Stranger Than It Used to Be*, 20.

106 Como concluye en un artículo, desde una visión ortodoxa, Christina Gschwandtner: «La filosofía, por lo tanto, no sólo ha tenido un papel significativo en el pasado de la Iglesia, sino que también puede ayudarnos hoy en día a articular el mensaje cristiano para una nueva generación que vive en una cultura posmoderna, proporcionando herramientas rigurosas para analizar y articular la práctica ortodoxa de manera reflexiva y sustantiva, sin reducir los misterios de la fe a una racionalidad abstracta ni ceder al pietismo anti-intelectual o al fundamentalismo ciego». Christina Gschwandtner, «What Has Paris to Do With Byzantium?», *The Wheel* 4 (2016): 37. Estamos muy agradecidos con la Prof. Gschwandtner por recomendarnos literatura y proveernos los nombres de algunos importantes filósofos cristianos contemporáneos de distintas tradiciones (i.e. ortodoxos, católicos romanos [siendo Jean-Luc Marion el principal foco de estudio de la carrera de la Prof. Gschwandtner] y protestantes), que han trabajado con ideas posmodernas.

107 Thomas Hopko, «Orthodoxy in Post-Modern Pluralistic Societies» *Ecumenical Review* 51 (1999): 364–371.

108 Christopher Butler, *Postmodernism: A Very Short Introduction* (Oxford: Oxford University Press, 2002), 116.

este trabajo seguiremos y desarrollaremos esta afirmación de Butler mostrando cómo el aspecto bueno a rescatar del posmodernismo se encuentra mayormente en las críticas que éste ha hecho al modernismo. Es decir, en su mayoría, *estamos de acuerdo con las críticas posmodernas al modernismo, pero no del todo convencidos de los aspectos constructivos del posmodernismo.* El posmodernismo nos ha recordado que el cristianismo nunca ha sido modernista. Aceptar este recordatorio, creemos, nos brinda una oportunidad para rescatar y repensar aspectos cruciales del cristianismo que se habían hundido en el modernismo.

La estrategia que estaremos utilizando en este trabajo es la misma que utilizaron autores cristianos como Ireneo de Lyon, Agustín de Hipona, Juan Calvino y Abraham Kuyper: *saquear los tesoros de Egipto.* Por ejemplo, en su *De Doctrina Christiana*, Agustín señala que, así como los hebreos abandonaron Egipto cargados de oro egipcio para posteriormente utilizarlo en la adoración al verdadero Dios, de la misma manera los cristianos podemos encontrar recursos en el pensamiento no cristiano y usarlos para la gloria de Dios y el avance de su reino. Este trabajo busca saquear los tesoros del posmodernismo para la gloria de Dios, sin importar si estos recursos se encuentran en Derrida, Lyotard, Foucault o en Wittgenstein. En última instancia, «Toda verdad es verdad de Dios» independientemente de dónde la encontremos.

En este espíritu, propondremos que lo bueno que podemos retener del posmodernismo nos ayuda a repensar cuestiones vitales de la fe cristiana. En la primera parte de este trabajo estaremos presentando el posmodernismo y sus críticas a aspectos centrales del modernismo como la razón neutral y autónoma, y la antropología racionalista. En la segunda parte, usaremos algunos teóricos del posmodernismo para entender mejor la fe cristiana. Con la ayuda de Lyotard argumentaremos que la vida cristiana nos invita a encarnar una narrativa bíblica que no se reduce sólo a un conjunto de proposiciones teóricas. Derrida nos ayudará a entender mejor la centralidad de la Escritura para mediar nuestro entendimiento del mundo y el papel indispensable de la comunidad en la interpretación de la Biblia. Foucault será útil para entender el papel de la iglesia como una comunidad que forma a sus individuos mediante disciplinas espirituales. Finalmente, Wittgenstein es una herramienta esencial para entender que la iglesia es una comunidad de práctica, unida por un lenguaje que encarna las verdades de Dios.

Por su parte, en las conclusiones señalaremos algunas implicaciones que estas ideas tienen en temas como la teología, la comunidad de creyentes y la liturgia. Finalmente, Myron Penner nos mostrará en su epílogo que, nuestro trabajo permite hacer una propuesta de la vida cristiana desde la perspectiva propiamente latinoamericana, y que el cristianismo debe concebirse principalmente como una forma de vida que abarca todos los aspectos de la existencia.

2

RAZÓN NEUTRAL
Y AUTÓNOMA
SOMOS SERES SOCIALES ENCARNADOS

EL SIGLO XVIII es conocido como *El Siglo de las Luces* porque los pensadores de esa época «estaban convencidos de poder acabar con las tinieblas del oscurantismo», viéndose a sí mismos como los encargados de «alumbrar al género humano con la luz del pensamiento racional». Los librepensadores ingleses, los filósofos franceses y los ilustrados alemanes estaban de acuerdo en una misma cosa: «confiar en que con las luces de la razón podían combatir toda superstición y transformar el orden establecido civilizando a la humanidad».[1]

La defensa representativa o más conocida de la Ilustración se encuentra en la publicación del pequeño ensayo *Beantwortung der Frage: Was ist Aufklärung?* escrito por el gran filósofo Immanuel Kant en 1784.[2] Este filósofo alemán definió la Ilustración como la libertad de hacer uso público de la razón con la meta de liberar la humanidad de su inmadurez autoimpuesta. En *Was ist Aufklärung?* Kant recomendaba el uso de la razón[3] en asuntos concernien-

1   Roberto R. Aramayo, «Estudio Preliminar» en Immanuel Kant, *¿Qué es la Ilustración? Y otros escritos de ética, política y filosofía de la historia*, edición de Roberto R. Aramayo (Madrid: Alianza Editorial, 2013), 9.

2   Immanuel Kant, *Beantwortung der Frage: Was ist Aufklärung?* (Gotinga: LIWI Literatur- und Wissenschaftsverlag, 2018). Véase la edición en español Immanuel Kant, *Contestación a la pregunta. ¿Qué es la Ilustración?* (Barcelona: Círculo de Lectores, 2013).

3   Por «razón», Kant tenía en mente la filosofía expuesta en su *Crítica a la Razón Pura*, publicada

tes a la religión, pero que también podrían aplicarse a cualquier cuestión que beneficiara a la humanidad. Por el uso «público» de la razón, Kant se refería a su expresión libre impresa, la cual contrastaba con el uso «privado» de los oficiales públicos, clérigos, estudiosos y ciudadanos en general, para cumplir con los términos de su oficio.[4] ¿Qué es entonces la Ilustración? En palabras del mismo Kant:

> Ilustración significa el abandono por parte del hombre de una minoría de edad cuyo responsable es él mismo. Esta minoría de edad significa la incapacidad para servirse de su entendimiento sin verse guiado por algún otro. Uno mismo es el culpable de dicha minoría de edad cuando su causa no reside en la falta de entendimiento, sino en la falta de resolución y valor para servirse del suyo propio sin la guía del de algún otro. *Sapere aude!* ¡Ten valor para servirte de tu propio entendimiento! Tal es el lema de la Ilustración.[5]

Bajo esta visión, todo debía someterse al dictamen del tribunal presidido por la razón humana y aquello que pretendiera zafarse de tal crítica, como se pensaba que era el caso de la religión, suscitaba sospecha en su contra, pues la razón solo dispensa su respeto hacia lo que puede resistir un examen público y libre. Entendiendo esto anterior, «pensar por cuenta propia significa buscar dentro de uno mismo (o sea, en la propia razón) el criterio supremo de la verdad; y la máxima de pensar siempre por sí mismo es lo que mejor define a la Ilustración».[6] La razón autónoma debía ser el árbitro de todas las cosas, pensar por uno mismo debía estar guiado por los cánones de la razón. Roberto Aramayo lo pone de la siguiente manera:

---

en 1781. En dicha obra Kant sostenía que la razón, concebida de manera *a priori*, es el prerrequisito para entender los mundos físico y moral. Véase, Immanuel Kant, *Crítica de la razón pura* (Barcelona: Taurus, 2019).

4 «... el uso público de su razón tiene que ser siempre libre y es el único que puede procurar ilustración entre los hombres; en cambio muy a menudo cabe restringir su uso privado, sin que por ello quede particularmente obstaculizado el progreso de la ilustración. Por uso público de la propia razón entiendo aquél que cualquiera puede hacer, como alguien docto, ante todo ese público que configura el universo de los lectores. Denomino uso privado al que cabe hacer de la propia razón en una determinada función o puesto civil, que se le haya confiado». Immanuel Kant, *¿Qué es la Ilustración?*, 90. Véase John Robertson, *Enlightenment: A Very Short Introduction* (Oxford: Oxford University Press, 2015), capítulo 1.

5 Immanuel Kant, *¿Qué es la Ilustración? Y otros escritos de ética, política y filosofía de la historia*, edición de Roberto R. Aramayo (Madrid: Alianza editorial, 2013), 87.

6 Roberto R. Aramayo, «Estudio Preliminar», 11.

Así pues, al querer definir el término «Ilustración»», Kant viene a identificarla con su propio quehacer como profesor universitario. Sus alumnos —según el testimonio de Herder— no recibían otra consigna que la de pensar por sí mismos y ésa será justamente la divisa del movimiento ilustrado: ¡atreverse a pensar! Acostumbrarse a ejercitar nuestra propia inteligencia sin seguir necesariamente las pautas determinadas por cualquier otro. El hombre debe aprender a emanciparse de toda tutela y alcanzar una madurez intelectual que suele rehuir por simple comodidad.[7]

Este es pues el lema de la noción moderna del pensamiento. En esta visión, el hombre es un sujeto primariamente racional que debe vencer todo obstáculo que se oponga al pensamiento puro, neutral y objetivo. Esta noción cartesiana del individuo racional como el árbitro último de la verdad sería el fundamento del individualismo moderno. No necesitamos instituciones, grupos, comunidades, artefactos o culturas para ser capaces de llegar a la verdad. *Pensar por sí mismo* era la herramienta *par excellence* para conocer la realidad tal y como ésta es. Es decir, cada individuo con la facultad de la razón no necesita nada más que sí mismo para acercarse a la verdad.

En realidad, la idea anterior no era nueva para ese momento. Desde Platón encontramos la idea de que la razón debe ser la maestra de la vida, aunque solo los filósofos sean capaces de llegar a ese punto. Aristóteles, por ejemplo, consideraba que ser racional era la propiedad y cualidad específica del alma humana. Para él, el ser humano era el único entre los animales que poseía razón. Para este filósofo griego, el hombre era «el animal racional». Más recientemente Descartes sostuvo que la razón debía ser nuestra única guía y Darwin enseñaba que de todas las facultades de la mente humana la razón estaba en la cima. Muchos psicólogos cognitivos modernos sostienen que el razonamiento es «la habilidad cognitiva más distintiva del humano».[8] Cuando buscamos lo propiamente humano, lo primero que nos viene a la mente son las facultades de la razón y el lenguaje. Algunos animales tienen una especie de lenguaje

---

7   *Ibíd.*, 12.
8   Esla Ermer, Scott Guerin, Leda Cosmides, John Tooby y Michael Miller, «Theory of Mind Broad and Narrow: Reasoning about Social Exchange Engages ToM Areas, Precautionary Reasoning Does Not», *Social Neuroscience* 1 (2006): 196.

que les permite comunicarse entre ellos, pero el hombre es el único ser con la facultad de la razón. El hombre es el «animal racional» por excelencia.

Toda esta visión modernista ha sido puesta en duda en los últimos sesenta años. La razón humana es la capacidad que más se ha estudiado con el surgimiento de las ciencias cognitivas. Lo que parece señalar la evidencia es que la *razón*, entendida como facultad humana, es doblemente enigmática. Por un lado, es la responsable de todos los grandes beneficios intelectuales, como por ejemplo el avance de la ciencia lo ilustra muy bien. Por el otro lado, la razón también es la responsable de una gran cantidad de sesgos y errores que nos han llevado a resultados desastrosos a lo largo del pensamiento e historia humana. El posmodernismo sostiene que este ideal modernista de que el humano es el ser racional por excelencia es falso. Por supuesto, entendiendo racional como aquel proceso objetivo, neutral y universal al que todos somos capaces de llegar si tan solo usamos nuestra capacidad de razonar.

Algo interesante que debemos notar es que todos nos consideramos como perfectamente racionales. Ese es un supuesto del que partimos para hacer cualquier investigación o formular algún argumento. No obstante, como veremos a lo largo de esta sección, las ciencias cognitivas y una parte considerable de la filosofía de los últimos años ponen en duda ese supuesto. Debemos aclarar que el propósito de este capítulo no es argumentar a favor de una tesis pesimista que sostiene que somos irracionales; más bien, queremos presentar algunos ejemplos de evidencia empírica y conceptual de las últimas décadas que muestra que el ideal de una razón neutral, objetiva y autónoma es un mito más del modernismo.

Tradición de heurística y sesgo, razonamiento y racionalidad

El ideal de la ilustración que ve a la razón como la herramienta que nos permite salir de las tinieblas de la ignorancia es difícil de comprobar si se toma en cuenta la evidencia empírica de cómo realmente razonamos. Hay una dualidad interesante en la razón humana: «Si la razón fuese llevada a juicio, tanto la defensa como el acusador podrían presentar un caso extraordinario. La defensa podría argumentar, citando a Descartes, Aristóteles, Kant o Popper, que los humanos erramos por no razonar lo suficiente. El acusador argumentaría, citando a Lutero, Hume, Kierkegaard, o Foucault, que erramos por razonar demasiado».[9]

A veces la razón se nos presenta como el súper poder humano por antonomasia, pero otras veces como nuestra kryptonita, lo que nos lleva a concluir que, sin duda, la razón humana es un fenómeno enigmático. Algunos trabajos de las últimas décadas nos señalan que se pueden distinguir tres maneras de estudiar la razón: los estudios de tipo descriptivo, normativo y evaluativo.

El proyecto *descriptivo* consiste en describir cómo es que el ser humano de hecho razona, así como los mecanismos y procesos psicológicos que subyacen a los patrones de razonamiento observados. El estudio de tipo *normativo*, a diferencia del tipo descriptivo, se enfoca no en cómo los seres humanos razonan sino en cómo deberían razonar. El propósito de este estudio es descubrir reglas o principios que especifiquen cómo razonar correctamente. Finalmente, el proyecto *evaluativo* pretende determinar el valor que tiene el razonamiento de acuerdo con estándares normativos apropiados. Dados ciertos criterios sobre qué cuenta como buen razonamiento, aquellos que se adhieren al proyecto normativo buscan determinar cuándo el razonamiento cumple con los criterios establecidos.[10]

Uno de los debates donde se concentran las tres maneras de estudiar la razón es el que surge de una serie de resultados experimentales provenientes de la psicología cognitiva del razonamiento, en particular, del programa conocido como la «tradición de heurística y sesgo» encabezado principalmente por Daniel Kahneman y Amos Tversky.[11] Este programa, muchos han creído, sugiere un resultado desalentador para el proyecto evaluativo de la racionalidad y apoya una visión profundamente pesimista de la racionalidad humana.[12]

Una *heurística* es una regla o estrategia mental rápida y un sesgo es una tendencia sistemática a cometer un tipo específico de errores. Las personas evalúan la probabilidad de un evento incierto haciendo uso de juicios heurís-

---

9   Hugo Mercier y Dan Sperber, *The Enigma of Reason* (Cambridge: Harvard University Press, 2017), 17.

10   Véase Samuels, Stich y Faucher, «Reason and Rationality», en *Handbook of Epistemology*, ed. Ikka Niiniluoto, Matti Sintonen y Jan Wolenski (Dordrecht: Kluwer, 2004), 131–179.

11   Daniel Kahneman, Paul Slovic y Amos Tversky, *Judgment under uncertainty: Heuristics and biases* (Cambridge: Cambridge University Press, 1982); Daniel Kahneman, *Pensar rápido, pensar despacio* (Madrid: Debate, 2012).

12   Véanse las discusiones en Edward Stein, *Without Reason: The Rationality Debate in Philosophy and Cognitive Science* (Nueva York: Oxford University Press, 1996); Stephen Stich, *The Fragmentation of Reason* (Cambridge, Mass: MIT Press, 1990) y Jonathan Cohen, «Can Human Irrationality be Experimentally Demonstrated?», *Behaviour and Brain Sciences*, 4 (1981): 317–370.

ticos o heurísticas que reducen las tareas de evaluar probabilidades y predecir valores a simples operaciones de juicio. Las heurísticas son muy útiles pero algunas veces conducen a errores sistemáticos.[13] Como un ejemplo de cómo operan las heurísticas y los sesgos veamos la siguiente figura:

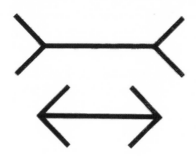

Esta figura corresponde a la ilusión más conocida presentada por Muller-Lyer en 1889. En esta ilusión óptica, conocida como *la ilusión de Müller-Lyer,* los dos segmentos de igual tamaño parecen más grandes o más pequeños dependiendo de que las puntas de flecha añadidas en sus extremos apunten hacia adentro o hacia afuera. Aunque sepamos que ambas líneas horizontales miden exactamente lo mismo por alguna razón seguimos viendo más grande la de arriba (i.e., la que tiene los extremos de la flecha hacia afuera). En otras palabras, hay algo en nosotros que persiste en creer que la línea superior es más larga aun cuando hayamos comprobado que ambas líneas miden lo mismo. *Sabemos* que ambas líneas miden lo mismo, pero las *vemos* distintas.

El programa de heurística y sesgo a menudo utiliza ilusiones ópticas, como la anterior, como ejemplos para explicar la manera en que razonamos por medio de heurísticas y cómo éstas nos guían a sesgos o a *ilusiones cognitivas.* Piatelli Palmarini, por ejemplo, llama a los sesgos «túneles mentales» o «ilusiones cognitivas». Para él, las ilusiones cognitivas son generales, sistemáticas, orientadas, específicas, externamente modulables, subjetivamente incorregibles, no trasferibles e independientes de la inteligencia y de la cultura.[14]

Se ha usado como referente a las ilusiones ópticas con el fin de hacer notar que, igual que los ojos, nuestros mecanismos mentales resultan inaccesibles

---

13   Véase el artículo Daniel Kahneman y Amos Tversky, «Judgement under Uncertainly: Heuristics and Biases», *Science* 185 (1974): 1124–1131. Véase también Daniel Kahneman, *Pensar rápido, pensar despacio.*

14   Véase, Massimo Piatelli-Palmarini, *Los túneles de la mente* (Barcelona: Crítica, 2005).

a las correcciones que sugieren la lógica, la aritmética, el juicio racional, y especialmente el cálculo de las probabilidades. «Somos, pues, todos presa fácil de diferentes "ilusiones cognitivas", es decir, ilusiones de saber, errores que cometemos sin darnos cuenta, con absoluta buena fe, y que muchas veces nos obstinamos en justificar con vehemencia, convirtiendo nuestra razón en esclava de nuestras ilusiones».[15]

La confianza en las heurísticas da lugar a sesgos en nuestros juicios intuitivos en nuestras decisiones, es decir, los sesgos son producto de las heurísticas.[16] De acuerdo con Kahneman y Tversky, existen tres heurísticas principales, a saber: representatividad, disponibilidad, y ajuste y anclaje.[17] Veamos cada una por separado.

Representatividad

La heurística de la representatividad es usada por las personas cuando éstas tienen que responder preguntas relacionadas con la probabilidad de que un evento A pertenezca a una clase B, de que un evento A sea originado por una clase B, o de que una clase B produzca un evento A. Esta heurística consiste en que la probabilidad de un evento A sea representativo de B, es decir, al parecido que A tenga con B. Este enfoque sobre la probabilidad conduce a serios errores debido a que la representatividad no es influenciada por ciertos factores que deberían afectar a los juicios de la probabilidad. Uno de los experimentos más conocidos es el que se conoce como ignorar la razón de base. En este experimento se les presenta a dos grupos de sujetos una breve descripción de personalidad de ciertos individuos.

El experimento consiste en lo siguiente: Se ha realizado una evaluación de los rasgos de personalidad de 30 ingenieros y de 70 abogados, todos ellos profesionales destacados. A continuación, se extrae, de manera aleatoria, la descripción de uno de los 100 hombres entrevistados: «Jack es un hombre de 45 años, casado y con 4 hijos, es conservador, responsable y ambicioso. No se

---

15 *Ibíd.*, 29.

16 Por otro lado, también se ha argumentado que las heurísticas nos llevan a tomar mejores decisiones, véase Gerd Gigerenzer, «How to Make Cognitive Illusions Disappear: Beyond "Heuristics and Biases"», *European Review of Social Psychology* 2 (1991): 83–115. Popularizado en Gerd Gigerenzer, *Risk Savvy: How to Make Good Decisions* (Londres: Penguin Books, 2015) y Malcolm Gladwell, *Inteligencia intuitiva: ¿por qué sabemos la verdad en dos segundos?* (Barcelona: Taurus, 2017).

17 En Daniel Kahneman y Amos Tversky, *Judgment Under Uncertainty*, y Daniel Kahneman, *Pensar rápido, pensar despacio*.

encuentra interesado en aspectos sociales ni políticos y dedica la mayor parte del tiempo libre a sus hobbies, entre los que se incluye la carpintería y los desafíos matemáticos».

La consigna de los sujetos experimentales consiste en estimar cuál es la probabilidad de 0 a 100 de que Jack sea un ingeniero. En los dos grupos, los sujetos estimaron que había una probabilidad mayor de que Jack fuera un ingeniero, desestimando así la razón de base de las profesiones (de un 30% en un caso y de un 70% en otro). En concreto, las personas prefirieron formular un juicio basándose en el parecido de la descripción de Jack con el estereotipo que se tiene de los ingenieros y no en la probabilidad de extraer un ingeniero de manera aleatoria de la muestra.

Experimentos como éste muestran cómo las personas ignoran la razón de base y cómo las probabilidades previas fueron ignoradas efectivamente cuando se introdujo una descripción, aun cuando la descripción estuviera totalmente carente de información.

Esta heurística explica las actitudes o decisiones que tomamos en nuestra vida diaria basándonos en estereotipos y no en evidencia o reglas lógicas. Uno de los experimentos más conocidos y que más se han discutido en años recientes es el problema o falacia de la conjunción. La falacia de la conjunción es una falacia lógica que consiste en asumir que una situación específica es más probable que la situación general en la que la situación específica está contenida. En estadística, la conjunción se refiere la intersección de dos premisas. La falacia consiste en asignarle mayor valor a la intersección de las premisas y menor valor a las premisas dadas de manera independiente. Es bien sabido que, dentro de la teoría de la probabilidad, la probabilidad de un estado compuesto de cosas es menor o igual a la probabilidad de que ocurra un solo evento. Las leyes de las probabilidades establecen que la ocurrencia de un solo suceso es más probable que la ocurrencia de la conjunción de ese suceso con otro.

El experimento de «Linda, la cajera feminista», publicado por Kanheman y Tversky en 1982, muestra que las personas violan sistemáticamente un principio básico e importante de la probabilidad. En este experimento, los autores presentan a los sujetos la siguiente prueba: Linda tiene 31 años de edad, es soltera, inteligente y muy brillante. Se especializó en filosofía. Como estudiante, estaba profundamente preocupada por los problemas de discriminación y justicia social. También participó en manifestaciones anti-nucleares. ¿Qué es más probable?:

1. Linda es una cajera.
2. Linda es una cajera de banco y es activista de movimientos feministas.

En un grupo de personas sin ningún estudio en probabilidad y estadística, 89% consideraron que el enunciado (2) tenía mayor probabilidad que el enunciado (1). Es decir, que ser "cajera y feminista" es más probable que ser solamente cajera. Este experimento se realizó también a sujetos entrenados en estadística y se observó que el 85% de los sujetos cometieron el mismo error.[18] Las personas estimaron que era más probable que Linda fuera una «cajera y feminista» a que Linda fuera solamente «cajera», violando así la regla de la conjunción y por lo tanto cometiendo la falacia de la conjunción.[19] Es obvio que es más probable que suceda un evento singular que uno compuesto, por ejemplo, es más probable que mañana llueva a que mañana llueva y caiga granizo. Aun así, como muestran experimentos como los anteriores, las personas somos guiadas más por la heurística de la representatividad cuando hacemos juicios o tomamos decisiones.

Disponibilidad

En esta heurística los sujetos suelen evaluar la probabilidad de una clase o la probabilidad de un evento por la facilidad con que las instancias u ocurrencias puedan ser traídas a la mente. Por ejemplo, un sujeto puede evaluar el riesgo de padecer un ataque al corazón a cierta edad a partir de las incidencias de tal padecimiento entre sus conocidos. Esta heurística es usada cuando se les pide a los sujetos que evalúen la frecuencia de una clase o la plausibilidad de un evento particular. Cuanto más accesible es un suceso, parecerá más frecuente y probable; cuanto más viva sea la información, será más convincente y fácil de recordar; y cuanto más evidente resulta algo, más causal parecerá.

La demostración más elemental de esta heurística se hace presente cuando en un experimento a un grupo de sujetos se les mencionan distintos nombres de personajes ilustres de ambos sexos y se les pide después responder si la lista contenía más nombres de hombres o de mujeres. Diferentes listas de nombres fueron presentadas a diferentes grupos de personas, no obstante, en una de

---

18   Véase Samuels, Stich y Faucher, «Reason and Rationality», en *Handbook of Epistemology*, ed. Ikka Niiniluoto, Matti Sintonen y Jan Wolenski (Dordrecht: Kluwer, 2004), 131–179.

19   El principio que se estaría violando parte de la teoría de la probabilidad y comúnmente se formula como sigue: $P(A \& B) < P(A)$.

las listas el número de hombres era menor pero los hombres eran mucho más famosos que las mujeres, mientras que en otra lista el número de mujeres era menor pero las mujeres eran más famosas que los hombres. En cada una de las listas, los sujetos sostuvieron erróneamente que la clase (en este caso el sexo de los personajes) más numerosa fue aquella que contenía el número de personajes más famosos.

Esta heurística de disponibilidad hace que las personas evalúen la probabilidad de un evento dependiendo de la facilidad en que puedan traerlo a la mente. Por ejemplo, evaluamos como más alta la probabilidad de un terremoto si hemos estado en uno a que si nada más lo leemos en libros de geología. Se habla más de los homicidios que de los suicidios y por eso se tiende a pensar equivocadamente que hay más muertes por homicidio. De la misma manera, los eventos recientes tienen más impacto en nuestra conducta que los antiguos, eso explica por qué las personas son más propensas a contratar seguros frente a desastres naturales después de que haya sucedido uno, aunque las probabilidades de un desastre natural sigan siendo exactamente las mismas.

Ajuste y anclaje

En muchas situaciones las personas realizan estimaciones partiendo de un valor inicial que es ajustado para producir un resultado final. Para ellas, el valor o punto de partida puede ser sugerido por la formulación del problema o podría ser resultado de una computación parcial. En cualquier caso, los ajustes son típicamente ineficientes. Esto es, diferentes puntos de partida producen diferentes estimaciones, las cuales están sesgadas por los valores iniciales. Este fenómeno es llamado anclaje. Uno de los ejemplos presentados para mostrar esta heurística es el siguiente: A dos grupos de personas se les pidió que intentaran estimar en sólo 5 segundos cuál era el resultado de una multiplicación presentada de manera secuencial:

El primer grupo recibió esta serie de multiplicaciones:

$8 \times 7 \times 6 \times 5 \times 4 \times 3 \times 2 \times 1$

El segundo grupo recibió la misma serie de multiplicaciones, pero presentadas al revés:

1 x 2 x 3 x 4 x 5 x 6 x 7 x 8

La media estimada en el primer grupo fue de 2,250, mientras que la media del segundo grupo fue de 512. El resultado real de la multiplicación es 40,320. Los sujetos, al tener que procesar tan rápido la información, se anclaban en los primeros datos y a partir de ahí ajustaban su juicio para estimar cómo debería ser el resultado con toda la información restante.

En otro experimento aún más inquietante se solicitó a los sujetos estimar el número de países africanos dentro de la ONU, pero antes de realizar esta tarea se les mostró un numero arbitrario que fue determinado por las vueltas de una ruleta en su presencia. A algunos se les mostró el número 65, mientras que a otros el número 10, solicitándoles si la estimación era correcta o incorrecta con relación al número indicado en la rueda. Asimismo, que indicaran cuál sería el porcentaje real de países africanos en la ONU. La estimación media fue 45 para aquellos sujetos cuyo número de anclaje fue 65, y 25 para aquellos cuyo número de anclaje fue 10. La desconcertante implicación de este experimento es que las estimaciones de los sujetos pueden ser afectadas sustancialmente por un valor numérico «anclado», aun cuando dichos sujetos estén completamente conscientes de que el número de anclaje ha sido generado por un proceso aleatorio del cual están seguros que es irrelevante para la tarea en cuestión.

Esta heurística de anclaje también influye en la manera en que valoramos nuestra vida. En otro experimento se les hizo dos preguntas a las personas: a) «¿Eres feliz?», y b) «¿Con qué frecuencia tienes citas?» Cuando las preguntas se hicieron en este orden, la correlación entre las preguntas era muy baja (0,11). No obstante, cuando se invirtió el orden de las preguntas (i.e., primero les preguntaron sobre la frecuencia de sus citas y después si eran felices), la correlación pasó a (0,62).

Existen muchos ejemplos de cómo razonamos basados en esta heurística, ello explica por qué un anuncio de un total de \$5.99 es más efectivo que uno de \$6 aunque realmente terminemos pagando lo mismo. También es la manera en que muchos programas de noticias nos anclan a valores bajos o altos, por ejemplo, en la guerra de Vietnam se reportaban 20 muertes cuando en realidad habían sido 900, no obstante, aunque las personas sabían que el número de muertes era mayor a 20, hacían estimaciones que no se alejaban mucho de ese valor inicial. El punto es que estas heurísticas están presentes en gran parte de nuestros juicios y decisiones diarias, aun sin saberlo, incluso pensando que estamos tomando nuestras decisiones de la manera más neutral y objetivamente posible.[20]

Sesgo de confirmación

El sesgo de confirmación es usado en la literatura psicológica para hacer referencia a la búsqueda o interpretación de evidencia que confirme creencias, expectativas e hipótesis ya existentes.[21] Este sesgo es quizá la noción de error inferencial mejor conocida y más ampliamente aceptada en la literatura del razonamiento humano.[22]

Este error del pensamiento puede presentarse de distintas maneras: puede ser explícito o implícito, consciente o inconsciente, motivado o no motivado. Las personas que operan bajo este sesgo prueban sus hipótesis solo de maneras que las apoyen mientras que rechazan o pasan por alto información que no apoye su sesgo o hipótesis en mano. Por eso es muy común hablar con personas que por más argumentos o evidencia que tengan en contra de su postura no cambian de opinión, por el contrario, esa información que debería falsar su postura la convierten en evidencia a favor de la misma.[23] Lo importante es que nadie está exento de presentar estas actitudes, sin importar el grado de educación que se tenga.

El sesgo de confirmación nos hace prestar atención solo a la información que está de acuerdo con lo que pensamos que es verdadero. La investigación empírica de este sesgo parece mostrar que una vez que la persona ha tomado una posición sobre un asunto o tema, su propósito primario se vuelve confirmar, defender, o justificar esa postura.[24] Por ello, este sesgo es el responsable de «una fracción significativa de disputas, altercados y malos entendidos que

---

20 El ejemplo más famoso de cómo podemos aprovechar esas heurísticas y sesgos humanos para diseñar mejores políticas públicas, se encuentra en el trabajo Cass Sunstein y Richard Thaler, *Un pequeño empujón: El impulso que necesitas para tomar mejores decisiones sobre salud, dinero y felicidad* (México: Taurus, 2017).

21 Raymond S. Nickerson, «Confirmation Bias: A Ubiquitous Phenomenon in Many Guises», *Review of General Psychology* 2 (1998): 175.

22 J. B. T. Evans, *Bias in Human Reasoning: Causes and Consequences* (Hillsdale, NJ: Erlbaum, 1989), 41.

23 Este fenómeno está muy bien documentado en Sara E. Gorman y Jack M. Gorman, *Denying to the Grave: Why We Ignore the Facts That Will Save Us* (Nueva York: Oxford University Press USA, 2017). Este libro usa las teorías conspirativas, los grupos antivacunas y los movimientos de los líderes carismáticos para ilustrar cómo en muchas ocasiones negamos la evidencia y persistimos en creer cosas que son obviamente falsas.

24 Nickelson, «Confirmation Bias», 177.

ocurren entre individuos, grupos, y naciones».[25] A grandes rasgos, el sesgo de confirmación consiste en buscar o interpretar la evidencia en maneras que son parciales a creencias y expectativas existentes, o con una hipótesis en mano. «Nuestra tendencia natural parece ser buscar evidencia que apoye directamente las hipótesis que favorecemos».[26]

Creemos que no hace falta poner muchos ejemplos y experimentos de este sesgo porque una vez que se entiende *se puede ver en todos lados*. El sesgo de confirmación es «fuerte» y «dominante»,[27] no importa que tan inteligente sea la persona o si está consciente del mismo. En cierta manera, podríamos decir que nadie se escapa de caer preso en este sesgo. «Sin duda alguna, incluso las mentes más grandes pueden razonar de maneras muy sesgadas».[28] Todos podemos identificar situaciones en que hemos sido víctimas de este sesgo, quizá en la manera en que juzgamos a algunas personas, cuando decidimos comprar algo o rentar un departamento en particular. Siempre es fácil justificar dichas decisiones para mostrar que fue la mejor decisión que pudimos haber tomado, aunque a veces sea evidente que no es el caso. Por ejemplo, si una persona nos genera mala impresión en el primer encuentro será fácil encontrar razones de por qué no nos agrada y así justificar nuestra actitud. Lo mismo pasa con personas que nos agradan en la primera impresión.

Este sesgo está presente no solamente en la mente de los individuos sino también en grupos o instituciones. Hay una gran cantidad de evidencia que parece indicar que aun en la práctica científica se opera bajo el sesgo de confirmación. A veces los científicos observan patrones de datos que confirman su hipótesis, aunque dichos patrones no existan realmente.[29] Los resultados sugieren que incluso adultos inteligentes no adoptan una actitud científica cuando se enfrentan a un problema novedoso. Más bien «se adhieren a su propia explicación con una tenacidad extraordinaria que son capaces de producir evidencia que la confirme».[30] En ese mismo sentido Thomas Kuhn ya nos decía que el trabajo de los científicos estaba mayormente dedicado a confirmar el paradigma dentro del cual estaban operando. Esa es una de las mayores razones de por qué los científicos viejos están menos dispuestos a aceptar teorías novedosas que sus colegas más jóvenes.[31] Esa imagen del científico que

---

25   *Ibíd.*, 175.
26   *Ibíd.*, 211.
27   *Ibíd.*
28   Hugo Mercier y Dan Sperber, *The Enigma of Reason*, 207.
29   Sara E. Gorman y Jack M. Gorman, *Denying to the Grave*, 114.
30   Hugo Mercier y Dan Sperber, *The Enigma of Reason*, 212.
31   Véase, Thomas Kuhn, *La estructura de las revoluciones científicas* (Ciudad de México: Fondo

piensa solo a la luz de la razón, de una manera neutral y objetiva, y dejando todo prejuicio atrás, ha sido grandemente exagerada. Algunos trabajos detallan la manera en que pensadores importantes como Newton, Einstein, Boyle, Schrödinger y Bohr no estuvieron exentos de estos sesgos cognitivos.[32]

La misma evidencia empírica parece mostrar que ser inteligente, enfocado, motivado o de mente abierta no es ninguna protección contra el sesgo de confirmación.[33] Por supuesto todo lo anterior no significa que siempre sea el caso que operemos bajo el sesgo de confirmación y que no cambiemos de opinión o de creencias gracias a la evidencia y al encuentro de nueva información. No obstante, esto último es la excepción porque es muy poco probable que seamos completamente objetivos y neutrales ante la evidencia empírica. El punto central en todo esto es que nadie razona desde el vacío y la manera en que adquirimos nuestras creencias raramente es el resultado de analizar la información de una manera neutral y objetiva.

Por supuesto el sesgo de confirmación a veces es beneficioso tanto a nivel individual como grupal. Necesitamos la experiencia pasada para que nos guie en nuestras decisiones presentes y futuras. Por ejemplo, si compramos un producto defectuoso es muy beneficioso que consideremos eso en una futura compra, aunque haya muchas razones que podrían explicar por qué el primer producto salió defectuoso sin esto implicar que todos los productos de la marca sean defectuosos por igual. Otras veces es bueno que los científicos estén motivados en comprobar una hipótesis en particular porque esto permite que la ciencia avance más rápidamente; pero lo mismo aplica para científicos cuyo propósito es comprobar que algunas teorías son falsas, porque eso en ocasiones avanza nuestro conocimiento verdadero por encima del falso. Puede aceptarse lo anterior y la conclusión sigue siendo la misma: *aunque los resultados sean buenos o malos, nadie razona desde el vacío y la mayoría de las veces no somos objetivos y neutrales como nos hizo creer el lema de la ilustración.*

La existencia de las heurísticas y los sesgos como todos los anteriores, han llevado a que repensemos la verdadera función del razonamiento. Contrariamente al ideal modernista, no es el caso que siempre razonemos neutral y objetivamente. Usualmente producimos razones para justificar pensamientos

---

de Cultura Económica, 2013).

32 Hugo Mercier y Dan Sperber, *The Enigma of Reason*, 315–327. Véase también Sara E. Gorman y Jack M. Gorman, *Denying to the Grave*, 114–119.

33 Todo esto se encuentra documentado en K. E. Stanovich y R. F. West «On the failure of cognitive ability to predict myside and one-sided thinking biases», *Thinking and Reasoning* 14 (2008): 129–167.

y acciones ante los demás y creamos argumentos para convencer a otros de pensar y actuar como sugerimos. Por esto algunos piensan que la razón es mayormente argumentativa, el razonamiento tiene dos principales funciones: producir argumentos para justificarse a uno mismo, y producir argumentos para convencer a los demás.[34]

Si el razonamiento se entiende así, entonces el principal objetivo de las razones no es guiarnos a llegar a conclusiones sino explicar y justificar *pos facto* las conclusiones a las que ya hemos llegado previamente por otros medios. En este sentido la razón humana es sesgada y perezosa. Sesgada porque es muy buena buscando justificaciones y argumentos que apoyen el punto de vista del razonador. Perezosa porque hace muy poco esfuerzo para evaluar la calidad de los argumentos y justificaciones que produce.[35]

Cuando una persona empieza con una opinión fuerte, las razones que le vienen a la mente tienden a apoyar esa opinión. Es poco probable que esa persona cambie de opinión, incluso la persona obtiene un exceso de confianza y desarrolla opiniones más fuertes.[36] Otras veces la persona puede iniciar con una opinión no tan fuerte e incluso con creencias en conflicto. Lo que hace la razón en ese caso es «buscar una opción o postura que sea más fácil de justificar, aunque no sea la opción mejor o verdadera».[37]

La visión modernista de que somos seres que se guían únicamente por la razón está profundamente errada. No es cierto que todas nuestras decisiones son el producto de una consideración racional y que cada argumento que hacemos proviene solamente de un pensamiento neutral y objetivo. Más específicamente, las creencias que tenemos no son resultado de argumentos racionales que formamos atendiendo a la evidencia de una manera objetiva. El ideal de la Ilustración que nos enseña que debemos pensar por nosotros mismos y que la razón nos librará de la oscuridad de la ignorancia (y por lo tanto de la religión) es un mito más del modernismo.

---

34 Véase Hugo Mercier y Dan Sperber, *The Enigma of Reason*.
35 *Ibíd.*, 9.
36 Véase Sara E. Gorman y Jack M. Gorman, *Denying to the Grave*.
37 Hugo Mercier y Dan Sperber, *The Enigma of Reason*, 10–11.

EL ELEFANTE Y EL JINETE: LAS INTUICIONES Y LA RAZÓN

Nuestras acciones, creencias y decisiones son en su mayoría producto de las intuiciones y no de la razón deliberativa. Las intuiciones surgen automáticamente y de manera casi instantánea, mucho antes de que un razonamiento haya tenido oportunidad siquiera de comenzar a formarse, y esas primeras intuiciones suelen guiar nuestro razonamiento posterior. En otras palabras, *la intuición viene primero, el razonamiento estratégico después.*[38] El psicólogo estadunidense Jonathan Haidt ha dedicado varias décadas de su investigación a analizar cómo es que realizamos juicios racionales en el ámbito moral. Contrario a lo que nos enseñó el ideal modernista, Haidt nos dice lo siguiente:

> Si piensas que el razonamiento moral es algo que hacemos para encontrar la verdad, te sentirás constantemente frustrado por lo tonta, tendenciosa e ilógica que puede ser la gente cuando no está de acuerdo contigo. Pero si piensas acerca de los razonamientos morales como una habilidad que los humanos hemos desarrollado para avanzar en nuestras agendas sociales, justificar nuestras acciones y defender los equipos a los que pertenecemos, entonces las cosas tendrían mucho más sentido. Vigila las instituciones y no interpretes literalmente los argumentos morales de las personas. En su mayoría son construcciones *post hoc*, creadas sobre la marcha para lograr uno o más objetivos estratégicos.[39]

En otra parte, Haidt sostiene que en nuestras decisiones siempre hay dos procesos cognitivos operando —razonamiento e intuición— y el proceso del razonamiento ha sido sobreenfatizado. El razonamiento casi siempre está motivado y construye justificaciones *post hoc*, no obstante, experimentamos la ilusión del razonamiento objetivo.[40]

---

38   Jonathan Haidt, *The Righteous Mind: Why Good People are Divided by Politics and Religion* (Nueva York: Vintage Books, 2012), xx. Véase la edición en español Jonathan Haidt, *La mente de los justos: Por qué la política y la religión dividen a la gente sensata* (Barcelona: Deusto, 2019).

39   *Ibíd.*, xxi.

40   Jonathan Haidt, «The Emotional Dog and Its Rational Tail: A Social Intuitionist Approach to Moral Judgement», *Psychological Review* 108 (2001): 815.

La metáfora principal de todo este acercamiento al pensamiento humano es la del elefante y el jinete.[41] Según esta metáfora, la mente está dividida como un jinete que guía a un elefante, y el trabajo del jinete es servir al elefante. El jinete es nuestro razonamiento consciente y el elefante es el otro 99% de los procesos mentales inconscientes que conforman nuestro pensamiento, es decir, esos que ocurren fuera de nuestro consciente pero que de hecho controlan la mayor parte de nuestro comportamiento.[42]

Lo que esta metáfora pretende enseñarnos es que, aunque parezca que el jinete (la razón) tiene el control, y aunque el jinete pueda hacer cosas muy importantes, el que en realidad está a cargo del movimiento es el elefante (las intuiciones).[43] Usualmente las personas no razonan de la nada para llegar a concluir que algo es verdadero o falso; más bien, primero sienten emocional e intuitivamente que algo es falso o verdadero, y después usan su razón para explicar por qué es el caso. En ese sentido, *las decisiones humanas son más como un político pidiendo votos que como un filósofo buscando la verdad*. Lo que la evidencia empírica parece indicar es que las personas están más orientadas a confirmar sus opiniones que a buscar la verdad. Hay algo de cierto en el filósofo David Hume cuando afirmaba que «la razón es y sólo debe ser la esclava de las pasiones, y nunca debe pretender tener otro oficio que servirlas y obedecerlas».[44]

¿Significa todo esto anterior que somos irracionales? Pensamos que las afirmaciones hechas por *la visión pesimista de la racionalidad*[45] sólo se pueden

---

41   Esta metáfora fue pesentada primero con relación al tema de la felicidad en Jonathan Haidt, *La hipótesis de la felicidad: la búsqueda de verdades modernas en la sabiduría antigua* (Barcelona: Gedisa Editorial, 2006).

42   En realidad, esta metáfora se basa en la Teoría Dual de Sistemas como explicación de la arquitectura mental. Esta teoría propone que la mente está dividida en dos sistemas, denominados S1 y S2. S1 es un sistema automático que es no controlado, sin esfuerzo, asociativo, rápido e inconsciente, mientras que S2 es un sistema reflexivo, controlado, laborioso, deductivo, lento, autoconsciente y sigue normas. Bajo esta visión de la mente, lo que típicamente hace S2 es racionalizar o justificar una conclusión a la que se llega primero con S1. Véase Jonathan Evans y Keith Frankish, *In Two Minds: Dual Processes and Beyond* (Oxford: Oxford University Press, 2009); y Daniel Kahneman, *Pensar rápido, pensar despacio* (Madrid: Debate, 2012).

43   Maria Konnikova explica estos dos procesos mentales con los relatos y novelas de Arthur Conan Doyle. Para esta psicóloga de Harvard, Sherlock Holmes representa la razón y el doctor Watson las intuiciones. Maria Konnikova, *¿Cómo pensar como Sherlock Holmes?* (Barcelona: Paidós, 2013).

44   David Hume, *A Treatise of Human Nature* (Londres: Penguin, 1969), 462. Véase la edición en español, David Hume, *Tratado de la naturaleza humana, Grandes Pensadores* (Madrid: Editorial Gredos, 2012).

45   Es decir, la tradición que sostiene que somos irracionales. Esta convicción de que los seres humanos no razonamos de acuerdo con los principios normativos se ha conocido también como la tesis de la irracionalidad. Cf. Edward Stein, *Without Reason: The Rationality Debate*

sostener si, para evaluar el razonamiento, se adopta un criterio denominado por el filósofo Edward Stein como *la visión estándar de la racionalidad*. Para este filósofo, «de acuerdo con esta visión, ser racional es razonar conforme a los principios de razonamiento que están fundados en las reglas de la lógica, la teoría de la probabilidad u otras teorías formales».[46] Esto es prácticamente a lo que se referían la visión modernista de la racionalidad y el lema de la Ilustración cuando hablaban de ser racionales. Así pues, teniendo una serie de experimentos que comprueban cómo los seres humanos de hecho razonamos y una visión estándar de la racionalidad como telón normativo de fondo, la evaluación de la visión pesimista de la racionalidad es que los seres humanos somos sistemáticamente irracionales, es decir, que no cumplimos con los estándares de la racionalidad establecidos, tal y como lo muestran los distintos experimentos presentados en páginas anteriores.

Lo normativo y lo descriptivo

Hasta finales del siglo XIX se sostuvo, sin duda alguna, que la lógica y el estudio de la razón humana, aunque no eran exactamente la misma cosa, eran dos caras de la misma moneda. Este pensamiento operaba bajo un supuesto normativo y otro descriptivo. El supuesto descriptivo sostiene que los humanos *de hecho* razonamos siguiendo los cánones de la lógica. Por su parte, el supuesto normativo enseña que la lógica clásica contiene todos los principios de razonamiento que los humanos *debemos* seguir, aunque a veces nos desviemos de esos principios. En esto consisten básicamente los señalamientos de teóricos del pensamiento humano como Descartes, Kant y Frege. En otras palabras, se sostenía que la lógica no solo describía la manera en que razonamos, sino que era al mismo tiempo la manera en que deberíamos razonar, o el estándar para el buen razonamiento.

Actualmente el consenso entre los psicólogos y teóricos del razonamiento es que la lógica clásica y deductiva no es un modelo descriptivo adecuado del razonamiento humano.[47] Por supuesto, esto hace que surjan muchas maneras

---

in Philosophy and Cognitive Science (Nueva York: Oxford University Press, 1996); Stephen Stich, *The Fragmentation of Reason* (Cambridge, Mass: MIT Press, 1990) y Jonathan Cohen, «Can Human Irrationality be Experimentally Demonstrated?», *Behaviour and Brain Sciences* 4 (1981): 317–370.

46 Edward Stein, *Without Reason*, 4.

47 Véase Catarina Dutilh Novaes, *Formal Languages in Logic: A Philosophical and Cognitive Analysis* (Cambridge: Cambridge University Press, 2012).

de abordar el problema. Por ejemplo, se pueden proponer otros modelos normativos del razonamiento humano, y por ello han surgido en las últimas décadas modelos como el cálculo de la probabilidad bayesiana, lógicas no monotónicas o distintos modelos mentales del pensamiento. No obstante, en este caso se acepta que los estándares modernistas de lo que cuenta como racional son inadecuados. Es decir, la versión estándar de la racionalidad no es un modelo normativo correcto para evaluar el razonamiento humano.

Otra estrategia para rechazar *la tesis de la irracionalidad* se basa en la distinción competencia-ejecución proveniente de la teoría lingüística de Noam Chomsky.[48] Para Chomsky, las reglas y principios de la gramática representada internamente constituyen la competencia lingüística del hablante. En contraste, los juicios que un hablante hace acerca de las oraciones, junto con las oraciones que de hecho produce, son parte de su *ejecución lingüística*. Un *error de ejecución* surge cuando algunas de las oraciones que el hablante produce, así como algunos de los juicios que el hablante hace acerca de sus oraciones, no son el reflejo de la competencia lingüística del hablante. En el curso de nuestro comportamiento lingüístico diario a menudo formamos y pronunciamos oraciones no gramaticales. Algunas veces esos errores son debidos a la falta de atención por la parte del hablante o del oyente por una cantidad inadecuada de sueño, uso excesivo de drogas o por emoción (factores situacionales). Otras veces, esos errores son el resultado de aspectos básicos de la condición humana tales como constreñimientos sobre el tiempo de procesamiento y la memoria (factores psicológicos). Por ejemplo, un hombre en estado de ebriedad puede pronunciar y articular mal muchas palabras de su lenguaje nativo, pero eso no implica que no conozca el lenguaje o que no tenga la competencia adecuada, sino que simplemente comete errores de ejecución.

La intención de aplicar la distinción competencia-ejecución al razonamiento es distinguir entre las inferencias hechas conforme a la competencia racional de la persona, y las que resultan de varios factores de interferencia que constituyen los errores de ejecución. Bajo esta visión, el comportamiento real del razonamiento humano se explica apelando a la operación de nuestra competencia de razonamientos en combinación con los errores de ejecución causados por factores situacionales o psicológicos. La competencia de razonamiento puede ser vista ya sea como nuestro conocimiento subyacente de

---

48 Noam Chomsky, *Aspectos de la teoría de la sintaxis* (Barcelona: Gedisa, 1999); *Reflexiones sobre el lenguaje* (Barcelona: Planeta-Agostini, 1985); *El lenguaje y los problemas del conocimiento: Conferencias de Managua 1* (Madrid: A. Machado Libros S. A., 1988).

los principios del razonamiento o como nuestra habilidad de razonar bajo las circunstancias correctas. Nuestra competencia del razonamiento puede ser pensada como el funcionamiento irrestricto de los mecanismos que subyacen a nuestras capacidades de razonamiento. De esta manera, los que defienden la distinción competencia-ejecución para el razonamiento, sostienen que los experimentos de la psicología cognitiva provenientes de la tradición de heurística y sesgo sólo señalan errores de ejecución y no errores de competencia. Así, algunas de las inferencias, juicios y decisiones que hacen las personas no reflejan la competencia de razonamiento de las mismas sino solo errores de ejecución.

No obstante, esta distinción competencia-ejecución, hay una distinción importante entre la competencia lingüística y la competencia del razonamiento que tiene que ver con sus relaciones con los recuentos normativos del lenguaje y el razonamiento. El recuento de un sistema cognitivo es descriptivo cuando dice cómo el sistema de hecho se comporta. Tal recuento debe tener un componente normativo ya que puede decir explícitamente cómo el sistema debería comportarse para cumplir con su función. Dar un recuento de la competencia lingüística tiene implicaciones normativas. Una persona debe usar el lenguaje de acuerdo con los principios de la competencia lingüística para que pueda ser comprendida.

En el razonamiento, al igual que en el lenguaje, existen principios normativos claros. Ofrecer un recuento de la competencia de razonamiento, de acuerdo con la visión estándar de la racionalidad, es diferente a dar un recuento de la competencia lingüística porque en el caso del razonamiento dar tal recuento no tiene ninguna implicación normativa. La diferencia está en que las normas lingüísticas son relativas a la competencia lingüística, mientras que las normas del razonamiento (principios de la racionalidad) no parecen ser relativas a la competencia del razonamiento. Incluso cuando la competencia del razonamiento humano concuerde con las normas de razonamiento ello no parece deberse a que las normas estén indexadas a la competencia, como en la lingüística. De esta manera, la diferencia entre el lenguaje y el razonamiento reside en el hecho de que dar un recuento de la competencia lingüística implica normatividad, mientras que dar un recuento de la competencia del razonamiento no la implica. Sostener la distinción competencia-ejecución es afirmar que los principios que caracterizan nuestra competencia racional coinciden con los principios normativos del razonamiento. Las normas son las mismas que los principios que describen la operación irrestricta del mecanismo que subyace a nuestra competencia de razonamiento. No obstante, «los principios normativos del razonamiento no están indexados a nuestra competencia de razonamiento».[49] Así pues, se necesita sostener de manera satisfactoria la analogía entre la lingüística y el razonamiento para rechazar la visión pesimista de la racionalidad y no solamente asumir que la racionalidad está indexada a nuestra competencia de razonamiento. Por ello creemos que esta distinción no es un buen argumento en contra de la tesis de la irracionalidad.

Con ello no queremos decir que la tesis de la irracionalidad esté en lo correcto. Nuestro punto es que, aunque se sostenga la distinción competencia-ejecución, los sesgos del razonamiento nos muestran que la razón no es neutral como defiende el modernismo y que los criterios de racionalidad están muy alejados de la realidad.

ANTROPOLOGÍA LITÚRGICA

Ahora bien, ¿cuál es nuestro objetivo al presentar todo lo anterior? ¿Estamos sosteniendo que los humanos somos irracionales? ¿Debemos abandonar todo intento por usar la razón debido a que ésta está claramente sesgada y comúnmente nos lleva a cometer errores del pensamiento? ¿Debemos volvernos todos intuicionistas o relativistas extremos porque ya no hay lugar para el dialogo racional?

Creemos que lo que nos muestra todo lo presentado hasta aquí no es que seamos irracionales, pero sí que la antropología del modernismo es muy reduccionista. La manera en que usamos la razón y cómo ésta nos guía en nuestras decisiones y creencias no es cómo nos enseñó la Ilustración.[50] El acierto del posmodernismo consiste en mostrarnos precisamente eso: que somos seres

---

49   Edward Stein, *Without Reason*, 75.
50   Esto es precisamente lo que argumentaban los teólogos reformados como Herman Bavinck, Herman Dooyewerd y Abraham Kuyper. Al igual que los pensadores posmodernos, estos teólogos rechazaban la idea de la Ilustración de que la razón humana es la única fuente que nos permite el acceso a la naturaleza de la realidad tal y como ésta es, dejando de lado la revelación divina. El rechazo reformado del ser humano como el último estándar de la verdad, es muy compatible con la teoría posmoderna. Por ello hay quienes han llamado a Kuyper «el primer posmodernista». Malcolm Bull, «Who Was the First to Make a Pact with the Devil?», *London Review of Books* 14 (1992): 22–24. Véase también Richard J. Mouw, *Abraham Kuyper: A Short and Personal Introduction* (Grand Rapids, MI: William B. Eerdmans Publishing Company, 2011), 9–10; James K. A. Smith *Introducing Radical Orthodoxy: Mapping a Post-Secular Theology* (Grand Rapids, MI: Baker Academic, 2004), 40–42.

encarnados y no cerebros flotantes que se guían solo por la razón tanto en su vida ordinaria como profesional.[51]

Nuestra opinión es que la conclusión de *la visión pesimista de la racionalidad* está errada. Creemos que lo erróneo de esta tesis consiste en la visión normativa que sostiene, es decir, la visión estándar de la racionalidad o el ideal modernista de la razón. El posmodernismo nos recuerda que los humanos no somos racionales en el sentido modernista, es decir, hay mucho más en la racionalidad que razonar conforme a las reglas de la lógica y la matemática. Obviamente la lógica es un buen modelo para evaluar lo racional, pero no por ello debemos reducir al humano solo a eso. Somos más que principios de lógica. La visión normativa modernista no toma en cuenta que somos seres encarnados que se guían por muchos más medios que la razón. No solamente somos cerebros flotantes, somos seres encarnados, sociales, culturales, afectivos y embebidos en un ambiente particular. Obviamente esto se debe tomar en cuenta a la hora de crear nuestras teorías normativas de la racionalidad.

El ideal de la razón autónoma o «pensar por nosotros mismos» es otro engaño del modernismo. Esto se debe al hecho de que el conocimiento no es algo que pertenece solo al individuo autónomo sino requiere de múltiples individuos trabajando en coordinación. Nada es producto de una mente humana individual sino de las mentes colectivas.[52] La imagen de un genio o filósofo pensando y resolviendo todos los problemas del mundo solo desde su habitación es un mito.[53] Los grandes pensadores que han innovado y creado teorías que han permitido el avance de la humanidad (e.g. Platón, Aristóteles, Descartes, Galileo, Newton, Einstein, entre otros) no lo han hecho como mentes individuales sino en comunicación e interacción con los demás. Aun el pensador solitario hace sus teorías teniendo en mente teorías de otros pensadores, por lo tanto, hace su trabajo en diálogo con los demás. No existen los

---

51 Sara Gorman y Jack Gorman concluyen su libro con lo siguiente: «No es nuestra intención promover un mundo en el que las personas no les importen las historias, no estén de acuerdo en asuntos que les molesten, y no se sientan inspirados por líderes carismáticos. Pero sí queremos enfatizar que hasta que no consideremos esas fuerzas sociales, psicológicas y emocionales, nunca llegaremos a ningún lado en la lucha contra las ideas peligrosas y anticientíficas... La respuesta a la pregunta que quisimos resolver, por qué las personas se adhieren a posturas irracionales médicas y de salud con ninguna base científica, es simplemente esta: porque somos humanos. Somos humanos con empatía y un impulso fuerte a construir comunidades. Nunca debemos intentar socavar esas características maravillosas de la naturaleza humana». *Denying to the Grave*, 265.

52 Véase Joseph Henrich, *The Secret of our Success* (Princeton, NJ: Princeton University Press, 2016).

53 Véase el excelente desarrollo de este punto en Hugo Mercier y Dan Sperber, *The Enigma of Reason*, 315–327.

genios puramente solitarios. Toda la humanidad es una historia de avances producto de la división de la labor. Somos seres sociales que cooperamos los unos con los otros y dependemos de los demás en todas las áreas de la vida. Así, nuestro conocimiento depende de estar inmersos en una comunidad de conocimiento.

El sentido de conocimiento que tienen los individuos particulares se deriva del conocimiento de una comunidad, por lo que la confianza que tenemos de saber algo no se deriva de lo fácil que lo podamos traer a la mente sino del acceso que tenemos al mismo por ser parte de una comunidad de conocimiento. A esto los psicólogos cognitivos Steven Sloman y Philip Fernbach han llamado *la ilusión del conocimiento*.[54] En una serie impresionante de estudios cognitivos, estos autores han demostrado cómo los individuos somos mucho más ignorantes de lo que pensamos. Individualmente no somos capaces siquiera de explicar cómo funciona un inodoro o una bicicleta. Tenemos un sesgo de *exceso de confianza* porque creemos saber más de lo que realmente sabemos. Evaluamos nuestro conocimiento no por lo que hay en nuestras cabezas sino por el que está distribuido en nuestra comunidad de conocimiento. Usualmente atribuimos el conocimiento de los demás como si fuera propio. En eso consiste nuestra ilusión del conocimiento. Creemos que esto es exactamente lo que sucede con la razón humana.

Como ya vimos en páginas anteriores, cuando se analiza la razón individual de las personas los resultados son muy desalentadores. No obstante, cuando estos mismos experimentos se hacen desde una perspectiva social y en comunidades, los resultados cambian drásticamente.[55] Lo que esto nos dice es que no existe una razón autónoma e individual como nos hizo creer la ilustración. Somos seres sociales y el conocimiento y la razón son fenómenos sociales cuya función es social. No es el caso que «pensemos por nosotros mismos» porque «siempre pensamos con los demás». La razón es posible solamente debido a la condición antecedente de la tradición.[56] En otras palabras, el pensamiento es una acción colectiva.[57]

---

54   Véase, Steven Sloman y Philip Fernbach, *The Knowledge Illusion: Why We Never Think Alone* (Nueva York: Riverhead Books, 2017).

55   Véase Hugo Mercier y Dan Sperber, *The Enigma of Reason*; cf. Jonathan Haidt, *The Righteous Mind*, 104–105.

56   Mark T. Mitchell, «Michael Polanyi, Alasdair MacIntyre, and the Role of Tradition», *Humanitas* 19 (2006): 98.

57   Véase Hugo Mercier y Dan Sperber, *The Enigma of Reason*.

En la década pasada un grupo de antropólogos y psicólogos culturales señalaron en un importante artículo en *Behavioral and Brain Sciences*[58] que casi toda la investigación en la psicología moderna ha sido conducida de una manera muy sesgada, y que corresponde solo a una subsección de la población humana. Las características de los sujetos de estudio provienen de sociedades occidentales, educadas, industrializadas, ricas y democráticas (WEIRD según su acrónimo inglés).[59]

Lo que nos muestra este estudio es que mucha de la investigación moderna, así como las afirmaciones del modernismo, son simples generalizaciones de una parte pequeña de la cultura occidental. Obviamente esas generalizaciones dejan de lado las diferencias que hay entre las distintas culturas humanas: las culturas occidentales tienden a concebir el mundo en términos de objetos y cosas separadas mientras que las culturas orientales ven el mundo en términos de relaciones. Los occidentales son más individualistas y los orientales colectivistas. Los occidentales son más analíticos en su manera de pensar y los orientales tienden a pensar de manera más holística, es decir, viendo el contexto entero y las relaciones entre las distintas partes. Por esta razón, los ideales del modernismo, provenientes de filósofos occidentales como Kant, Locke, Descartes y Mill, se reducen a términos individualistas, intelectualistas y universalistas.[60]

Esta manera de hacer generalizaciones universales sobre la naturaleza humana desde un conjunto de estudios sesgados ha generado una tendencia a pasar por alto la diversidad o despreciar la fuerza de la cultura en la naturaleza humana. Hoy tenemos mucha evidencia empírica que nos muestra cómo la cultura moldea aspectos biológicos, sociales e incluso psicológicos de los humanos.[61] En última instancia, como nos recuerda el posmodernismo, somos seres sociales y culturales. Somos moldeados por nuestra cultura y los aspectos sociales dentro de los cuales estamos inmersos. El cristianismo valora la diver-

---

58 J. Henrich, S. Heine y A. Norenzayan, «The Weirdest People in the World?» *Behavioral and Brain Sciences* 33 (2010): 61–83.

59 *Western, Educated, Industrialized, Rich and Democratic* (WEIRD). En español, este acrónimo se traduce como «raro», «extraño» e «inusual».

60 Jonathan Haidt, *The Righteous Mind*, 114

61 La literatura sobre la influencia de la cultura en los humanos es muy amplia y diversa. Como libros representativos que muestran cómo hemos cambiado biológica y psicológicamente gracias a la cultura, véase Joseph Henrich, *The Secret of our Success* (Princeton, NJ: Princeton University Press, 2016); Kevin Laland, *Darwin's Unfinished Symphony: How Culture Made the Human Mind* (Princeton, NJ: Princeton University Press, 2017); Cecilia Heyes, *Cognitive Gadgets: The Cultural Evolution of Thinking* (Cambridge: The Belknap Press of Harvard University Press, 2018).

sidad humana y su mensaje está moldeado por la revelación divina trasmitida a una cultura particular, en un tiempo particular, bajo ciertas maneras particulares de pensamiento. No estamos diciendo que ahora todos nos debemos volver a un relativismo individualista pero sí que gracias al posmodernismo podemos valorar la importancia de estar inmersos en una cultura particular con distintas maneras de pensar y ser en el mundo. Valorar lo anterior es tener en cuenta la contingencia de nuestro ser y nuestro estatus como criaturas de Dios.

Lo religioso, lo secular y lo social

El modernismo concibe racionalidad también como aquello que se opone a lo religioso. La definición moderna de secular se ha basado en una concepción particular donde se ve la razón como *arreligiosa*, i.e., neutral, no sesgada y objetiva.[62] Esto es otro de los mitos del modernismo, no existe tal cosa como racionalidad objetiva en el sentido pretendido por la ilustración. La modernidad secular, a pesar de todas sus pretensiones y afirmaciones sobre lo contrario, sigue siendo profundamente religiosa y fundamentalmente teológica.[63] De acuerdo con John Milbank, la modernidad, mientras que afirma ser secular y por lo tanto religiosamente neutral, está de hecho gobernada por supuestos (últimamente religiosos) que no son más justificables racionalmente que las posiciones cristianas en sí mismas.[64] Así, la teoría secular no es apoyada por una racionalidad neutral, y universal (como ella misma sostiene) sino simplemente por «otro mito».[65] Lo secular no es arreligioso sino simplemente religioso de una manera diferente, una religión de la inmanencia y autonomía. Como bien señala Herman Dooyeweerd:

> La revelación bíblica de la creación del hombre a la imagen de Dios
> fue implícitamente subvertida a la idea de la creación de Dios a la
> imagen del hombre. La concepción bíblica del nuevo nacimiento

---

62   Charles Taylor llama a esta noción de secularismo como «secularismo en el segundo sentido» o «secular 2». Charles Taylor, *La era secular*, 2 vols. (Barcelona: Gedisa Editorial, 2014–2015).

63   James K. A. Smith, *Introducing Radical Orthodoxy: Mapping a Post-Secular Theology* (Grand Rapids, MI: Baker Academic, 2004), 127.

64   John Milbank, *Theology and Social Theory: Beyond Secular Reason* (Oxford: Blackwell, 2006), 1.

65   *Ibíd.*, 3.

del hombre y su libertad radical en Jesucristo fue reemplazada por la idea de la regeneración del hombre por su voluntad autónoma.[66]

Lo que se hace pasar por «neutral» en realidad está fundamentado en un conjunto de presupuestos sobre cómo es el mundo. En realidad, lo que pasó en el surgimiento del secularismo no fue una superación de la religión sino una «migración de lo santo».[67] El Dios trascendente de la teología fue cambiado por el dios inmanente de la razón autónoma. Por esta razón, los que nos posicionamos dentro de la religión deberíamos dejar de responder a un modelo modernista que pretende ser arreligioso y neutral. Más bien, lo que debemos hacer es mostrar cómo ha fallado el mito (esencialmente religioso) del secularismo en darnos una verdadera visión del mundo que permita el progreso humano. Esa es una de las maneras en que podemos hacer teología sin apología desde nuestras posturas religiosas.

Por otra parte, la racionalidad del modernismo está basada en la idea del «poder de la razón *a priori* para comprender las verdades sustanciales sobre el mundo».[68] A esta actitud de adorar la razón y desconfiar de las pasiones, el psicólogo Jonathan Haidt la ha llamado *el delirio racionalista.*[69] El paradigma moderno se ha guiado por una noción intelectualista de los modelos de decisión. Bajo tales recuentos, se sostiene que nuestra acción es el producto de la deliberación mental o del pensamiento consciente. No obstante, gran parte de nuestras acciones no es el producto de la deliberación consciente; más bien, mucho de lo que hacemos surge de nuestra orientación imaginativa del mundo, es decir, de la manera en que percibimos el mundo. En otras palabras, «nuestra acción emerge de cómo *imaginamos* el mundo».[70]

La vida social que tenemos es la manera primaria en que experimentamos el mundo. Las emociones mismas son condiciones de nuestra experiencia en el mundo. Las emociones no solamente nos permiten percibir y experimentar si-

---

66 Citado en James K. A. Smith *Introducing Radical Orthodoxy*, 128.

67 Véase William T. Cavanaugh, *Migrations of the Holy: God, State, and the Political Meaning of the Church* (Grand Rapids, MI: Eerdmans, 2011).

68 B. Williams, «Rationalism» en *The Encyclopedia of Philosophy*, vols. 6–7, ed. P. Edwards (Nueva York: Macmillan, 1967), 69. Cf. Jonathan Haidt, «The Emotional Dog and Its Rational Tail», 814.

69 «... lo llamo delirio porque cuando un grupo de personas hacen sagrado algo, los miembros del culto pierden la habilidad de pensar claramente sobre algo». Jonathan Haidt, *The Righteous Mind*, 34.

70 James K. A. Smith, *Imaging the Kingdom: How Worship Works* (Grand Rapids, MI: Baker Academic, 2013), 32.

tuaciones sino también evaluarlas.[71] Con esto no estamos diciendo que debemos volvernos al emocionalismo y basar todas nuestras decisiones y acciones en las emociones; lo que estamos sugiriendo es que hay muchas maneras en las que podemos llegar a la verdad y conocer el mundo además de la razón. De hecho, para hacer este tipo de afirmaciones se requiere el uso de la razón. Con lo que estamos en desacuerdo es con el racionalismo extremo que ve a la razón como el único medio de adquirir conocimiento. Esa adoración de la supremacía de la razón ha sido grandemente exagerada pues no existe tal cosa como una razón neutral, universal y no sesgada. Creemos que cualquier descripción de nuestra manera de relacionarnos en el mundo y de adquirir conocimiento debe tomar en cuenta una antropología que considere el valor de las prácticas como una manera importante de adquirir conocimiento. «Una antropología litúrgica es un intento teórico por apreciar nuestra navegación pre-teórica del mundo, una teoría sobre la primacía e irreductibilidad de la práctica».[72] El posmodernismo es una ventana que, gracias a sus críticas a esa imagen racionalista del modernismo, nos permite ver el mundo de otra manera que nos valora como seres humanos.

El filósofo alemán Martin Heidegger criticó la noción intelectualista y racionalista del modernismo (representada en el trabajo de Husserl) que describe nuestra manera de percibir el mundo solo en términos reflexivos. Para Heidegger, los humanos construimos el mundo, y orientamos nuestros deseos y acciones, primordialmente sobre la base de una relación afectiva de lo que importa. Percibimos el mundo, y lo que importa en el mundo, no principalmente en maneras cognitivas e intelectuales sino más fundamentalmente en

---

71   David Brooks, *El animal social: Las fuentes secretas del amor, la personalidad y los logros* (Barcelona: Ediciones B, 2012).

72   James K. A. Smith, *Imaging the Kingdom*, 75.

una manera afectiva.[73] Esa es principalmente nuestra manera de *ser en el mundo*.[74]

Este entendimiento pre-teórico del mundo es similar a lo que el filósofo canadiense Charles Taylor llama *imaginario social*. Un imaginario social indica las maneras en que las personas imaginan su existencia social, cómo encajan y se relacionan con los demás y las expectativas que comúnmente se cumplen, y las nociones e imágenes profundamente normativas que subyacen a dichas expectativas. Según Taylor, «un imaginario hace referencia a la manera en que las personas ordinarias imaginan sus entornos sociales, que no son expresados en términos teóricos sino contenidos en imágenes, historias y leyendas». Dicho de otro modo, «el imaginario social es el entendimiento común que hace posible prácticas comunes y un sentido amplio de legitimidad».[75]

Esta noción nos hace repensar la relación entre teoría y práctica pues para Taylor «si el entendimiento hace posible la práctica, es también cierto que es la práctica la que mayormente contiene el entendimiento». Puesto en otras palabras, el conocimiento o entendimiento está implícito en la práctica.[76] «Los humanos operan bajo un imaginario social mucho antes de que entren en la actividad de teorizar sobre ellos mismos».[77]

De una manera similar a la idea de imaginario social, el filósofo francés Maurice Merleau-Ponty nos habla de un *saber cómo* que explica la manera en

---

73 Todo esto es muy compatible con la manera en que el pentecostalismo concibe nuestra manera de ser en el mundo. Para los pentecostales, las verdades de Dios se adquieren principalmente mediante medios afectivos por encima de los reflexivos. Véase James K. A. Smith, *Thinking in Tongues: Pentecostal Contributions to Christian Philosophy* (Grand Rapids, MI: William B. Eerdmans Publishing Company, 2010); Wolfgang Vondey, *Teología Pentecostal: Viviendo el evangelio completo* (Salem, OR: Publicaciones Kerigma, 2019); Daniel Castelo, *Pentecostalismo: Una tradición cristiana mística* (Salem, OR: Publicaciones Kerigma, 2018). Véase también el trabajo de J. Aaron Simmons, quien reflexiona desde las complejidades que conlleva ser un fenomenologista posmoderno, a la vez que es un cristiano pentecostal. Véase, e.g., Simmons, «Kierkegaard and Pentecostal Philosophy», en *Kierkegaard's God and the Good Life,* ed. Stephen Minister, J. Aaron Simmons y Michael Strawser (Bloomington, IN: Indiana University Press, 2017) y Simmons, «Personally Speaking... Kierkegaardian Postmodernism and the Messiness of Religious Existence», en *Phenomenology and the Post-Secular Turn: Contemporary Debates on the 'Return of Religion',* ed. Michael Staudigl y Jason W. Alvis (Oxon y Nueva York: Routledge, 2019).

74 Véase Martin Heidegger, *El ser y el tiempo* (Buenos Aires: FCE, 2009).

75 Charles Taylor, *Modern Social Imaginaries* (Durham, NC: Duke University Press, 2004), 23. Véase la edición en español, Charles Taylor, *Imaginarios sociales modernos* (Barcelona: Paidós, 2006).

76 James K. A. Smith, «Secular Liturgies and the Prospects for a "Post-Secular" Sociology of Religion», en *The Post-Secular in Question,* ed. Philip Gorski, David Kyuman Kim, John Torpey, y Jonathan VanAntwerpen (Nueva York: New York University Press, 2012), 174.

77 Charles Taylor, *Modern Social Imaginaries,* 26

que conocemos y experimentamos el mundo con el cuerpo.[78] Ese *saber cómo* es un conocimiento no reflexivo que adquirimos y es procesado por el cuerpo de maneras pre-teóricas o no articuladas.[79] Es por ello que nuestra orientación más básica en el mundo es adquirida y moldeada principalmente por historias y no por argumentos racionales. Merleau-Ponty llama percepción a este *saber cómo* que adquirimos con el cuerpo. A diferencia de la idea cartesiana que reduce a los humanos a *cosas pensantes*, este filósofo francés nos invita a considerar una versión encarnada de los humanos. En este recuento nuestra percepción es encarnada, nuestra manera de ser en el mundo es entre el instinto y el intelecto. No solamente somos un conjunto biológico de células, pero tampoco somos fantasmas flotantes. Somos seres encarnados que se relacionan con el mundo a través de hábitos y prácticas que nos moldean y forman nuestra identidad. De esta manera, el cuerpo contiene un tipo de conocimiento o *saber cómo* que es irreducible, no articulable y fundamentalmente orientador para la manera en que nos relacionamos con el mundo, y la manera de *ser en el mundo*.

El sociólogo francés Pierre Bourdieu también argumentó en sus trabajos sobre la primacía de la práctica en la manera en que adquirimos conocimiento. A esta manera de relacionarnos con el mundo y con los demás, Bourdieu la describe como *Habitus*. De acuerdo con este sociólogo, *habitus* es un conjunto de disposiciones interiorizadas que informa las percepciones, los sentimientos, y las acciones de los individuos. Éste se construye a partir de la interacción del individuo, la cultura del grupo, y las distintas instituciones sociales.[80]

Habitus es un conjunto de disposiciones que nos guían a fines particulares. Un sentido práctico o *saber cómo* que nos permite entender y relacionarnos con el mundo. Un *habitus* es pues una condición de posibilidad para entender la realidad, una inclinación que hace posible toda experiencia en el mundo.[81] Gracias al *habitus* construimos el mundo de cierta manera. Estas disposiciones y hábitos no son primariamente intelectuales o racionales, son también algo que hacemos de manera automática o implícita en nuestras prácticas.

---

78   Esto es a lo que Michael Polanyi llamaba *conocimiento tácito*. Véase Michael Polanyi, *Personal Knowledge: Towards a Post-Critical Philosophy* (Chicago: University of Chicago Press, 1974); Michael Polanyi, *The Tacit Dimension* (Chicago: University of Chicago Press, 2009). La influencia del pensamiento de Polanyi en la teología cristiana es tan amplia que requeriría una obra completa similar a la que estamos presentando en este libro.

79   Véase Maurice Merleau-Ponty, *Fenomenología de la percepción* (Barcelona: Península, 1975).

80   Véase Pierre Bourdieu, *El sentido práctico* (Ciudad de México: Siglo XXI, 2009).

81   En este sentido, las creencias también serían disposiciones del individuo a relacionarse con el mundo de cierta manera.

La dimensión social y material de *habitus* nos permite reconocer el *sentido corporal del significado*.[82] Bajo esta visión, el significado no solo se construye mediante la reflexión teórica sino también en nuestras prácticas corporales.[83] El punto es que al salir del modelo intelectualista del modernismo podemos valorar distintas formas en que adquirimos conocimiento. Necesitamos la razón, pero no solo la razón. Nuevamente, somos seres encarnados, no cerebros flotantes. Ser humano es ser un «animal narrativo».[84] Contamos historias y participamos en ellas para darle sentido al mundo. Las narrativas son maneras que utilizamos para explicar el mundo y encontrar sentido en él.[85]

Esto nos debería decir mucho acerca de nuestra inmersión en la historia cristiana.[86] El cristianismo es *una forma de vida*, una manera de ser en el mundo. De hecho las prácticas litúrgicas son la manera en que formamos nuestra identidad y nuestra manera de ser en el mundo.[87] Al aceptar este recuento modernista del humano, los cristianos hemos reducido la vida cristiana a un simple conjunto de proposiciones teóricas que debemos asentir. De acuerdo con el filósofo James K. A. Smith:

> Habiendo caído presos en el intelectualismo de la modernidad, la adoración y pedagogía cristianas han subestimado la importancia de este nexo cuerpo/historia —este vínculo inextricable entre la imaginación, narrativa, y corporeidad— olvidando, de ese modo, la antigua sabiduría sacramental cristiana contenida en las prácticas históricas de la adoración cristiana y los legados encarnados de las disciplinas espirituales y monásticas.[88]

---

82 Véase Mark Johnson, *The Meaning of the Body: Aesthetics of Human Understanding* (Chicago: University of Chicago Press, 2007).

83 Nuevamente, esto es precisamente lo que defiende el pentecostalismo con su visión de un conocimiento implícito en las prácticas y experiencias espirituales. Véase la bibliografía recomendada en la nota 73 del presente capítulo.

84 Alasdair MacIntyre, *After Virtue: A Study in Moral Theory,* 3ra ed. (Notre Dame: University of Notre Dame Press, 2007), 216. Véase la edición en español Alasdair MacIntyre, *Tras la virtud* (Barcelona: Austral, 2013).

85 Véase el siguiente capítulo para una explicación más detallada sobre este punto.

86 «La sabiduría cristiana para un mundo posmoderno puede encontrarse en un regreso a las voces antiguas que nunca cayeron presas del reduccionismo moderno». James K. A. Smith, *You Are What You Love: The Spiritual Power of Habit* (Grand Rapids, MI: Brazos Press, 2016), 7.

87 Explicaremos esta idea con más detalle en el capítulo 5.

88 James K. A. Smith, *Imaging the Kingdom*, 39.

Esta conexión entre historia, cuerpo e imaginación está claramente implícita en la tradición cristiana de formación espiritual y práctica litúrgica.[89] Nuestros cuerpos importan para la vida cristiana. El posmodernismo ha venido a recordarnos que no somos solamente cosas pensantes, somos seres encarnados que perciben el mundo a través de la imaginación también.[90] Dejar esto de lado es también abandonar toda la antropología bíblica. Esta antropología afectiva y corporeizada que reconoce el papel central de los elementos pre-cognitivos y en la formación encarnada en rituales debe trasformar la manera en que vemos las prácticas litúrgicas de la vida cristiana.[91]

No existe una razón autónoma, neutral, objetiva y universal como sostenía la Ilustración. ¿Por qué deberíamos pues seguir invocándola para validar la verdad de la creencia cristiana? Tenemos que ofrecer nuevos recuentos de la racionalidad humana que incorporen la antropología bíblica sobre la que hemos hecho ya alusión.[92]

El recuento modernista de agentes racionales autónomos, egos trascendentales, y entes descorporeizados está profundamente errado. La crítica posmoderna de esa visión, a favor de una antropología encarnada y particular es algo que debemos celebrar como cristianos. Estas críticas del posmodernismo nos ayudan a recuperar la bondad de nuestra finitud, contingencia, y estatus como criaturas: corporeidad, cambio y temporalidad. El repudio del deseo modernista de trascender nuestra contingencia es un regreso a la valoración de la distinción creador-criatura porque en última instancia ningún aspecto de la creación es autónomo. Necesitamos una *ilustración*, pero la luz no viene de nosotros mismos.

---

89   Para un conjunto de ensayos que defiende el valor y la importancia de las prácticas en la manera en que hacemos teología, véase Miroslav Volf y Dorothy C. Bass, ed., *Practicing Theology: Beliefs and Practices in Christian Life* (Grand Rapids, MI: Eerdmans, 2001).

90   Esta idea está presente en gran parte de las obras de C. S. Lewis y del teólogo Kevin J. Vanhoozer.

91   Esta es precisamente la idea detrás del trabajo de Smith, en James K. A. Smith, *Desiring the Kingdom: Worship, Worldview, and Cultural Formation* (Grand Rapids, MI: Baker Academic, 2009).

92   Creemos que el trabajo de algunos filósofos cristianos importantes va en esa dirección, véase e.g., Alvin Plantinga y Nicholas Wolterstorff, ed., *Faith and Rationality* (Notre Dame, IN: University of Notre Dame Press, 1983), y Alvin Plantinga, *Warranted Christian Belief* (Nueva York: Oxford University Press, 2000).

PARTE 2

Saqueando a los posmodernos

3

LYOTARD:

SOMOS SERES NARRATIVOS

UNO DE LOS ESTANDARTES del posmodernismo es la conocida frase de Lyotard: «simplificado hasta el extremo, defino posmoderno como la incredulidad hacia las metanarrativas».[1] Esta frase de Lyotard ha generado mucha controversia en el mundo cristiano porque muchos piensan que ser posmoderno significa rechazar la Biblia misma, debido a que ésta es considerada una metanarrativa *par excellence*. Pero, ¿La biblia es una metanarrativa? ¿Es la biblia la «Metanarrativa de las metanarrativas», como algunos han dicho?[2] O también podemos preguntarnos, ¿abrazar ciertos aportes del posmodernismo implica rechazar la Biblia? Incluso, podríamos ser más extremistas y preguntarnos, ¿es el posmodernismo la gran herejía que requiere un completo abandono y rechazo por parte del cristianismo?

Nuestro propósito en este capítulo es, en primer lugar, presentar la visión de Lyotard con respecto a las metanarrativas para, en segundo lugar, sostener que la Biblia no es, realmente, una metanarrativa en el sentido en que Lyotard la define. De esta manera, creemos que dicha «incredulidad hacia las metana-

---

1   Jean-François Lyotard, *The Postmodern Condition: A Report on Knowledge* (Minneapolis: University of Minnesota Press, 1984), xxiv. Véase la edición en español: Jean-François Lyotard, *La condición postmoderna* (Madrid: Catedra Ediciones, 2004).

2   Albert Mohler, *Proclame la verdad: Predique en un mundo postmoderno* (Grand Rapids, MI: Editorial Portavoz, 2010), 119.

rrativas» puede ser un aliado —y no un enemigo— de la fe cristiana. En otras palabras, esta idea es un tesoro del posmodernismo que puede ser saqueado.

Jean-François Lyotard

Es común escuchar a muchas personas hablar de posmodernismo o «lo posmoderno», pero rara vez esas mismas personas tienen conocimiento del apellido Lyotard, lo que es semejante a los que hablan de —y conocen únicamente— la canción «Hallelujah» de la banda sonora de la película *Shrek*,[3] pero nadie habla de Leonard Cohen; o el caso más contemporáneo de «7 Rings» de Ariana Grande en la boca de todo el mundo, mientras que la interpretación de «My Favorite Things» por parte de John Coltrane generalmente solo se encuentra en los círculos jazzísticos.[4] De la misma manera, es normal escuchar o leer cuestiones relacionadas con «un mundo posmoderno», «tiempos posmodernos», «una era posmoderna»; e incluso muchos usan el término en un tono peyorativo como «tal autor es un posmoderno» o «tal hombre es un teólogo posmoderno».

Es casi una ironía hablar de posmodernismo sin mencionar, o conocer, al filósofo francés Jean-François Lyotard, quien nació en Versailles el 10 de agosto de 1924 y murió en París el 21 de abril de 1998 a causa de una leucemia. Lyotard es ampliamente conocido por haber desarrollado la idea de lo que él llamó la «condición posmoderna» y por su descripción del colapso de las *grand récits*. Fue profesor de secundaria durante diez años, y posteriormente docente universitario. Ejerció la docencia superior en las universidades de la Sorbona, Nanterre y Vincennes, y fue profesor visitante en distintas universidades de los Estados Unidos. Fue influenciado por varios importantes personajes como Kant, Marx, Wittgenstein, Heidegger, Durkheim, Nietzsche, Lacan y otros. Fue director del Collège international de philosophie fundado por Jacques Derrida, François Châtelet, Jean-Pierre Faye y Dominique Lecourt. Su trabajo está estrechamente asociado con el posestructuralismo y el posmodernismo, y ha sido influyente a través de una amplia gama de disciplinas y campos, incluyendo la estética (en especial la *Avant-garde*), la ética, la justicia, fenomenología, y la teoría política, pero sin duda es más conocido

---

3   En la banda sonora oficial es interpretada por Rufus Wainwright, mientras que la interpretación que se oye en la película misma es por John Cale.

4   Aunque la canción fue originalmente escrita para un musical de Broadway que, posteriormente, en 1965, fue popularizada a través de la película *La novicia rebelde*, o *Sonrisas y lágrimas* como se le conoce en España.

por su trabajo sobre el posmodernismo, en especial su breve obra La *Condition postmoderne: rapport sur le savoir* de 1979, publicada en español como *La condición postmoderna.*[5] Lyotard es considerado uno de los pensadores críticos más importantes de la última mitad del siglo XX.

Escrito para el Conseil des Universités de Quebec, la obra *La Condition postmoderne* de Lyotard sacó el término posmodernismo de su relativa oscuridad como nombre de una nueva tendencia estilística en la arquitectura, la literatura y las artes, y lo transformó en una acusación de su época, que se extendería posiblemente hasta nuestros días. La tesis principal de Lyotard se puede resumir en la célebre frase de que la época actual se define por la «incredulidad ante las *grand récits*». La idea de *grand récits* ha sido muy influyente —y a la vez controversial, como ya dijimos— hasta nuestros días. Generalmente se traduce a nuestro idioma de distintas maneras, e.g., metanarración, metarrelato y metanarrativa, siendo metanarrativa la que hemos elegido para todo este trabajo.

LAS METANARRATIVAS SEGÚN LYOTARD

Como mencionamos al principio de este capítulo, el rechazo hacia las metanarrativas es comúnmente visto como un ataque a la fe cristiana según algunos círculos. Por ejemplo, Albert Mohler, presidente del Seminario Bautista del Sur, sostiene que el trabajo de Lyotard es una amenaza para el cristianismo. Según él, uno de los retos de predicar en una era posmoderna es que la mayoría de las personas que nos rodean ha rechazado completamente la idea de la gran historia. Dicho de otra manera, se niega que pueda haber alguna «metanarrativa» global ante la cual deban responder todas las otras historias. Para Mohler, «Lo que él [Lyotard] quiso dar a entender es que la gente ya no cree que haya una gran historia ante la cual deben dar cuentas todas nuestras propias historias individuales. En otras palabras, todo lo que existe son las pequeñas historias de cada persona o cultura individual».[6]

De esta forma, vemos que Mohler cree que, «dado que los posmodernistas creen que toda verdad se crea socialmente, deben contrarrestar todas las presentaciones de la verdad admitida, absoluta, universal». Así, continúa Mohler, «desechan todas las espléndidas y extensas exposiciones de la verdad, el propósito y la existencia, por considerarse "metanarrativas" que reclaman más

---

5   Jean-François Lyotard, *La condición postmoderna* (Madrid: Cátedra Ediciones, 2004).
6   Albert Mohler, *Proclame la verdad: Predique en un mundo postmoderno*, 90.

de lo que entregan».[7] Ahora, concediendo las afirmaciones de Mohler, ¿por qué es esto un problema para el cristianismo? Según este autor: «Naturalmente, el problema con esto es que el cristianismo carece de significado si se lo separa del *evangelio; el cual, sin duda alguna, constituye una metanarrativa. De hecho, el evangelio cristiano es nada más y nada menos que la Metanarrativa de las metanarrativas.* Que el cristianismo renuncie a la afirmación de que el evangelio es universalmente infalible y objetivamente determinado supone renunciar a la raíz de nuestra fe».[8]

No podemos negar que Mohler es muy claro en lo que está diciendo. Este teólogo norteamericano sostiene firmemente que hay conflicto entre posmodernismo y cristianismo debido a que «la historia del cristianismo es una metanarrativa: una historia grandiosa que explica todas las otras historias y a la cual todas las otras historias deben rendir cuentas».[9] Así pues, en la medida en que el posmodernismo rechace las metanarrativas, estará rechazando también la fe cristiana porque «el cristianismo es la gran metanarrativa de la redención».[10]

Evidentemente Mohler no parecer estar solo en medio de la sala de baile, pues no es el único que piensa de esta manera anteriormente expuesta. Otros autores prolíficos creen que, dada su incredulidad hacia las metanarrativas, el posmodernismo rechaza la gran historia bíblica que le da sentido a nuestras vidas. Por ejemplo, Craig Bartholomew y Michael Goheen expresan que «Dios planeó que encontráramos significado en nuestras vidas por medio de ser parte de una gran historia que nos dé propósito, dirección y que explique nuestro mundo. Es importante notar, por lo tanto, que el que rechace la historia cristiana no vivirá simplemente sin una gran historia, sino que encontrará una gran historia alternativa por la cual vivir. Incluso la visión posmoderna —la visión de que no hay una gran historia— ¡es en sí misma una gran historia!».[11]

Vemos que tanto Mohler como Bartholomew y Goheen, parecen sostener que una metanarrativa es «una gran historia» o «una cosmovisión»,[12] la cual tiene un alcance universal. Podríamos citar una variedad de escritos que

---

7   *Ibíd.*, 118.
8   *Ibíd.*, 119. Énfasis añadido.
9   *Ibíd.*, 92.
10   *Ibíd.*, 119.
11   Craig G. Bartholomew y Michael W. Goheen, *Christian Philosophy: A Systematic and Narrative Introduction* (Grand Rapids, MI: Baker Academic, 2013), 16.
12   Stewart Kelly y James Dew también sostienen que «una metanarrativa (*le grand récit*) es una gran historia, una cosmovisión por decirlo así». Stewart E. Kelly y James K. Dew Jr., *Understanding Postmodernism: A Christian Perspective* (Downers Grove: IVP Academic, 2017), 166–67.

afirman esta supuesta incompatibilidad entre posmodernismo y cristianismo por la razón de que este primero (i.e. posmodernismo) ataca las metanarrativas; las cuales a su vez se consideran como el fundamento o la esencia del cristianismo. A grandes rasgos, el argumento que asumen todos estos autores parece ser que, si (1) el posmodernismo es un rechazo a las metanarrativas, y (2) el cristianismo es una metanarrativa, por lo tanto, (3) el posmodernismo constituye un rechazo al cristianismo y, por ello, son incompatibles. No obstante, en esto cabe preguntarnos, ¿es dicha incompatibilidad realmente el caso? ¿Es el cristianismo como tal una metanarrativa? ¿Es simplemente «una gran historia», como el recuento bíblico, lo que Lyotard quiso decir por metanarrativa? Pasemos a abordar estos puntos más detalladamente.

Un mito moderno muy aceptado es que ya no necesitamos historias en nuestro conocimiento. El recuento modernista sostiene que, lo que creemos —o nuestras creencias mismas—, debe ser un simple reconocimiento de hechos, sin la intervención de supuestos o afectos personales. Bajo esta visión, *entre más neutral* sea dicho reconocimiento de hechos, *más verdadero* será el mismo. Así, el acto de «contar una historia o narrativa» es clasificado en los términos de mitos y fábulas. Según este supuesto, lo que no pueda ser reconocido por la razón neutral, no puede ser contado como verdadero y viene a ser un simple mito más. La idea es que el uso de narrativas no nos permite conocer la naturaleza de la realidad tal y como ésta es.[13]

Lyotard define posmodernidad con relación a la modernidad. Una de las cuestiones principales que este autor está abordando en su obra *La condición postmoderna*, es aquella del pretendido conflicto entre ciencia y narrativa [relato]. En sus propias palabras:

> En origen, la ciencia está en conflicto con los relatos. Medidos por sus propios criterios, la mayor parte de los relatos se revelan fábulas. Pero, en tanto que la ciencia no se reduce a enunciar regularidades útiles y busca lo verdadero, debe legitimar sus reglas de juego. Es entonces cuando mantiene sobre su propio estatuto un discurso de legitimación, y se le llama filosofía. Cuando ese metadiscurso recurre explícitamente a tal o tal otro gran relato, como la dialéctica del Espíritu [Hegel], la hermenéutica del sentido [Schleiermacher], la

---

13 Véase capítulo 2 del presente libro, donde ya vimos con mayor detalle cuestiones sobre la «neutralidad» de la razón y asuntos relacionados.

emancipación del sujeto razonante [Kant] o trabajador [Marx] o la creación de la riqueza [Adam Smith].[14]

El problema con el modernismo, según como lo ve Lyotard, tiene que ver con su rechazo de las narrativas como medios de justificación del conocimiento. Todo lo relacionado con la religión que involucraba narrativas o historias, fue clasificado por el modernismo como mitos, y toda la verdad contenida en esas historias debía ser demostrada por los cánones de la Razón universal. Ejemplos de metanarrativas incluyen el marxismo, el liberalismo democrático, el comunismo, el darwinismo, el fascismo, platonismo, y la noción misma de progreso. Notemos aquí que la tensión no está entre las grandes narrativas y las narrativas pequeñas —o los grandes relatos y los relatos pequeños— sino entre la ciencia y las narrativas: cuando las narrativas son evaluadas por medio de los estándares de la «ciencia moderna» estas se convierten en meras fábulas o mitos.

Tal como Lyotard la define, una metanarrativa es una historia «desmitologizada».[15] Así pues, el conflicto entre modernismo y posmodernismo en Lyotard, gira alrededor de la «legitimación» o justificación de la ciencia por medio de la Razón universal dejando de lado las narrativas. De acuerdo con el filósofo canadiense James K. A. Smith, «Para Lyotard, el termino *metanarrativa* [*grand récit*] no se refiere simplemente a una "gran historia" en el sentido de historias que tienen pretensiones de universalidad, o que hacen afirmaciones universales. Lo que está en juego no es el *alcance* de esas narrativas sino la *naturaleza* de las afirmaciones que hacen. Para Lyotard, las metanarrativas son un fenómeno *moderno* peculiar: son historias que no solamente cuentan una gran historia, sino que también afirman ser capaces de legitimar la historia y sus afirmaciones por medio de *apelar a la Razón universal*».[16]

Entonces, lo que distingue una metanarrativa de una narrativa última no es su *alcance* sino su supuesta *neutralidad*. Incluso una narrativa local puede ser grande en su alcance.[17] Por ello, el posmodernismo no renuncia a ser una

---

14 Lyotard, *The Postmodern Condition*, xxiii.
15 Esto es exactamente en lo que consistía el proyecto de Rudolf Bultmann sobre la «desmitologización» de la Biblia, con el fin de que la gente moderna pudiera creer en la Biblia sin tener que aceptar los recuentos milagrosos de la misma.
16 James K. A. Smith, «A Little Story about Metanarratives: Lyotard, Religion, and Postmodernism Revisited», en *Christianity and the Postmodern Turn: Six Views*, ed. Myron Penner (Grand Rapids, MI: Brazos Press, 2005), 124–125. En este capítulo estamos siguiendo muy de cerca el análisis de Smith en el texto citado anteriormente. Véase también Smith, *Who's Afraid of Postmodernism?*, 62–74.
17 Esta malinterpretación de la definición particular de metanarrativa, es una razón de por qué el

narrativa última, ya sea en alcance o en *telos*.[18] La crítica posmoderna no tiene nada que ver con el rechazo de las historias o relatos en términos de su alcance, sino con las afirmaciones de legitimación por medio de la ya mencionada Razón neutral y universal. En el discurso filosófico, «meta» hace referencia a una diferencia de nivel, no a una diferencia de tamaño, alcance o dimensiones. Una metanarrativa es, por lo tanto, un metadiscurso en el sentido de ser un discurso de segundo nivel no directamente sobre el mundo sino sobre el discurso de primer nivel,[19] lo cual es algo de suma importancia tener en claro.

Por otro lado, en la misma línea, la condición posmoderna pone de manifiesto que el conocimiento no es algo neutral que trasciende la narrativa, más bien, éste en sí mismo está fundamentado en un tipo de narrativas o mitos. ¿Qué se quiere decir con esto? Pues, el conocimiento narrativo es un «saber-cómo» que se distingue de otros tipos de conocimiento en la metodología de la evidencia científica. Este *saber-cómo* resalta lo pragmático del conocimiento narrativo y, para juzgarlo, se requiere de habituación o familiaridad con la comunidad cultural lingüística de la narrativa. En este sentido, la legitimación o justificación de la narrativa no es demandada porque, de hecho, está implícita en la narrativa misma; aquí hablamos de una autolegitimación. Por su parte, el conocimiento científico externaliza el problema de la legitimación. Bajo esta visión, la legitimación recurre a un criterio supuestamente universal y neutral: la Razón.

Es aquí donde Lyotard introduce su visión de lo que entiende por metanarrativa: apelar a un criterio de legitimación que esté fuera de todo juego de lenguaje y *garantice una verdad universal y neutral*. Una metanarrativa es, *ergo*, un pretendido escape de los mitos, i.e., una descripción racional de la manera en que las cosas realmente son.[20] En esta visión de Lyotard, una metanarrativa es una teoría totalizadora que pretende subsumir todos los eventos, todas las perspectivas, y todas las formas de conocimiento en una explicación exhaustiva.

Es precisamente contra esta visión del conocimiento científico que Lyotard localiza su incredulidad hacia las metanarrativas. Para Lyotard, una metana-

---

posmodernismo es identificado con el relativismo subjetivo o la localidad radical.

18 Para una discusión detallada sobre este punto, especialmente en su aplicación a la teología, véase Pamela Sue Anderson, «Postmodern Theology», en *The Routledge Companion to Philosophy of Religion*, ed. Chad Meister y Paul Copan, 2da ed. (Nueva York: Routledge, 2013), 569–80.

19 Merold Wesphal, *Overcoming Onto-theology: Toward a Postmodern Christian Faith* (Bronx, NY: Fordham University Press, 2001), xiii.

20 Véase Michael Horton, *The Christian Faith: A Systematic Theology for Pilgrims on the Way* (Grand Rapids, MI: Zondervan, 2011), 16.

rrativa es una cierta manera en que la corriente modernista ha legitimado su discurso absolutista intentando basarse en una razón autónoma. Una metanarrativa es aquella que no quiere ser una narrativa. Parte esencial de la crítica de este filósofo francés es poner de manifiesto que la ciencia modernista —que se considera como crítica de las fábulas y narrativas— está en sí misma también fundada sobre una narrativa. Lyotard hubiese dicho algo como *c'est l'hôpital qui se moque de la charité.*

El conocimiento científico no es un juego de lenguaje global y neutral que trasciende y justifica todos los demás lenguajes. El conocimiento científico es un juego de lenguaje particular con sus reglas particulares. Lyotard reduce la supuesta universalidad y neutralidad del conocimiento científico a la particularidad, y revela que la pretendida metanarrativa del discurso científico es un mito. «La gran narrativa ha perdido su credibilidad».[21] Una metanarrativa afirma legitimación por medio de pruebas neutrales y argumentación, pero bajo la lupa de la crítica posmoderna la ciencia no puede seguir proclamándose como el gran árbitro de la verdad porque ha perdido la credibilidad de neutralidad. Apelar a la «Razón» como el criterio último de lo que cuenta como conocimiento, es en sí mismo un juego de lenguaje más.

La obra *La estructura de las revoluciones científicas* de Thomas Kuhn[22] es un libro que constituyó una nueva concepción de la ciencia. Esta obra, considerada una de las más influyentes del siglo XX, nos muestra claramente que lo que sucede en la ciencia no es una mera «verificación empírica» de los hechos. Más bien la ciencia consiste en una comunidad científica trabajando bajo un «paradigma» (o una constelación de creencias, supuestos o tradición). Es decir, la manera en que hacemos ciencia depende de supuestos y creencias previas que no están sujetas a legitimación, sino que son en sí mismas las bases de legitimación de la ciencia. De esta manera, el argumento de Lyotard es mostrar, como hizo Kuhn, que las afirmaciones de la ciencia moderna de una neutralidad y justificación por medio de la Razón universal son un mito más del modernismo. La condición posmoderna muestra que el conocimiento científico es —de nuevo— otro juego de lenguaje narrativo con sus propias reglas pragmáticas.[23]

La condición posmoderna es la historia de tribalismo intelectual que revela la noción moderna de una comunidad global como un mito. En este senti-

---

21   Lyotard, *The Postmodern Condition*, 37.

22   Thomas Kuhn, *La estructura de las revoluciones científicas,* 2da ed. (Ciudad de México: Fondo de Cultura Económica, 2013).

23   Smith, *Who's Afraid of Postmodernism?*, 66–67.

do, la metanarrativa como un discurso universal de legitimación que niega su propia particularidad narrativa es el objetivo del rechazo posmoderno. El posmodernismo es una incredulidad hacia la negación moderna de su propia perspectiva cultural-lingüística, y a la vez es un vuelco hacia la narrativa, la tradición, lo situado y la perspectiva. El posmodernismo pone de manifiesto que, al pretender que hemos trascendido las narrativas particulares y descubierto la verdad arquetípica en sí misma, nos olvidamos de que muchos de nuestros valores, expectativas y convicciones más queridas, son creaciones de un tiempo y lugar particulares, en lugar de verdades universales.[24]

De esta manera, tras haber expuesto todo lo anterior, decimos entonces que es a todo esto a lo que Lyotard estaba haciendo alusión con su afirmación de que la posmodernidad consistía en «una incredulidad hacia las metanarrativas». Por tal razón, es tan importante entender bien las cosas antes de rechazarlas a priori, por lo que, no debemos seguir el ejemplo de muchos en nuestra sociedad que critican y rechazan cuestiones sin siquiera conocerlas realmente. Ahora, es momento de abordar la cuestión de si la historia bíblica es una metanarrativa en los términos de Lyotard y la crítica posmoderna.

La historia bíblica y la metanarrativa

¿A qué se refiere exactamente Lyotard con metanarrativa? Si se refiere a una filosofía de la historia, una gran historia dentro de la cual localizamos las pequeñas historias de nuestras vidas como individuos y comunidades, entonces el cristianismo es sin duda una metanarrativa. El cristianismo es «la gran historia del mundo» que va desde la creación y la caída hasta la regeneración de todas las cosas. No obstante, como ya vimos anteriormente, la metanarrativa no se refiere al *alcance* de las narrativas sino a su *legitimación*. Así pues, *la historia bíblica no es una metanarrativa* en el sentido de Lyotard, debido a que la metanarrativa lyotardiana es un sistema que sostiene ser legitimado por la Razón universal.[25]

De hecho, si nuestros recuentos de la verdad reclaman ser justificados solo por la razón neutral, dejamos la revelación de Dios de lado en el sentido de que reclamamos una autonomía que no necesita a Dios para legitimarse. Por tal razón es que podemos estar en total acuerdo con Merold Westphal cuando

---

24   Véase Michael Horton, *The Christian Faith*, 16.
25   Smith, «A Little Story about Metanarratives», 125. De nuevo, véase el capítulo 2 del presente libro.

nos recuerda que la historia cristiana se distingue de las metanarrativas tanto en origen como en legitimación, pues ésta tiene «su origen en la revelación, no en la filosofía, y más especialmente no en la filosofía moderna, basada en la autonomía del sujeto humano, ya sea el individuo como sujeto cognoscente (el *ego cogito* de Descartes), el individuo como portador de derechos inalienables (Locke, Jefferson), o la humanidad moderna colectiva como el cumplimiento de la historia (Hegel, Marx...)».[26]

Esta pretensión de universalidad que trasciende las narrativas, que es validada «neutralmente» por la Razón universal, es lo que algunos autores han equiparado con la historia bíblica de la torre de Babel. Es decir, cuando pretendemos legitimar la naturaleza de nuestro conocimiento apelando a la pretendida Razón universal, y no a la revelación de Dios, nos convertimos en constructores de la nueva torre de Babel iniciada, en este caso, por el modernismo.[27]

Nuevamente, el problema de las metanarrativas se centra principalmente en la naturaleza de su *legitimación*, no en su *alcance*. Si se toma en cuenta esto, entonces podemos estar de acuerdo con Westphal en que la fe cristiana no es necesariamente la metanarrativa que a menudo es asumida por sus críticos posmodernos. Westphal nos dice que el «cristianismo es una *mega*narrativa, una gran historia. Pero la historia que comienza con "hágase la luz" y que termina con los "cantos de Aleluya" ... no es una metanarrativa. La repetición de la *Heilsgeschichte* [historia de la redención] en los credos y en los sermones, en las lecciones y en los cantos, así como su promulgación en los sacramentos, pertenece al discurso cristiano de primer orden. Es kerigma, no apologética».[28]

El rechazo posmoderno de las metanarrativas no es un rechazo de la historia bíblica debido a que ésta última no es una metanarrativa, según la definición de Lyotard. Más bien, si se puede, «podríamos más apropiadamente definir la historia bíblica como una metanarrativa premoderna».[29] Recordemos que el objetivo de Lyotard es el proyecto de la razón moderna que aspira a una explicación exhaustiva de la realidad, incluyendo la condición humana, y bus-

---

26 Wesphal, *Overcoming Onto-theology*, xiii-xiv.

27 Véase especialmente Michael Horton, «The Tower of Babel: Modernity built the tower - now postmodernity must face the challenge of condemning the "unsafe structure"», *PREMISE* 8 (1995): 6. Disponible en línea en el siguiente enlace: https://www3.dbu.edu/naugle/pdf/2303_handouts/ModernismPostmoderism-Horton.pdf

28 Wesphal, *Overcoming Onto-theology*, xiii-xiv.

29 Richard Bauckham, «Reading Scripture as a Coherent Story», en *The Art of Reading Scripture*, ed. Ellen F. Davids y Richard Hays (Grand Rapids, MI: Edermans, 2003), 47.

ca la racionalidad basada en un criterio universal por medio del cual ordenar la sociedad y liberar la humanidad a través de la tecnología. [30]

Esa sobreconfianza moderna en el control humano sobre la naturaleza y la historia es algo antitético a la Biblia. Por esto, el reconocido teólogo John Webster, siguiendo el pensamiento de Karl Barth, sostiene que el cristianismo no es una historia que poseamos o manejemos, por lo que no existe una narrativa que esté bajo nuestro control.[31] A diferencia de las metanarrativas modernas, la historia bíblica recuenta la historia no en términos de la razón inmanente o el control humano, sino en términos de la libertad y propósito de Dios, y la libertad del hombre para obedecer o resistir a Dios.

La historia bíblica sostiene claramente «un amplio reconocimiento de contingencia en la historia en el sentido de que mucho, y quizá la mayoría, de lo que ocurre no es el resultado de la actividad humana».[32] El retrato bíblico de la providencia divina no puede ser equiparado a la razón inmanente de la historia, porque es contingente a la libertad de Dios y no abierto al cálculo racional. De manera que esta historia demanda «confianza, no control».[33]

En la Biblia, para brindar un ejemplo familiar, la historia de Israel es raramente presentada como una metanarrativa dominante. Más bien, tal historia es relatada como una de resistencia en contra de las narrativas dominantes de los grandes imperios desde Faraón hasta Roma. Por ello, la distorsión de la historia bíblica en una ideología de opresión, suprime el significado de la cruz. Cuando la historia bíblica se utiliza como un pretexto para oprimir o imponer ideologías, ésta se convierte en una metanarrativa en los términos de Lyotard; es decir, una metanarrativa que legitima las estructuras de poder. Por esta razón, «el desafío de la iglesia en el contexto posmoderno es reclamar la historia bíblica de una manera que exprese su afirmación no coercitiva de la verdad sin imponer un cierre escatológico prematuro».[34]

Las metanarrativas dan origen a ideologías que reclaman la lealtad o adhesión del mundo a través de la violencia u opresión. Sin embargo, la narrativa bíblica es una historia sobre las buenas nuevas del Dios de gracia y misericordia.[35] La historia cristiana legitima solo un reino —el reino de Dios— al mis-

---

30   *Ibíd.*
31   Para el argumento completo véase John Webster, «The grand Narrative of Jesus Christ: Barth's Christology», en *Karl Barth: A Future for Postmodern Theology?*, ed. Geoff Thompson y Christian Mostert (St. Adelaide: ATF Press, 2000), 29–48.
32   Richard Bauckham, «Reading Scripture as a Coherent Story», 48.
33   *Ibíd.*, 49.
34   *Ibíd.*, 53.
35   Véase Michael Horton, *The Christian Faith*, 17.

mo que tiempo que en «el proceso deslegitima todos los reinos humanos... las metanarrativas de la modernidad nos legitiman; la narrativa cristiana nos coloca bajo juicio también...», y en una frase Michael Horton afirma lo mismo que nosotros estamos expresando aquí: «el cristianismo no es el objetivo de ataque de Lyotard».[36]

En suma, no creemos que la incredulidad posmoderna hacia las metanarrativas represente un ataque a la fe cristiana; por el contrario, creerlo sería entender erróneamente a Lyotard. Más bien, creemos que esta crítica puede ser una *oportunidad para rescatar* la naturaleza narrativa de nuestra fe, y repensar nuestra concepción de la relación entre fe y razón en la manera en que presentamos la fe cristiana al mundo.

SAQUEANDO LOS TESOROS DEL POSMODERNISMO

El rechazo posmoderno hacia las metanarrativas nos enseña que los criterios «objetivos» y «neutrales» de validación de la ciencia moderna son solo un mito. Esas ideas positivistas de que lo que no se pueda comprobar con la ciencia no es verdadero o no puede constituirse como conocimiento, han sido mostradas como falsas. La iglesia no debe someterse a criterios seculares de una «razón neutral» para validar su mensaje como verdadero, porque dichos criterios están basados en supuestos narrativos que nada tienen que ver con una Razón universal. Nuestra tarea es proclamar la verdad de Dios revelada en la narrativa bíblica sin apología.

Por otro lado, en el fondo, lo que está en juego en el posmodernismo es la relación entre fe y razón. La crítica posmoderna hacia las metanarrativas es una manera de decir que la llamada razón autónoma es un mito más, es decir, que la razón no está opuesta a la fe. Los criterios modernos que se utilizan para decir que algo es racional, están basados en constelaciones de creencias que dependen de una narrativa particular. No existe un sistema de legitimación que se base solamente en una «razón neutral» que deje de lado la narrativa.

Esta manera de ver el posmodernismo es muy compatible con la epistemología agustiniana que ve a la fe como necesaria para la razón. De acuerdo con Agustín, *la fe precede a la razón*: creo para entender, confío para poder interpretar. Esta epistemología agustiniana, resumida en la frase atribuida a Anselmo *fides quaerens intellectum* [la fe en busca de entendimiento], es com-

---

36   *Ibíd.*, 15.

patible, y puede ser recuperada, con la crítica posmoderna al ideal racional modernista. Esta es precisamente la manera en que los principales filósofos cristianos del siglo pasado han hecho apologética sin apología.[37]

Myron B. Penner ha hecho un análisis increíble sobre la naturaleza de la apologética de los últimos años.[38] Penner nos da mucha luz para entender que, el resurgimiento apologético dentro del cristianismo de los últimos —por lo menos quince— años ha sido una respuesta *modernista* al movimiento *modernista* del «Nuevo ateísmo». Por supuesto, este resurgimiento vino acompañado de un show mediático —caracterizado por debates públicos, decenas de libros y artículos publicados y demás— que, de ambos lados, buscaba obtener la mayor popularidad. No obstante, creemos, junto con Penner, que este no es exactamente *el* modelo de hacer apologética,[39] pues se trata solamente de un paradigma modernista respondiendo a otro paradigma modernista. Por tanto, estamos de acuerdo también con Terry Eagleton en que, de muchas maneras, los apologetas cristianos y los nuevos ateos son, de hecho, imágenes fieles o reflejos exactos el uno del otro.[40] Lo que Eagleton quiere decir, al igual que Penner, es que es sorprenderte ver que, al final del día, estos dos grupos (i.e. apologetas modernos y nuevos ateos) tienen más cosas en común, tanto a nivel filosófico como ideológico, que lo que tienen en contra. Ambos trabajan desde «un tipo de conocimiento científico positivo que tiende a reducir la sustancia de la fe a un debate intelectual sobre lo razonable de una entidad teórica: la proposición "Dios existe"».[41] Todo esto nos lleva a la paradoja de la apologética moderna que señala Penner:

---

37 En esto consiste el proyecto denominado «Epistemología reformada» cuyos principales defensores son los filósofos Alvin Plantinga y Nicholas Wolterstorff. A grandes rasgos, lo que sostiene esta manera de hacer apologética es que se puede ser racional en creer en Dios, aun si no se tienen argumentos para defender dicha creencia. Para obras representativas de este movimiento véase, Alvin Plantinga y Nicholas Wolterstorff ed., *Faith and Rationality* (Notre Dame, IN: University of Notre Dame Press, 1983), y Alvin Plantinga, *Warranted Christian Belief* (Nueva York: Oxford University Press, 2000).

38 Myron B. Penner, *The End of Apologetics: Christian Witness in a Postmodern Contex* (Grand Rapids, MI: Baker Academic, 2013), véanse especialmente los capítulos 1 y 2.

39 El mismo William L. Craig cree que los debates apologéticos *deben* moldear la cultura, y que este tipo de apologética debe establecer una cultura «cristiana» que reconozca su particular interpretación proposicional de la fe cristiana como la correcta. Cf. William L. Craig, *Fe razonable* (Salem, OR: Publicaciones Kerigma, 2018), capítulo 1. Véase Penner, *The End of Apologetics*, 61.

40 Terry Eagleton, *Reason, Faith, and Revolution: Reflections on the God Debate* (New Haven: Yale University Press, 2009), 53, citado en Penner, *The End of Apologetics*, 59.

41 Penner, *The End of Apologetics*, 59.

El resultado paradójico de la defensa apologética moderna del cristianismo, entonces, es que cuando la existencia de Dios se establece de acuerdo con la razón secular moderna, todo lo que realmente se demuestra es la prescindibilidad de cualquier cosa que se asemeje a la creencia en Dios. La creencia en Dios no se trata tanto de la adoración de Dios que se nos revela a través de una tradición y una comunidad histórica llamada la iglesia, sino de cómo la creencia teísta es racionalmente predecible dentro de los límites de la razón secular moderna. En este caso, se hace posible racionalizar cualquier cosa.[42]

Entonces, por un lado, los apologetas cristianos modernos a pesar de lo que «puedan decirse a sí mismos y a otros sobre cuánto se oponen a los supuestos filosóficos modernos o a los puntos de vista dominantes de la modernidad, están, sin embargo, en acuerdo fundamental con los pensadores modernos sobre cuáles son las preguntas importantes, cómo deben ser respondidas esas preguntas y por qué necesitan ser respondidas»,[43] lo que es evidencia clara de cuán sumergidos están en una condición secular moderna y lo que, al mismo tiempo, los coloca en el mismo terreno de los nuevos ateos. Por el otro lado, estos movimientos teístas y ateístas, se han convertido en un mero espectáculo propagandístico consumista que busca ganar adeptos. En otras palabras, tanto el nuevo ateísmo como la apologética cristiana moderna, son como dos marcas en competencia, que buscan ver cuál de las dos gana más clientes.

Ahora bien, el problema no radica en que se busque defender la fe cristiana con la razón, eso por supuesto es algo necesario. Por ejemplo, se necesita el diálogo racional para corregir malas concepciones del cristianismo y su doctrina, o para hacer *explícita* la teoría que está *implícita* en las prácticas cristianas. Lo que creemos que está mal es *reducir* la apologética a la razón. Necesitamos mucho más que la razón para presentar la veracidad de la fe cristiana. Reducir la apologética a la supuesta razón neutral, pone de manifiesto una concepción errónea de la antropología humana, y un desconocimiento de cómo adquirimos nuestras creencias y cómo cambiamos de opinión.[44]

La crítica posmoderna de Lyotard a las metanarrativas nos demuestra que no hay filosofía o conocimiento que esté libre de prejuicios o compromisos

---

42   *Ibíd.*, 61–62.
43   *Ibíd.*, 46.
44   Véase el capítulo 2 de la presente obra.

de fe; por esto mismo es que Smith dice que en la medida en que la crítica posmoderna sea efectiva, las nociones modernas de espacio público neutral y esfera secular deben ser abandonadas.[45] En lugar de ser una enemiga para la fe cristiana, esta crítica posmoderna a las metanarrativas es una aliada que nos permite construir una filosofía cristiana confesional. Nuevamente estamos de acuerdo con Smith cuando señala que «mientras que la nueva apologética será sin apología, también será al mismo tiempo caracterizada por una narrativa fiel, no por una demostración. Debe ser kerigmática y carismática: proclamando la historia del evangelio en el poder del Espíritu».[46] El poder de las narrativas explica por qué historias como *Las Crónicas de Narnia de* C. S. Lewis y *El Señor de los Anillos* de J. R. R. Tolkien han contribuido más al avance del cristianismo que las «demostraciones racionales» de la apologética clásica. Necesitamos recuperar la importancia de contar historias para mostrar la veracidad de la fe cristiana. Un mundo lleno de narrativas culturales que moldean la imaginación y los deseos de las personas necesita escuchar la verdadera narrativa. Creemos que la historia bíblica es la verdadera historia, pero no por eso deja de ser una historia.

Demostrar el carácter narrativo de la fe cristiana es el enfoque apologético que ha tomado algunos pensadores como Alister McGrath en los últimos años.[47] McGrath argumenta que aunque la defensa de la fe requiere el uso de argumentos racionales, ésta no debe reducirse a ellos. Por lo tanto, haríamos bien en recuperar lo que nunca debimos olvidar: el poder de las narrativas para cautivar la imaginación y, así, permitir que la mente sea receptiva a las verdades que contienen dichas narrativas. Como ya nos habían enseñado C. S. Lewis y J. R. R Tolkien, Dios moldeó una imaginación en los humanos que nos permite ser receptivos a las historias que son ecos o fragmentos de la gran historia cristiana. Este enfoque permite superar las limitaciones de los enfoques racionalistas. Por ello, McGrath ve en el surgimiento del posmodernismo, una *oportunidad* para abandonar los reduccionismos del modernismo y proclamar la fe cristiana desde distintos enfoques que hagan justicia a la naturaleza narrativa del evangelio.[48] Las ideas y conceptos que emergen de la

---

45   Véase Smith, *Who's Afraid of Postmodernism?*, 73.

46   *Ibíd.*, 74.

47   Véase especialmente, Alister McGrath, *Narrative Apologetics: Sharing the Relevance, Joy, and Wonder of the Christian Faith* (Grand Rapids, MI: Baker Books, 2019).

48   Alister McGrath, *Mere Apologetics: How to Help Seekers and Skeptics Find Faith* (Grand Rapids, MI: Baker Books, 2012), 29–35. Para una edición en español, véase Alister McGrath, *Mera apologética: Ayudando a interesados y escépticos a encontrar la fe* (Salem, OR: Publicaciones Kerigma, 2020).

reflexión sobre el carácter narrativo de la fe, son cosas que no son irracionales, pero que no pueden ser comprendidas exhaustivamente por la razón.[49] Hay verdades en las narrativas que no pueden reducirse a argumentos silogísticos. En otras palabras, las narrativas tienen razones que la razón no entiende.

Debido a que somos seres holísticos que no solamente piensan, sino que también creen y desean, «debemos dar razones para que las personas *quieran* creer antes de darles razones de *por qué deben* creer».[50] Las leyes básicas de la lógica son una condición *necesaria* para la racionalidad. Al mismo tiempo, no obstante, estas no son una condición *suficiente* para la racionalidad. Cuando alguien intente justificar una acción, filosofía de vida, o una creencia religiosa como racional, éste debe apelar a algo más que solo las leyes básicas de la lógica.[51] Por ello, este enfoque apologético narrativo depende de imaginaciones moldeadas por el evangelio, y no meramente de una memorización abstracta de datos, argumentos e información sobre el cristianismo. La sabiduría apologética se gana dentro de una comunidad de fe. «Cuando nuestras imaginaciones han sido moldeadas por la historia del evangelio, retenemos no solamente nuestra estrategia sino algo incluso más poderoso que nuestro testimonio: nuestras vidas mismas».[52] A medida que esto pase, no solamente *hablaremos* de la verdad sino que la *encarnaremos* en nuestras vidas. De esta manera, la fidelidad corporativa de la iglesia sirve como su propia apologética.[53]

---

49 Alister McGrath, *Narrative Apologetics*, 8.

50 Joshua D. Chatraw y Mark D. Allen, *Apologetics at the Cross: An Introduction for Christian Witness* (Grand Rapids, MI: Zondervan, 2018). Este libro desarrolla de manera excelente lo que creemos que es una visión integral para hacer apologética sin apología.

51 Véase Alasdair MacIntyre, *Whose Justice? Which Rationality?* (Notre Dame, IN: University of Notre Dame Press, 1988), 4.

52 Joshua D. Chatraw, *Telling a Better Story: How to talk About God in a Skeptical Age* (Grand Rapids, MI: Zondervan Reflective, 2020), 224.

53 Cabe señalar acá que no estamos defendiendo ni apoyando un fideísmo. En breves palabras, el fideísmo es una visión filosófica que ensalza la confianza en la fe, en lugar de la razón, en la búsqueda de la verdad religiosa. No obstante, a veces hay confusión en esto debido a que el término también es usado en un sentido común y peyorativo, el cual se aleja —aunque se deriva igualmente— del uso filosófico. Por ejemplo, Olli-Pekka Vainio nos comenta «En filosofía, el fideísmo suele significar un modo de pensamiento o enseñanza según el cual la razón es más o menos irrelevante para la creencia (religiosa), o incluso que la fe se fortalece, no se determina, si uno juzga que la razón es incapaz de darle apoyo». Más adelante, Vainio nos dice que sin duda el uso del término fideísmo en un sentido peyorativo se dirige a la dicotomía racionalidad-irracionalidad. De acuerdo a esta dicotomía solo existen dos tipos de creencias: las racionales y las irracionales. Con «racional» se quiere decir aquí «que las proposiciones necesitan estar respaldadas por evidencia adecuada y la fuerza de la creencia debe ser ajustada según la cantidad de evidencia disponible. Todas las proposiciones que no tengan este estándar son irracionales o sospechosas, y puede ser sostenidas de una manera fideísta, y por tanto no deben ser sostenidas del todo». Olli-Pekka Vainio, *Beyond Fideism: Negotiable Religious Identities*, Transcending Boundaries in Philosophy and Theology (Nueva York: Routledge, 2010), 2–3. Una de las

Las historias y narrativas son recursos cognitivos que nos ayudan a interpretar la realidad y a darle sentido a nuestras vidas. Nuestra tarea como cristianos es ofrecer la verdadera historia del mundo a las personas que ya operan sus vidas desde una narrativa particular. «La buena noticia es que hay algo en el corazón humano, incluso en medio de los cambios culturales y nuestra condición desordenada y caída, que anhela una historia mejor —la verdadera historia del evangelio».[54] La verdadera estrategia apologética no es dejar de lado las historias, lo cual es imposible, sino presentar la verdadera historia que cumple los deseos y aspiraciones que prometen todas las demás historias. Nuestra misión es, pues, *contar una historia mejor.*

Además de ayudarnos a ver la relación entre fe y razón de una manera diferente, la crítica posmoderna hacia las metanarrativas nos permite también recuperar el carácter narrativo de nuestra fe. La iglesia es una comunidad que encarna la narrativa bíblica a través de sus prácticas. Más específicamente, las prácticas cristianas narran la verdadera historia del mundo. Aunque si bien es cierto que la «realidad» no es una mera construcción mental (idealismo subjetivo)[55] «nuestra aprehensión de la verdad de la realidad es siempre interpretada».[56] Los supuestos, las convicciones y las prácticas que tenemos están moldeados por una historia o narrativa particular. No es cierto que hay solo interpretaciones y no hechos; más bien, *no hay hechos no interpretados.*[57]

El cristianismo es una confesión de fe, un acto personal de testimonio del Dios que ha entrado a nuestra historia en y a través de una narrativa particular que no puede ser «traducida» o desmitologizada en términos seculares. El cristianismo no afirma haber escapado este hecho. Los profetas y apóstoles eran completamente conscientes del hecho de que estaban interpretando la realidad dentro del marco de una narrativa particular de la creación, caída, redención y consumación, tal como fue contada a un pueblo particular (Israel)

---

cosas más interesantes de esta obra es que, Vainio ofrece una explicación de los contornos de la identidad religiosa y la racionalidad que toma en serio tanto la identidad cristiana clásica —rechazando los criterios de racionalidad modernos, más no la racionalidad por sí misma, tal como también lo pensamos nosotros— como los contextos pluralistas en los que viven la mayoría de las comunidades cristianas hoy en día.

54   Joshua D. Chatraw, *Telling a Better Story: How to talk About God in a Skeptical Age*, 18.

55   El idealismo subjetivo es una doctrina filosófica que sostiene que solo existen las mentes y los contenidos mentales. Esta postura afirma que la realidad es fundamentalmente un constructo de la mente. En su versión radical, el idealismo subjetivo sostiene que el sujeto construye el mundo y, en ese sentido, la naturaleza no tiene existencia independiente.

56   Michael Horton, *The Christian Faith*, 14.

57   Esto será desarrollado con mayor detalle en el siguiente capítulo.

para el beneficio del mundo.[58] Michael Horton nos da mucha luz al decirnos que «los profetas y apóstoles no creían que los poderosos actos de Dios en la historia [*meganarrativas*] eran mitos indispensables que representaban verdades universales [*metanarrativas*]. Para ellos, la gran historia no apuntaba a algo más allá, sino que era en sí misma el punto... los poderosos actos de Dios en la historia no eran mitos que simbolizaban verdades atemporales; estos creaban la trama de desarrollo dentro de la cual nuestras vidas y destinos encuentran las coordenadas correctas».[59]

De esta manera, entonces, no tenemos que decir que el cristianismo es una metanarrativa para afirmar que es verdadero. Tal y como C. S. Lewis sostenía, creemos que el cristianismo es el «mito verdadero», el mito que se hizo verdad. Lewis nos dice que el «hecho *ocurre* un día concreto, en un lugar particular, y está seguido de consecuencias históricas definibles. Pasamos de un Balder o un Osiris, que nadie sabe cuándo o dónde murieron, a una Persona histórica crucificada *bajo Poncio Pilato* que no deja de ser mito por hacerse realidad: ése es el milagro... Para ser verdaderamente cristianos debemos asentir al hecho histórico y aceptar el mito (un mito que se ve hecho realidad), con la misma aceptación imaginativa que concedemos a todos los mitos. Difícilmente es lo uno más necesario que lo otro».[60] Lewis nos sigue diciendo:

Quienes no saben que este gran mito se hizo realidad cuando la Virgen concibió, merecen verdaderamente lástima. Pero a los cristianos es preciso recordarles también —debemos agradecerle a Corineo que nos lo haya recordado— que lo que se hizo realidad fue un mito que conserva todas las propiedades del mito en el mundo de los hechos... No debemos avergonzarnos del resplandor mítico que gravita sobre nuestra teología... Si Dios elige ser mitopoético —¿no es el mismo cielo un mito?—, ¿vamos a negarnos nosotros a ser mitopáticos? Éste es el matrimonio del cielo y la tierra: Perfecto Mito y Perfecta Realidad, que reclama nuestro amor y nuestra obediencia, pero también nuestra admiración y nuestro deleite, dirigi-

---

58 Michael Horton, *The Christian Faith*, 16–17.
59 *Ibíd.*, 17.
60 C. S. Lewis, «Myth Became Fact», en *God in the Dock: Essays on Theology and Ethics*, ed. Walter Hooper (Grand Rapids, MI: Eerdmans, 1970), 66–67.

do al salvaje, al niño y al poeta que hay en cada uno de nosotros no menos que al moralista, el intelectual y el filósofo.[61]

Recuperar el carácter narrativo del cristianismo nos muestra que la fe cristiana no es una ciencia más que se reduce a un conjunto de proposiciones teóricas o «computarización del conocimiento» como diría Lyotard.[62] Más bien, el cristianismo es una gran historia que nos ha sido revelada a través de una narrativa que se extiende desde Génesis hasta Apocalipsis. En este sentido, la fe cristiana se rehúsa a verse sólo en términos de enunciados teóricos o conocimiento proposicional, porque ésta es mejor entendida como un drama en el que todos participamos.[63] Este drama es narrado a través del uso de la Biblia en la iglesia, donde la comunidad congregada se hace parte de las promesas y pactos de Dios con la humanidad a través de la historia del mundo. Asimismo, la iglesia vive y narra esa gran historia a través de sus prácticas litúrgicas. El uso de los sacramentos nos conecta a otra dimensión que valora la fe encarnada en símbolos y elementos materiales.[64] Creemos que todo esto se puede entender, y valorar mejor hoy, si se toman en cuenta las críticas posmodernas a ciertos presupuestos del modernismo.

Finalmente, el cristianismo es verdadero no por ser una metanarrativa o no ser narrativo, sino porque depende de la revelación divina en hechos particulares de la historia que tienen sentido gracias a la narrativa bíblica que es encarnada en la iglesia. Los escritores bíblicos nunca pensaron que *narrativa* y *hecho* eran cosas opuestas. Por lo tanto, tampoco nosotros debemos hacer tal dicotomía.

---

61   *Ibíd.*, 67.
62   Jean-François Lyotard, *The Postmodern Condition*, 4.
63   Demostrar el carácter narrativo de la doctrina cristiana es el enfoque de trabajos importantes como Michael S. Horton, *Covenant and Eschatology: The Divine Drama* (Louisville: Westminster John Knox, 2002) y Kevin J. Vanhoozer, *El drama de la doctrina* (Salamanca: Ediciones Sígueme, 2010).
64   La importancia de la liturgia y los sacramentos como parte esencial en la formación de la identidad cristiana será abordada con mayor detalle en capítulos posteriores, especialmente en el capítulo 5.

4

DERRIDA:

SOMOS SERES QUE INTERPRETAN

Si Descartes es conocido por algo, es posiblemente por su famosa máxima *Cogito, ergo sum*. Mientras que, por ejemplo, *Sprachspiel* nos llevaría incuestionablemente a Wittgenstein. Y, aunque con *Gott ist tot* podríamos ir a Hegel, lo más probable es que lleguemos directamente hasta donde se encuentra Nietzsche. Ahora, ¿a dónde nos llevaría el término *déconstruction*?[1] Por supuesto, a El Biar, la provincia natal en la Argelia francesa de Jacques Derrida.

Definitivamente, si el posmodernismo pudiera reducirse a una sola palabra propagada y, por ende, popular, esa sería *déconstruction*. Y si el posmodernismo pudiera identificarse con el rostro de una celebridad, esa sería la figura de Derrida.[2] En este capítulo abordaremos cuatro cuestiones: ¿quién es Jacques Derrida?, ¿qué es la deconstrucción?, ¿qué significa la afirmación *il n'y a pas de hors-texte*?, y ¿qué tesoro podemos saquear de estas ideas posmodernas?

---

1   Aunque el filósofo alemán Martin Heidegger acuñó el concepto *Destruktion* para hacer referencia al proceso metodológico con el que era posible rescatar la cuestión originaria sobre el sentido del ser, no obstante, Derrida, apropiándose del término y llamándolo *déconstruction*, fue quien hizo popular su propia versión.

2   Véase James K. A. Smith, *Who's Afraid of Postmodernism? The Church and Postmodern Culture* (Grand Rapids, MI: Baker Academic, 2006), 31.

Jacques Derrida

Los filósofos son generalmente concebidos como personas excéntricas y de esto, de hecho, hay varios ejemplos. Basta con leer alguna biografía del paranoico Jeremy Bentham, al brillante y explosivo Wittgenstein, Pitágoras y sus supuestas obsesiones compulsivas, o la vida del autómata Kant, para notar cierta excentricidad de parte de algunas importantes figuras filosóficas. Por esta razón, los filósofos son vistos, en el mejor de los casos, como gente extraña o, en el peor de los casos, como locos. Pero, y ¿Derrida? Pues, Derrida era un hombre muy apuesto, al menos un filósofo inusualmente apuesto. Simon Glendinning lo describe como alguien que no solo era apuesto, sino que también vestía bien y siempre destacaba entre la multitud en la que se movía.[3]

Como ya se mencionó, Jacques Derrida nació en El Biar, en Argelia, el 15 de julio de 1930. Podríamos llamarlo el padre del movimiento de la deconstrucción y un «progenitor paterno» del posmodernismo.[4] Derrida estudió en la Escuela Normal Superior de París y luego en la Universidad de Harvard. Trabajó como docente en la Johns Hopkins University y en la Universidad de Yale, así como en distintas instituciones de Francia. Desde su juventud fue influenciado por el activismo intelectual de Jean-Paul Sartre. Su popularidad inició en el año de 1967 con tres importantes publicaciones: *La voix et le phénomène: introduction au problème du signe dans la phénoménologie de Husserl*[5] (sobre el trabajo de Edmund Husserl), *L'écriture et la différence*[6] (un compilado de varios ensayos) y *De la grammatologie*[7] (su *magnum opus*). En la década de 1990, ya Derrida era considerado —contra todo viento y marea— uno de los más importantes pensadores de su época. Murió de un cáncer de páncreas en París el 8 de octubre de 2004 a los 74 años.

Derrida no fue un filósofo excéntrico, pero aun así no estuvo exento de la controversia. Sus obras eran rechazadas. Sus propuestas eran inentendibles. Su visión era ridiculizada. Su propia figura era un motivo de burla. En pocas

---

3   Simon Glendinning, *Derrida: A Very Short Introduction*, Very Short Introductions (Oxford: Oxford University Press, 2011), 20.

4   Hederman habla de «... Levinas y Derrida como progenitores paternos del posmodernismo». Mark Patrick Hederman, «Is God Diminished If We Abscond?», en *After God: Richard Kearney and the Religious Turn in Continental Philosophy*, ed. John Panteleimon Manoussakis (Nueva York: Fordham University Press, 2006), 275.

5   Jacques Derrida, *La voz y el fenómeno: Introducción al problema del signo en la fenomenología de Husserl* (Valencia: Editorial Pre-Textos, 1993).

6   Jacques Derrida, *La escritura y la diferencia* (Barcelona: Anthropos, 2012).

7   Jacques Derrida, *De la gramatología* (Ciudad de México: Siglo XXI, 1978).

palabras, Derrida era vilipendiado, odiado, e incluso difamado. De manera interesante, Derrida era (¿o es?) ese tipo de celebridades que o amas u odias, pero jamás ambas.

Es innegable la variada, pero violenta, reacción que Derrida levantó durante sus años de carrera. Dentro del mundo de la filosofía, la hostilidad agresiva contra el pensador era acalorada. La academia —junto con la prensa— se encargaba de desprestigiar los textos de Derrida, los cuales eran vistos como amenazas y corrupciones a todo lo digno dentro del mundo intelectual. Posiblemente el hecho más relevante y evidente de esto fue la controversia en Cambridge.

En el año 1992, en la Cambridge University Congregation se levantó una fuerte objeción contra una de las nominaciones al *doctor honoris causa*. Gente de la Regent House hizo votaciones y recolectó firmas con la intención de tener un grupo que pudiera hacer frente a esta nominación del título honorífico. Estos sentimientos originados en Cambridge atrajeron la mirada nacional e internacional. Es natural que haya oposición a estos títulos honoríficos dados a ciertas figuras como políticos, pero ¿oposición por un título honorífico dado a un filósofo? Pues sí. La idea de dar honor a Derrida era vista como traspasar los límites. ¿Cómo podría premiarse y honrarse algo (i.e. la deconstrucción) contra lo que la academia debería más bien estar en oposición? No obstante, la oposición que recibió Derrida no fue por parte de la integridad académica y la honestidad intelectual, sino más bien de ciertos intereses académicos.

Una de las cosas más interesantes en este asunto controvertido ocurrido en Cambridge es que los opositores al *doctor honoris causa* y, específicamente, a Derrida, en ningún momento lo citaban. Y si hay algo inaceptable es hacer críticas a un trabajo desconocido. Este evento, cuando los críticos se opusieron al trabajo de Derrida sin siquiera hacer citas textuales y específicas del «problema» con su trabajo, mostró claramente dos posibilidades: o (1) no habían leído real y directamente a Derrida,[8] o (2) lo que sí habían leído, lo habían

---

8   Merold Westphal, contando una anécdota, dice que no hay «muchos eruditos cristianos de alto nivel, tan conocedores de Derrida como uno que escuché dar una ponencia explorando posibles puntos de convergencia entre su propio pensamiento cristiano y la deconstrucción. Ignorando el hecho de que la ponencia era sobre Derrida y no sobre Lyotard, otro erudito cristiano de considerable reputación (como el orador original de mi propia tradición reformada) insistió irónicamente en que nunca los dos podrían reunirse ya que el cristianismo es una metanarrativa y el posmodernismo se define como la incredulidad hacia las metanarrativas». Más adelante Westphal afirma que, este segundo erudito reconoció al final de su intervención —luego de que el ponente le explicara por qué el cristianismo no era una metanarrativa— que eso pensaba él sobre lo que quería decir Lyotard, aunque nunca lo había leído realmente. Merold Westphal, *Overcoming Onto-Theology: Toward a Postmodern Christian Faith, Perspectives in Continental*

SAQUEANDO A LOS POSMODERNOS

malinterpretado completamente.[9] Los seguidores de Derrida quedaron sonrientes y satisfechos en ese año de 1992, ya que, finalmente, se le concedió el título honorífico a Derrida.

¿QUÉ ES LA DECONSTRUCCIÓN?

Debido a los límites de este trabajo, reconocemos la dificultad que hay en definir y explicar en pocas palabras la idea misma de la deconstrucción.[10] No obstante, intentaremos transitar cuidadosamente este sendero, con el fin de que tengamos una idea clara de la deconstrucción de Derrida.

Todos hemos tenido algún tipo de «amor imposible». Muy seguramente en nuestra adolescencia y juventud llegamos a estar enamorados de una persona a la que considerábamos *un imposible*. Esto es muy común en los seres humanos que se ha llamado un «amor platónico». Era, y sigue siendo, popular escuchar a algunos de nuestros amigos decir que tal persona era «su amor platónico». De entrada, el significado del adjetivo platónico y, por ende, su relación con Platón, nos era totalmente desconocido. «Un amor *à la* Platón ¿Cómo es eso?», se preguntarían algunos.

Algo parecido ha ocurrido con el término «deconstrucción», el cual se ha expandido a todo nuestro vocabulario popular contemporáneo y, generalmente, se usa para describir *cualquier cosa*. ¡Para describir todo! Desde canciones y arquitectura hasta platos de comida en restaurantes reconocidos. También es común ver el término usado como un sinónimo para *destrucción*[11] o *crítica*; por tanto, «deconstruir algo» sería simplemente dividirlo en sus partes, colocar por separado pieza por pieza.[12] Frecuentemente, la deconstrucción se

---

Philosophy (Nueva York: Fordham University Press, 2001), xii. Aunque Westphal estaba enfatizando el mal entendimiento del cristianismo como metanarrativa —lo cual vimos en el capítulo anterior— se puede rescatar el triste punto de que, en su anécdota, hay eruditos cristianos que no saben diferenciar entre el pensamiento de Derrida y Lyotard, y que, de hecho, —al menos el mencionado en la anécdota— opinó sobre Lyotard sin jamás haberlo leído. Esta práctica de criticar trabajos sin haberlos entendido o al menos leído previamente, lamentablemente se está haciendo muy común en algunos círculos en Latinoamérica.

9   Glendinning cree en esto segundo, véase, *Derrida: A Very Short Introduction*, 28.

10   El mismo Derrida relata una anécdota: «Un día, hace dos años, cuando estaba en Cambridge, un periodista tomó el micrófono y dijo: "¿Bueno, podría hablarme, en pocas palabras, sobre la deconstrucción?". A veces, por supuesto, debo confesarlo, no soy capaz de hacerlo. Pero a veces puede resultar útil tratar de expresarse en pocas palabras». Jacques Derrida y John D. Caputo, *La deconstrucción en una cáscara de nuez* (Buenos Aires: Prometeo Libros, 2009), 27.

11   Posiblemente se deba al uso ya mencionado de *Destruktion* [destrucción] por parte de Heidegger.

12   En la internet se pueden encontrar muchos ejemplos de esto. Véase, e.g., el canal de YouTube *ShaunTrack*, el cual se ha hecho popular por sus vídeos «Deconstruyendo a...» varios artistas

ha entendido como un vocablo negativo, pero Derrida no pretendía expresar una noción —al menos principalmente— negativa del mismo. Pero, ¿a esto se refería realmente Derrida cuando introdujo el término? Irónicamente, la idea de Derrida era una más positiva que negativa, una imagen más constructiva que destructiva.[13] Derrida proponía la deconstrucción como una especie de doble movimiento: de afirmación y anulación simultánea.

La deconstrucción es, en pocas palabras y tratando de lograr utilidad en esto según Derrida, una forma de análisis filosófico y literario. Este modo de análisis busca cuestionar las distinciones, u oposiciones conceptuales, fundamentales en la filosofía occidental, a través de un examen minucioso del lenguaje y la lógica de los textos filosóficos y literarios. La particularidad de este enfoque es que, a diferencia de la *Destruktion* de Heidegger, no tiene un punto final fijo o esperado, sino que es en realidad un proceso potencialmente infinito,[14] aunque es importante entender que esto no es simplemente una posición en favor de un juego libre textual ilimitado de interpretación. En otras palabras, la deconstrucción puede tal vez describirse mejor como una teoría de lectura que pretende socavar la lógica de la oposición dentro de los textos.[15]

---

musicales. Esta «deconstrucción» básicamente consiste en escuchar y analizar los instrumentos por separado de una canción.

13 Esta idea se desarrollará a continuación en la definición negativa de la deconstrucción.

14 Derrida originalmente usó la palabra deconstrucción en *De la gramatología* como una forma de traducir el término *Destruktion* de Heidegger. Sin embargo, la deconstrucción de Derrida puede distinguirse definitivamente de la de Heidegger. Heidegger introdujo la *Destruktion* para responder a la historicidad esencial del *Dasein*. El *Dasein* es aquel sobre cuya base se debe reimaginar la humanidad del ser humano. En otras palabras, Heidegger reinterpreta el ser de los seres humanos y lo denomina *Dasein* para distinguirlo de la interpretación tradicional, y su historicidad esencial es un reconocimiento de que el *Dasein* nunca tiene acceso inmediato a las esencias, sino que cuando y dondequiera que exista este acceso está inevitablemente mediado por la tradición. Es por esto que la *Destruktion* surge de la preocupación fundamental de Heidegger con la fenomenología, al mismo tiempo que desarrolla un proceso de exploración de las categorías y conceptos que la tradición ha impuesto a una palabra, y la historia detrás de ellos. La distinción de la deconstrucción de Derrida es el reconocimiento de que la *Destruktion* sólo puede llegar a un punto de parada arbitraria, condicionada por los accidentes de la transmisión histórica. Derrida creía que el tipo de perspicacia esencial que Heidegger buscó recapturar a través de la *Destruktion* es finalmente imposible, porque en el fondo de la historia encontramos un lenguaje y un pensamiento que todavía es arbitrario y contingente. Para un tratamiento directo sobre la *Destruktion*, véase Martin Heidegger, *Ser y tiempo* (Madrid: Trotta, 2018). Para obras de Derrida que dialoguen con la idea de Heidegger y arrojen luz a la distinción del uso del término por parte de los dos filósofos, véase Jacques Derrida, *Márgenes de la filosofía* (Madrid: Cátedra, 2006); Derrida, *Psyché: Invenciones del otro* (Buenos Aires: La Cebra, 2017); y, especialmente, Derrida, *Aporías* (Barcelona: Paidós Ibérica, 1998). Agradecemos al trabajo de Jonathan Basile por dar luz a una explicación breve de la *Destruktion*.

15 *A Dictionary of Cultural and Critical Theory*, s. v. «deconstruction».

A Dictionary of Cultural and Critical Theory continúa el punto en su entrada sobre la deconstrucción, diciendo:

> La deconstrucción no sólo examina los textos primarios de la cultura occidental, sino que también reflexiona sobre las lecturas e interpretaciones que han producido el estatus de estas obras dominantes. La deconstrucción es, por lo tanto, una reflexión sobre el acto de leer, examinando cómo se han producido las interpretaciones, y qué es lo que estas interpretaciones han marginado, presupuesto o ignorado. Las lecturas de Derrida requieren una atención meticulosa a la evidencia textual y a la contradicción lógica donde el movimiento de la escritura puede subvertir la búsqueda del intérprete de un significado unificado. Esta búsqueda de incoherencias y puntos de resistencia, marca la ruptura posestructuralista de Derrida con las metodologías unificadoras y sistematizadoras del estructuralismo teórico.[16]

El filósofo John D. Caputo —el principal exponente de las implicaciones de la deconstrucción para la religión— nos da una interesante definición de la deconstrucción diciendo que, el «significado y la misión misma de la deconstrucción es mostrar que las cosas (los textos, las instituciones, las tradiciones, las sociedades, las creencias, las prácticas de cualquier tipo y tamaño) no tienen significados definibles y misiones determinables, que siempre son más de lo que cualquier misión impondría, que exceden las fronteras que ocupan en la actualidad». Unas líneas después Caputo asegura que cuando «se encuentra con un límite, la deconstrucción ejerce presión sobre él... Uno podría incluso decir que la deconstrucción es romper cáscaras de nuez. En pocas palabras».[17] Caputo es bastante enfático en tratar de borrar la imagen negativa y destructiva que se le ha adjudicado a la deconstrucción, él dice «representan una idea inmerecidamente negativa de la deconstrucción, como si el objetivo de la deconstrucción fuera tan sólo apuntar contra nuestras más preciadas instituciones y hacerlas volar en mil pedazos, como si la deconstrucción no debiera distinguirse de la mera destrucción».[18]

---

16 *Ibíd.*
17 *La deconstrucción en una cáscara de nuez*, 44.
18 *Ibíd.*, 47. En particular, Caputo ha argumentado de manera persuasiva que la deconstrucción es malinterpretada cuando se coloca como opuesta a la religión. En este sentido, para Derrida,

Por lo compleja que es esta idea —lo que precisamente ha llevado a muchos a mal interpretar lo que realmente Derrida quería expresar— creemos que sería bastante útil ser apofáticos al momento de definir esta cuestión.[19] Por consiguiente, nos parece conveniente definir la deconstrucción en términos negativos, i.e. lo que la deconstrucción *no es*.

Como ya mencionamos unos párrafos atrás, la deconstrucción generalmente se ha vinculado con una noción esencialmente negativa, al punto de asociarla con el «fin de la filosofía».[20] Según Caputo, muchos «Identifican la deconstrucción con una actitud destructiva para con los textos y las tradiciones y la verdad, para con los nombres más honorables de la herencia filosófica. Creen —continúa el filósofo— que la deconstrucción es enemiga de los programas académicos y de las instituciones académicas, que es anti-institucional».[21]

Barbara Johnson da mucha claridad a lo que no es la deconstrucción cuando dice «La deconstrucción no es sinónimo de "destrucción" ... De hecho, está mucho más cerca del significado original de la propia palabra "análisis", que etimológicamente significa "deshacer", un sinónimo virtual de "de-construir" ... Si algo se destruye en una lectura deconstructiva, no es el texto, sino la pretensión de dominación inequívoca de un modo de significado sobre

---

la deconstrucción no es la destrucción de la religión, sino su reinvención. Para el abordaje de Caputo en este punto, véase especialmente, Derrida y Caputo, *La deconstrucción en una cáscara de nuez* (Buenos Aires: Prometeo Libros, 2009); y en inglés: *The Prayers and Tears of Jacques Derrida: Religion without Religion* (Bloomington: Indiana University Press, 1997); John D. Caputo, Mark Dooley y Michael J. Scanlon, ed., *Questioning God* (Bloomington: Indiana University Press, 2001); John D. Caputo y Michael J. Scanlon, ed., *Augustine and Postmodernism: Confessions and Circumfession* (Bloomington: Indiana University Press, 2005); John D. Caputo y Michael J. Scanlon, *Transcendence and Beyond: A Postmodern Inquiry* (Bloomington: Indiana University Press, 2007).

19 «Apofático» es un adjetivo del griego *apophēmi* que significa «negar». Es un término muy común dentro de la teología. De hecho, existe la «teología apofática» o «teología negativa», la cual intenta describir a Dios por medio de la negación, hablar de Dios sólo en términos absolutamente seguros y evitar lo que no se puede decir. Los Padres capadocios fueron las figuras más relevantes en el desarrollo de este tipo de teología. También los Tres Santos Jerarcas (i.e. San Basilio el Grande, San Gregorio el Teólogo y San Juan Crisóstomo) enfatizaron la importancia de la teología negativa para una comprensión ortodoxa de Dios. Más tarde Juan Damasceno y Máximo el Confesor también hicieron aportes y desarrollos. Para un desarrollo teológico profundo sobre este tema, véase Vladimir Lossky, *Teología mística de la Iglesia de Oriente* (Barcelona: Herder, 2009). Véase también Henny Fiska Hägg, *Clement of Alexandria and the Beginnings of Christian Apophaticism* (Oxford: Oxford University Press, 2006); Vladimir Lossky, *The Vision of God* (Yonkers, NY: St. Vladimir's Seminary Press, 2013).

20 Esta misma idea expresó Caputo en una mesa redonda en la que se encontraba el mismo Jacques Derrida, la cual está registrada en la ya citada obra *La deconstrucción en una cáscara de nuez*, 15.

21 *Ibíd.*

otro. Una lectura deconstructiva es una lectura que analiza la especificidad de la diferencia crítica de un texto con respecto a sí mismo».[22]

Glendinning nos dice que, en respuesta a la recepción que ve erróneamente a la deconstrucción como una destrucción radical de la herencia filosófica europea por parte de muchos, «el texto de Derrida comenzó a insistir más expresamente en que el trabajo de lectura que se estaba elaborando en nombre de la deconstrucción no implicaba un rechazo de la herencia».[23]

James K. A. Smith también afirma algo similar cuando nos dice que, «Para Derrida, la deconstrucción es en última instancia algo positivo y constructivo».[24] Por otro lado, Richard Kearney nos dice con mayor amplitud que «La deconstrucción no es una justificación para el mal. No es una apología de un relativismo "todo vale", como algunos de sus críticos sugieren incondicionalmente».[25] Similar es lo que comenta Christina Gschwandtner cuando nos dice: «La filosofía de la deconstrucción, asociada a Jacques Derrida, se lee a menudo como un relativismo total o como un deseo de destruir todas las creencias o compromisos. Esta es una grave malinterpretación, no sólo de Derrida, sino también en general de la filosofía posmoderna».[26] Entonces, ¿no es precisamente todo esto (i.e. destruir las instituciones, las jerarquías, la tradición, la religión, relativismo, etc.) lo que Derrida ha querido hacer con su idea de la deconstrucción?

No creemos que académicos prestigiosos como Caputo, Johnson, Glendinning, Smith, Kearney y Gschwandtner sean meros ciegos seguidores de las ideas de Derrida y, por tanto, hayan manipulado el concepto para proteger la figura del argelino, pues éste mismo se pronunció en muchas ocasiones sobre la idea misma de la deconstrucción. Para Derrida lo «denominado "deconstrucción"... nunca jamás se ha opuesto a las instituciones como tales, a la filosofía como tal, a la disciplina como tal», sino más bien la deconstrucción «implica el que seamos capaces de criticar, de transformar, de abrir la institución a su propio futuro».[27] Por muy sorprendente que parezca, el mismo Derrida se considera amante de «las instituciones y pasó mucho tiempo participando en

---

22   Barbara Johnson, *The Critical Difference: Essays in the Contemporary Rhetoric of Reading* (Baltimore: Johns Hopkins University Press, 1985), 5.

23   Glendinning, *Derrida: A Very Short Introduction*, 46.

24   Smith, *Who's Afraid of Postmodernism?*, 34.

25   Richard Kearney, «In Place of a Response», en *After God*, 386.

26   Christina M. Gschwandtner, *Postmodern Apologetics?: Arguments for God in Contemporary Philosophy*, Perspectives in Continental Philosophy (Nueva York: Fordham University Press, 2012), 10.

27   *La deconstrucción en una cáscara de nuez*, 16.

nuevas instituciones», y agrega que, a su vez trata «de desmantelar no las instituciones, sino algunas estructuras de instituciones dadas que son demasiado rígidas o dogmáticas o que constituyen un obstáculo para las investigaciones futuras».[28] Respondiendo a una excelente pregunta de Walter Brogan sobre la relación de la deconstrucción y la tarea de leer textos heredados de la tradición, Derrida afirma que la deconstrucción «está interesada en lo que se considera el gran canon (el estudio de las grandes obras de occidente) y abierta a su vez a nuevas obras, nuevos objetos, nuevos campos, nuevas culturas, nuevos lenguajes, y no veo la razón por la cual debamos elegir entre ambos».[29]

¿HAY ALGO FUERA DEL TEXTO?[30]

Derrida expresó una idea interesante —analizando el pensamiento de Jean-Jacques Rousseau— en su obra *De la gramatología*, idea que está incrustada en la deconstrucción misma, y esta es que «No hay fuera-del-texto» [*il n'y a pas de hors-texte*].[31] ¿Qué significa esto? ¿Cómo que no hay nada fuera del texto? En brevísimas palabras y de forma directa, podemos decir que, con esta idea, Derrida quería decir que el papel que juegan los textos o escritos es vital y central en la mediación de nuestra experiencia del mundo. Es decir, el lenguaje es el colador imprescindible a través del cual el mundo se nos presenta. De la misma manera en que necesitamos y dependemos de las instrucciones de una receta para hacer un exquisito y coherente plato culinario, de esa forma Derrida arguye que todos interpretamos nuestro mundo sobre la base del lenguaje.

Nuevamente, creemos necesario tomar en cuenta lo que esta afirmación de Derrida *no* significa, debido a que se ha popularizado una caricaturización de la misma lo que, probablemente a causa de esto, ha llevado a muchos —incluyendo a varios sectores del cristianismo, como lo han hecho con el posmodernismo— a satanizar tanto la idea misma como al pensador en su totalidad, lo que ha convertido a Derrida en una especie de demonio. En otras palabras, han lanzado el agua de la bañera con todo y bebé.

---

28   *Ibíd.*, 18–19.
29   *Ibíd.*, 22.
30   Toda esta sección hace eco de los planteamientos hechos por Smith en su capítulo sobre Jacques Derrida en *Who's Afraid of Postmodernism?*, 34–42. Para otro tratamiento sobre Derrida del mismo autor, véase: Smith, *The Devil Reads Derrida - and Other Essays on the University, the Church, Politics, and the Arts* (Grand Rapids, MI: Eerdmans, 2009).
31   Derrida, *De la gramatología* (Ciudad de México: Siglo XXI, 1978), 202.

Es muy común que alguien, al escuchar que no hay nada fuera del texto —sobre todo si tiene un tipo de razonamiento analítico—, crea que se está afirmado que no existe nada más que un libro cósmico. Si es cierto esto que afirma Derrida de que no hay nada fuera del texto, ¿no tendríamos solamente textos, o incluso no sería la existencia misma un texto, o parte de él? ¿No sería esto igual a decir que no existe ninguna otra cosa que no sean textos? ¿No sería esto una especie de idealismo lingüístico? La verdad es que precisamente muchos —entre ellos teólogos cristianos— han entendido a Derrida como un idealista lingüístico que piensa que lo único que existe es el lenguaje, solo textos. Y, por supuesto, como cristianos no debemos ser idealistas lingüísticos, y Smith nos da dos razones principales por las cuales no tenemos que comprometernos con dicha idea:

> Primero, si no hay nada fuera del texto, entonces un Creador transcendente que es diferente del, y anterior al, mundo no podría existir. En este sentido, el idealismo lingüístico implicaría ateísmo. Si Derrida es un idealista lingüístico, entonces la deconstrucción y la fe cristiana son mutuamente excluyentes. Segundo, si no hay nada fuera del texto, entonces parecería que lo que la Biblia (ciertamente un texto) habla —a lo que se refiere— no es real. Cuando la Biblia habla sobre la encarnación, o los efectos de la obra de Cristo... todas estas referencias no deben ser reales. Pero si estas afirmaciones no son reales... Entonces el cristianismo es, en el mejor de los casos, una ficción y, en el peor, una pérdida de tiempo. Por tanto, la conclusión común es que la afirmación de Derrida de que no hay nada fuera del texto es antitética con la confesión cristiana auténtica.[32]

Por tanto, es entendible que muchos teólogos rechacen a Derrida y sus ideas de deconstrucción, porque si esta conclusión citada por Smith (i.e. la afirmación «no hay nada fuera del texto» es antitética con la confesión cristiana auténtica) es verdadera, entonces, sin perder más tiempo, todos deberíamos seguir los pasos que han seguido aquellos que han concluido tal cosa. Pero, ¿es correcta tal conclusión? Al igual que Smith y otros,[33] tampoco nosotros

---

32   Smith, *Who's Afraid of Postmodernism?*, 35.

33   E.g. el erudito de la deconstrucción y del trabajo de Jacques Derrida, Christopher Norris, también reconoce que el comentario de Derrida «de que "no hay nada 'exterior' al texto" (*il n'y a pas de hors-texte*)» es «muy mal interpretado por muchos». Además, trae a mención un

creemos que sea cierta. De hecho, hay un problema con esta conclusión: *no se está entendiendo correctamente a Derrida*. En otras palabras, tal conclusión está fundamentada sobre una mala interpretación de lo que quería decir Derrida. El propio Derrida se pronunció ante esta acusación con respecto a su idea y enfatizó que no hay nada fuera del texto «no significa que todos los referentes se suspendan, se nieguen o se incluyan en un libro, como la gente ha afirmado, o ha sido lo suficientemente ingenua para creer y para acusarme de creer».[34]

Como mencionamos al principio de esta sección, Derrida estaba analizando a Rousseau cuando vino con esta provocativa afirmación. Es decir, de entrada, debemos notar que la frase «no hay nada fuera del texto» viene incrustada en una discusión sobre lectura e interpretación. Derrida estaba abordando un escrito por Rousseau llamado *Ensayo sobre el origen de las lenguas*,[35] donde el autor rastrea las relaciones entre las lenguas de los pueblos y sus raíces históricas. De manera breve y resumida, la idea de Rousseau es identificar las lenguas —o el lenguaje— como un obstáculo entre nosotros y el mundo. El lenguaje es algo que se interpone en nuestro camino de experimentar al mundo en sí mismo. En otras palabras, el lenguaje es como una lente distorsionada a través de la que vemos al mundo y, según Rousseau, si hay mediación (i.e. la lente) hay distorsión. Smith comenta inteligentemente que «para Rousseau, tan pronto son insertadas las lentes del lenguaje, tenemos que interpretar el mundo. Tan pronto hay mediación, hay interpretación».[36] Rousseau habla de «el estado de la Naturaleza», el cual se refiere a un supuesto estado del hombre con anterioridad a su vida en sociedad, estado en el que el hombre sería bueno y feliz, independiente y libre de mediación entre él y el mundo. En este «estado» no tenemos que *interpretar* las cosas, simplemente *sabemos* las cosas tal como realmente son. En resumen, el hecho mismo del lenguaje, de la interpretación de nuestro mundo, es en sí, para Rousseau, un estado *no* natural.

---

ejemplo en la figura de Jürgen Habermas, quien Norris cree que «ha leído de forma errónea la obra de Derrida y, lo que es peor, lo ha hecho de un modo que encaja demasiado bien con ideas muy comunes sobre la deconstrucción como una especie de irracionalismo nietzscheano reciente». Más adelante afirma «Me parece que Habermas se equivoca con respecto a Derrida». Christopher Norris, *¿Qué le ocurre a la postmodernidad?* (Madrid: Tecnos, 1998), 61, 73 y 77. La obra que Norris cita de Habermas es Jürgen Habermas, *El discurso filosófico de la modernidad* (Buenos Aires: Katz Editores, 2008).

34 Jacques Derrida, *Limited Inc* (Evanston: Northwestern University Press, 1988), 148.
35 Jean-Jacques Rousseau, *Ensayo sobre el origen de las lenguas* (Buenos Aires: Colihue, 2016).
36 Smith, *Who's Afraid of Postmodernism?*, 36.

Es en este contexto donde entra Derrida a actuar su papel en la obra teatral, y las primeras palabras que pronuncia de su línea son «oigan, creo que, en el fondo, y sobre todo por lo que entendemos por "leer", somos bastante rousseaunianos». Derrida entonces da una sacudida en la mente de muchos que piensan que no necesitamos interpretar porque podemos, de hecho, simplemente mirar el mundo y verlo *tal como es*. Creer esto es una completa ingenuidad, nos dice Derrida. Para Derrida, debemos ser cuidadosos de no caer en el error de creer que hay lecturas que no necesitan interpretación. El error reside en el simple hecho de no reconocer que, realmente nunca «traspasamos» los textos, no llegamos a una «realidad de interpretación» de un ideal reino de pureza (i.e. sin distorsión rousseauniana).

Derrida nos enseña que los textos, así como el lenguaje, no son cosas a las que llegamos a través de un mundo sin lenguaje o un «estado de la Naturaleza», en el cual la interpretación no es necesaria. Derrida dice que una interpretación «puede legítimamente transgredir el texto hacia otra cosa que él, hacia un referente... o hacia un significado fuera de texto cuyo contenido podría tener lugar, habría podido tener lugar fuera de la lengua, es decir, en el sentido que damos aquí a esta palabra, fuera de la escritura en general».[37] Por tanto, si leemos «la pelota está dentro de la caja» y entendemos lo que ello significa (es fácil imaginar una pelota dentro de una caja), no obstante, Derrida nos dice que, no hemos entrado al mundo de la interpretación pues la interpretación «no es una serie de aros a través de los cuales saltamos para eventualmente alcanzar una realidad de experiencia no mediada donde no tenemos que interpretar más. Más bien, la interpretación es una parte inescapable de ser humano y de experimentar el mundo».[38]

Christopher Norris nos explica que, con *il n'y a pas de hors-texte,* Derrida no pretende suscribir «la noción de que la verdad y la realidad son valores simulados, producto de un "libre juego" textual llevado al infinito, de manera que nada podría valer como una crítica efectiva de ideologías y sistemas de representación del pasado y del presente. Por el contrario... los escritos de Derrida siempre van dirigidos a localizar los puntos de tensión o momentos de autocontroversia en los que los textos se enfrentan a los límites ineluctables de su propio proyecto ideológico».[39]

---

37 Derrida, *De la gramatología*, 202.
38 Smith, *Who's Afraid of Postmodernism?*, 38.
39 Norris, *¿Qué le ocurre a la postmodernidad?*, 61–62. Véase también Christopher Norris, *Derrida* (Cambridge, MA: Harvard University Press, 1988). Véase también Norris, *Deconstruction: Theory and Practice* (Londres: Routledge, 2002).

Smith nos da puntuales resúmenes de lo que quería decir Derrida con su afirmación: (1) no podemos llegar más allá o detrás del texto hasta un referente que está fuera del lenguaje, (2) ésta no es una condición voluntaria donde podemos elegir el resultado, (3) tenemos acceso a su llamada existencia «real» únicamente en el texto.[40] Por esta última es que podemos decir, por ejemplo, que no hay Sócrates fuera del texto porque el único acceso que tenemos a Sócrates es a través de los textos de Platón o Aristófanes. En este sentido no habría ningún Sócrates fuera del texto. Smith continúa diciendo que,

> cuando Derrida afirma que no hay nada fuera del texto, él quiere decir que no hay realidad que no sea ya interpretada a través de la lente mediadora del lenguaje. La textualidad, para Derrida, está vinculada a la interpretación. Afirmar que no hay nada fuera del texto es lo mismo que decir que todo es un texto, lo que no significa que todo sea un libro, o que vivimos dentro de un libro gigante todo abarcador, sino más bien que todo debe ser interpretado para que pueda ser experimentado. Por esto él *no* es un idealista lingüístico que niega la existencia material... más bien, en la línea de Martin Heidegger... es lo que podríamos llamar... un completo hermenéutico que afirma la ubicuidad de la interpretación: toda nuestra experiencia es siempre una interpretación.[41]

En este sentido, si entendemos correctamente la idea de Derrida, podemos decir que, nuestro mundo es una especie de texto que requiere interpretación. Retomando el ejemplo anterior de la pelota dentro de la caja, aún en esa situación debemos interpretar la pelota como pelota y la caja como caja. Además de esto, esa interpretación va a estar fundamentada en distintas condiciones como el contexto en el que encontramos esa pelota: esa caja (y la pelota misma dentro de la caja), los sesgos que poseamos, el trasfondo o la historia pasada que tengamos, lo que se nos ha enseñado, las presuposiciones que sostengamos, por dar solo algunos ejemplos. En otras palabras, la interpretación posee un proceso y posee condiciones que no son ajenas a, sino más bien parte de, la interpretación misma. Finalmente, estamos de acuerdo con Smith cuando

---

40   Esta tercera es casi textualmente una cita de Derrida, que dice que no hay nada fuera del texto no «porque no tengamos acceso a su existencia llamada "real" más que en el texto ni tengamos ningún medio de obrar de otro modo, ni derecho alguno de desestimar esa limitación». Derrida, *De la gramatología*, 202–203.

41   Smith, *Who's Afraid of Postmodernism?*, 39.

afirma que dadas todas estas condiciones que están detrás de la interpretación, las cosas que experimentamos están sujetas a interpretación, y como tal, están sujetas a *diferentes* interpretaciones.[42]

En la película cómica *Bean, el nombre del desastre*[43] protagonizada por el inglés Rowan Atkitson, tenemos un ejemplo cercano a lo que estamos hablando. En una escena al principio de la película cuando Bean llega a Los Ángeles desde su tierra natal Inglaterra, es llevado en auto por el cuidador de una galería de arte, David Langley, quien hospedaría a Bean en su casa. En el transcurso de este viaje, del aeropuerto a la casa de Langley, Bean pasa el traslado tomando fotografías y saludando a todo aquel que vea por las calles. Lo interesante sucede cuando, al detenerse el auto frente a un semáforo, al lado del vehículo también se detiene un motociclista. Bean le toma una foto y le da una simpática aprobación levantando el dedo pulgar. Sin embargo, el motociclista de mal aspecto le devuelve el amigable gesto con la señal vulgar del dedo medio. Bean extrañado se muestra pensativo. Lo que sucede después nos da a entender que Bean interpretó la señal obscena como un saludo norteamericano, ya que en el resto del camino Bean «saludó» de esta manera al resto de personas que veía por el camino.

Quizás pensemos que Bean simplemente demostró una vez más ser un tonto. No obstante, si indagamos en la cultura inglesa, nos damos cuenta de algo particular. En Inglaterra el gesto obsceno hecho con el dedo medio —muy común en el continente americano, y otras partes del mundo— no es común, ya que los ingleses tienen su propio gesto equivalente, llamado *V sign*.[44] En términos simples, el «chiste» de la escena se centra básicamente en la interpretación que Bean le dio al gesto obsceno, la cual estuvo sujeta a su trasfondo inglés. Por supuesto, como notamos en las reacciones de la gente, el «saludo» de Bean es desconcertante para todos en Los Ángeles. Dados los sesgos, prejuicios, contextos, experiencias, presuposiciones, etc., todos ellos inmediatamente veían el gesto como un insulto. No obstante, para Bean no parecía serlo, porque debido a su sesgo, contexto, presuposiciones y experiencias diferentes, el gesto era interpretado como un saludo.

Con este ejemplo vemos que ninguna interpretación se hace desde el vacío. Todos traemos a la mesa un conjunto de supuestos previos que median y afectan considerablemente nuestra interpretación. En otras palabras, no hay

---

42 *Ibíd.*, 40.
43 *Bean, el nombre del desastre,* escrita por Richard Curtis y Robin Driscoll, y dirigida por Mel Smith (Londres: Working Title Films y Tiger Aspect Productions, 1997).
44 El origen histórico de esto es muy complejo y se aleja totalmente de nuestro trabajo.

observación que no esté cargada de teoría.[45] Creemos que la raíz del rechazo hostil a Derrida ha sido parte de una falla en entender la idea del filósofo. Pero también creemos que, analizando las posibles implicaciones de la idea de Derrida, tales implicaciones podrían desconcertar un poco a los cristianos. Podría pensarse que «no hay nada fuera del texto» suena bastante parecido a «todo es cuestión de interpretación». La causa de perplejidad es que muchos cristianos asumen que la afirmación de «todo es interpretación» es antitética a la fe cristiana. Porque, si todo es interpretación, entonces el evangelio es solo una interpretación y no una verdad objetiva. Pero, ¿es realmente de esta manera?

Todo el mundo habla una y otra vez de lo «objetivo». Es común escuchar constantemente dentro de la iglesia sobre la objetividad. No obstante, ¿qué es exactamente *objetividad*?[46] ¡Parece que nadie la define! Por ejemplo, el respetado teólogo D. A. Carson publicó en 2005 un libro[47] crítico contra el movimiento de la iglesia emergente.[48] En esta obra, Carson aborda el tema de la objetividad y arguye que rechazar las nociones modernas de verdad absoluta u «objetiva» es igual a rechazar la verdad por completo. No obstante, a pesar de esto, Carson en ningún momento define ni específica *qué es* la objetividad. En pocas palabras, defiende algo en su libro que no define o explica realmente.

En resumidas cuentas, Carson deja evidente en su obra que mezcla descuidadamente verdad con objetividad (i.e. solo podemos saber de manera verdadera si ese saber es de manera objetiva). Aunque Carson señala la finitud del conocimiento humano —lo cual es correcto— siempre resulta en la afirmación de un conocimiento objetivo, lo que nos lleva a entender a Carson como diciendo que, si una verdad es objetiva, entonces no es cuestión de interpretación. Esto nos hace volver a lo dicho unos párrafos atrás: si todo es interpretación, entonces eso mismo sería antitético al llamado supuestamente bíblico de que lo que es verdadero es objetivo.[49] No obstante, ¿*por qué algo interpretado no puede ser objetivo*? Creemos que no debe verse la interpretación como algo

---

45   Ya en la década de 1950 Norwood R. Hanson había propuesto la tesis de que todos los datos están cargados de teoría; véase, Norwood R. Hanson, *Patterns of Discovery: An Inquiry into the Conceptual Foundations of Science* (Cambridge: Cambridge University Press, 1958); véase también Thomas Kuhn, *La estructura de las revoluciones científicas* (Ciudad de México: Fondo de Cultura Económica, 2013).

46   Véase nuestro desarrollo en el capítulo 2.

47   D. A. Carson, *Becoming Conversant with the Emerging Church: Understanding a Movement and Its Implications* (Grand Rapids, MI: Zondervan, 2005).

48   Cabe enfatizar que, como señalamos en el capítulo 1, no somos adherentes a este movimiento.

49   Esta tesis la deja claramente plasmada Carson en su libro. Véase, Carson, *Becoming Conversant with the Emerging Church*, 105, 130 y 131.

opuesto a la verdad absoluta. No se debe sostener que porque algo sea una interpretación automáticamente esto debe estar en contra de lo objetivo o de la verdad en general. El problema más bien está en que hemos comprado ideas de objetividad y verdad absoluta que provienen del modernismo (y secularismo) y no de la creencia cristiana. Como asegura Merold Westphal, «cada vez que los cristianos cuentan el relato bíblico de tal manera que hacen de sus sistemas el depositario de la verdad absoluta... se vuelven más modernos que bíblicos».[50]

Nuestro punto aquí es que, si por *conocimiento* entendemos una *objetividad sin mediación* o un *acceso puro* a las cosas *tal como son* muy *à la* Rousseau, entonces es cierto que el evangelio es una interpretación y que no podemos saber que el evangelio es verdadero. Esto porque, junto con Carson, estamos también de acuerdo en lo que mencionamos unos párrafos atrás como la finitud de las criaturas y, por ende, la finitud de nuestro conocimiento como tales. Existe una noción posmoderna de igualar el conocimiento con la omnisciencia, la cual de hecho rechazamos porque precisamente la omnisciencia es incompatible con la finitud del ser, lo que al mismo tiempo lleva a una posición más escéptica con respecto al conocimiento. Tales versiones de posmodernismo —como afirma Smith— se mantienen ligadas a un criterio cartesiano para el conocimiento.[51]

Una pregunta debe ser levantada aquí: ¿una interpretación es, por naturaleza, falsa? Esta cuestión es traída a mención debido a que parece ser el entendimiento que muchos tienen y, de hecho, parece ser una de las presuposiciones principales —y bastante injustificada— que algunos teólogos cristianos tienen ante la idea de Derrida. Esta presuposición sobre la naturaleza de la interpretación y la noción de la verdad plantea que, si algo es una interpretación, no puede ser verdadero. O, dicho de otra manera, si algo es verdadero, debe ser objetivo, entendido esto último como libre de interpretación. Esta idea, evidentemente, está muy en línea con la idea de Rousseau —que precisamente Derrida está criticando— de que la interpretación es una especie de enfermedad de ser humano, la cual corrompe y distorsiona nuestra relación con el mundo. Sin embargo, creemos —y es lo que estamos argumentando— que una cosa no conlleva a la otra, esto es, el hecho de que algo sea una interpretación no significa que no sea verdadero. Smith nos da un ejemplo diciendo «Cuando contravengo esta cosa delante de mí como una taza y la uso para

---

50   Merold Westphal, *Overcoming Onto-Theology*, xvi. Véase el capítulo 3 del presente libro.
51   Véase Smith, *Who's Afraid of Postmodernism?*, 44n11.

beber mi café, aunque estoy interpretando la taza, también la estoy interpretando *bien*. Es cierto que la taza no existe como un hecho bruto, pero eso no significa que mi interpretación de la taza no sea buena o verdadera».[52]

Las mismas narrativas evangélicas del Nuevo Testamento nos hacen notar que el evangelio en sí mismo es una interpretación, lo que nos ayuda a apreciar la idea de Derrida, al mismo tiempo que nos muestra que la misma no es antitética a la fe cristiana. Podemos pensar en distintos personajes como el centurión que custodiaba a Jesús, los fariseos, el mismo apóstol Pablo, Santiago, o incluso Tomás; todos ellos interpretaron un mismo evento del primer siglo ocurrido en Jerusalén. Cada uno de estos personajes respondió a Jesús. Todos ellos, de manera particular, interpretaron los hechos que presenciaron. Obviamente, todas estas interpretaciones son diferentes. Como cristianos, tú y nosotros podríamos estar de acuerdo con la interpretación del centurión y decir con él «En verdad este era Hijo de Dios» (véase Mt. 27:54). De hecho, creemos que esa es la «verdad verdadera» sobre lo sucedido en Gólgota; no obstante, esto no minimiza ni socava el hecho de que ésta es una interpretación.

Por otro lado, podría apelarse a la idea de revelación: i.e. la afirmación del centurión fue producto de una revelación especial.[53] Sin embargo, esto no nos lleva a ningún lado. Creemos que incluso la provisión objetiva de una interpretación reveladora no garantiza que todos lean el evento de esta manera. Uno debe aceptar subjetivamente esta interpretación reveladora, que requiere fe, y tal fe requiere la obra del Espíritu Santo.[54] Sobre esto, nos parece brillante Westphal cuando asevera «Porque, así como no me vuelvo púrpura hablando de violetas, tampoco me vuelvo absoluto hablando de Dios. El carácter divino de la revelación no anula el carácter humano de mi intento de decir lo que significa».[55]

Otro punto relevante aquí —aunque ya lo hemos asomado líneas atrás— es que los que enloquecen ante la idea de que todo es interpretación, enloquecen debido a que mantienen —conscientemente o no— una noción modernista del conocimiento (i.e. algo es verdadero solo cuando es objetivo, solo cuando puede ser universalmente conocido por todas las personas, en todas las épocas, en todos los lugares, etc.). Esta noción ha llevado a muchos modernistas a pensar que la verdad del evangelio es objetivamente verdadera y, por lo

---

52 *Ibíd.*, 44.
53 Algunos podrían argumentar lo mismo con respecto a una revelación a través de la Biblia.
54 Véase Smith, *Who's Afraid of Postmodernism?*, 48.
55 Westphal, *Overcoming Onto-Theology*, 79.

tanto, racionalmente demostrable.[56] Por consiguiente, para estos modernistas decir que el evangelio es una interpretación, es lo mismo que decir que no es objetivamente verdadero.[57] Pero acá hay un grave problema. Esta noción modernista es muy problemática —como demostramos en el segundo capítulo— y, además, difícil de conciliar con la narrativa de los evangelios. ¿Por qué? Porque es sumamente claro que en el testimonio del Nuevo Testamento y en las narrativas evangélicas, no todos ven lo que ve, por ejemplo, el centurión. Obviamente, todos los testigos presenciales del evento de la crucifixión están ante realidades materiales, pero estos mismos eventos materiales son una especie de textos que necesitan ser interpretados. Por tal razón, el simple hecho de que el centurión y los fariseos hayan presenciado el mismo evento y, no obstante, visto algo completamente diferente, nos lleva al punto de Derrida que venimos comentando.[58]

Finalmente, hacemos eco —una vez más— al brillante análisis de Smith, y creemos que, si la condición de interpretación del evangelio sacude y trae desconcierto a nuestra confianza en su verdad, esto nos indica claramente que todavía estamos guiados por los deseos modernistas por la certeza objetiva. En otras palabras, todavía estamos hechizados por la idea de Descartes. O como Myron B. Penner afirma, parafraseando a Kevin J. Vanhoozer, estamos presos de ese deseo que caracteriza a la modernidad, un «deseo demoníaco por el conocimiento».[59] O, incluso, como lo expresa el Hieromonje Seraphim Rose, este deseo modernista de «[realismo] reduce lo sobrenatural a lo natural, lo

---

56   Esto es muy común en la apologética clásica, la cual ha tomado mucho auge en los últimos años. En Norteamérica se volvió muy popular como reacción al «Nuevo ateísmo» allá por el año 2006, muy vinculada (todavía) a la Universidad de Biola. En América Latina tuvo su crecimiento en la década anterior, principalmente a causa de las traducciones de artículos y el subtitulado de vídeos de los apologetas angloparlantes. Podríamos también hacer alusión a la apologética evidencialista a la que B. Ketih Putt se refiere como aquellos que «alegan que siguen un método puro de pensamiento y alcanzan la verdad objetiva desprovista de cualquier contaminante temporal o cultural». B. Ketih Putt, «The Benefit of the Doubt: Merold Westphal's Prophetic Philosophy of Religion», en *Gazing Through a Prism Darkly: Reflections on Merold Westphal's Hermeneutical Epistemology,* Perspectives in Continental Philosophy (Nueva York: Fordham University Press, 2009), 2.

57   Entiéndase aquí «objetivamente verdadero» en el sentido tradicional modernista, i.e. ser autoevidente o universalmente demostrable, como lo abordamos ya en el capítulo 2.

58   Este punto también puede desarrollarse a lo largo del Nuevo Testamento. Por ejemplo, Pablo nos deja bien en claro que el cristiano ve las cosas distintas al no cristiano. Los atributos de Dios son claramente visibles (véase Rom. 1:20), no obstante, no son vistos por los que están en oscuridad (véase Rom. 1:21), quienes interpretan el mundo de una manera distinta a la buena creación de Dios. Y sí, creemos que interpretar el mundo como creación de Dios es la verdadera interpretación, pero, de nuevo, esto no derriba el hecho de que sea una interpretación.

59   Myron B. Penner, «Introduction», en *Christianity and the Postmodern Turn*, ed. Myron B. Penner (Grand Rapids, MI: Brazos Press, 2005), 26.

Revelado a lo racional, la verdad a la objetividad».[60] No obstante, nuestra confianza en la verdad del evangelio no descansa sobre la objetividad —cabe señalar que «rechazar la presunción modernista desacreditada de objetividad plena no hace que uno sea relativista [moral]»[61]— sino más bien sobre poder de convicción del Espíritu Santo.[62]

En otras palabras, no creemos que la cuestión de interpretación sea antitética al cristianismo por oponerse a la objetividad o verdad absoluta. Más bien son los criterios modernistas y seculares de objetividad y verdad absoluta los que crean esta aparente incompatibilidad. Nuestro rechazo debe ser a estos estándares seculares en la medida en que estos dejen de lado cuestiones esenciales de la fe cristiana tales como la revelación de Dios y nuestra condición como criaturas finitas en la participación de esa revelación.

Saqueando los tesoros del posmodernismo

Gran parte de la teología hecha durante el siglo pasado (y posiblemente en los últimos cinco siglos) ha sido impulsada por el rankeanismo. Leopold von Ranke, el padre de la ciencia histórica, estableció que la historia, como una ciencia objetiva y robusta, debe escribir la historia como lo que real, verdadera y objetivamente sucedió (*wie es eigentlich gewesen*). Bajo esta visión, el historiador debe concentrarse en hacer investigación de archivos usando los métodos internos y externos de crítica para establecer la autenticidad, confiabilidad e importancia de los materiales examinados. Un buen historiador debe eliminar factores o supuestos personales para dejar que los documentos hablen por sí mismos.[63]

Una parte importante del posmodernismo se ha dedicado a señalar que el rankeanismo es algo imposible. Algo que queda claro de la exposición en las secciones anteriores es que siempre interpretamos todo desde supuestos previos. El posmodernismo ha puesto de manifiesto *el mito de la neutralidad*: como intérpretes nunca nos acercamos a textos como si fuéramos seres huma-

---

60 Seraphim Rose, *Nihilism: The Root of the Revolution of the Modern Age* (Platina, CA: St. Herman Press, 1994), 61.

61 Craig S. Keener, *Hermenéutica del Espíritu: Leyendo las Escrituras a la luz de Pentecostés* (Salem, OR: Publicaciones Kerigma, 2017), 388n31

62 Véase Smith, *Who's Afraid of Postmodernism?*, 51.

63 Para una crítica importante de esta manera de hacer historia, así como para una exposición clara de la importancia de un «realismo crítico» en la manera en que hacemos teología, véase N.T. Wright, *The New Testament and the People of God* (Minneapolis: Fortress Presss, 1996).

nos genéricos, como si nuestras historias, identidades y tradiciones particulares no importaran o no existieran.[64] Los historiadores —y teólogos— no sólo incorporan eventos en sus narrativas para interpretar y asignar significado; esas narrativas son en sí mismas moldeadas y formadas por los prejuicios de los historiadores.[65] Dado esto debemos articular nuestras propuestas e interpretaciones desde una postura cristiana sin apología.

En su libro *The Mystery of Christ* [El misterio de Cristo],[66] el teólogo ortodoxo y erudito británico John Behr, examina el cómo investigamos las Escrituras para encontrarnos con Cristo y así nos damos cuenta de que fuimos creados para este encuentro. Cabe señalar que, en esta obra, el Prof. Behr ataca vigorosamente este compromiso historicista *à la* von Ranke.

> Así, hablar de la «Encarnación», decir que el nacido de la Virgen es el Hijo de Dios, es una interpretación hecha sólo a la luz de la Pasión. Es una confesión sobre el Señor crucificado y exaltado, cuyo nacimiento se describe a continuación en términos extraídos del relato de su muerte (la correspondencia entre la tumba y el vientre que deleitó a los primeros cristianos y que se celebra en los textos litúrgicos y la iconografía); no es una afirmación neutra que pueda ser verificada por un testigo no involucrado como parte de una historia objetiva, un relato de las cosas «tal como sucedieron realmente», a la manera de la historiografía del siglo XIX. Aunque la imaginación popular sigue cautivada por la idea de «lo que realmente ocurrió», hoy en día se reconoce en general que no existe una historia no interpretada. El hecho de no apreciar la naturaleza confesional de las afirmaciones teológicas da a mucha teología moderna un carácter que sólo puede describirse como una extraña mezcla de metafísica y mitología.[67]

---

64 Véase Kevin J. Vanhoozer, «What is Everyday Theology: How and Why Christians Should Read Culture», en *Everyday Theology: How to Read Cultural Texts and Interpret Trends,* ed. Kevin J. Vanhoozer, Charles A. Anderson, y Michael J. Sleasman (Grand Rapids, MI: Baker Academic, 2007), 40.

65 Para un libro que expone este tema de manera extraordinaria, véase Seth Heringer, *Uniting History and Theology: A Theological Critique of the Historical Method* (Lanham, MD: Lexington/Fortress, 2018).

66 John Behr, *The Mystery of Christ* (Yonkers, NY: St. Vladimir's Seminary Press, 2006).

67 *Ibíd.*, 16.

Esta afirmación de la naturaleza confesional de la teología nos lleva necesariamente a tomar en serio las formas en que la Iglesia primitiva vivió su fe en el culto, la oración y la interpretación de las Escrituras. Behr continúa:

> Los discípulos no sólo llegaron a entender a Cristo a la luz de la Pasión. Más bien, sólo cuando se volvieron (o fueron llevados por el Cristo resucitado) a las Escrituras (es decir, a lo que ahora llamamos el «Antiguo Testamento») comenzaron a ver allí toda clase de referencias a Cristo, y específicamente a la necesidad de que él sufriera antes de entrar en su gloria (véase Lc. 24:27), que luego utilizaron en su proclamación de Cristo. En otras palabras, no las utilizaron como mera narrativa del pasado, sino más bien como un tesauro... para entrar en el misterio de Cristo, cuyo punto de partida es el acontecimiento histórico de la Pasión. En esto no es tanto la escritura haciéndosele exégesis, sino que es Cristo el que se interpreta recurriendo a las escrituras. No es que negaran que Dios había estado obrando en el pasado, pero su relato de esta «historia de salvación» se cuenta desde la perspectiva de su encuentro con el Señor resucitado, viéndolo como la disposición providencial de toda la economía, el plan de salvación, de tal manera que culmina en él.[68]

---

68 *Ibíd.*, 17. Relacionado a lo que comenta John Behr y a la visión del cristianismo ortodoxo, el profesor asociado de Nuevo Testamento y director del Instituto Bíblico de Belgrado, Predrag Dragutinović, concluye de manera interesante un artículo diciendo: «Ahora podemos volver a la pregunta: ¿Hay una exégesis ortodoxa? Mi respuesta sería no, no hay una exégesis ortodoxa (μέθοδος), sino que hay una hermenéutica ortodoxa, basada en un enfoque específico de los textos bíblicos... En primer lugar, este enfoque aprecia las interpretaciones del pasado, considerándolas como hermenéuticamente relevantes para las interpretaciones actuales. Seguir la línea hermenéutica de los Padres de la Iglesia significa hacer lo mismo en nuestro tiempo que ellos hicieron en su propio tiempo. En segundo lugar, este enfoque destaca una dimensión comunitaria de la interpretación de la Escritura. La interpretación debe ser reconocible y comprensible para la comunidad de creyentes y para la sociedad en general. El exégeta y su comunidad y sociedad deben hablar el mismo idioma. También deben estar preparados para escuchar algo nuevo de la Biblia y no siempre algo que ya saben. En tercer lugar, en un contexto de comunidad global, los exégetas ortodoxos tienen la tarea de comunicarse con los demás para enseñar algo a los demás y aprender algo de los demás». Predrag Dragutinović, «Is there Orthodox Exegesis? Engaging Contextual Hermenutics in Orthodox Biblical Studies», *Ortodoksia* 55 (2015): 28. Cabe mencionar acá también lo que comenta de manera crítica Frank P. Bestebreurtje, él dice «Para la Ortodoxia, la Biblia como Palabra de Dios es parte de la revelación, entretejida con Cristo como Logos, y desde esa perspectiva, la interpretación eclesial (tradición) también es parte de la revelación. Así, el texto, la interpretación y la realidad parecen no estar divididos. Pero como he tratado de mostrar, las concepciones modernas

Kevin Vanhoozer ha escrito lo que consideramos que es la obra más importante sobre una interpretación bíblica que dialoga con el posmodernismo desde una perspectiva conservadora.[69] De acuerdo con Vanhoozer, el posmodernismo nos ha ayudado a revelar el orgullo moderno de una objetividad y racionalidad exageradas. Esto, por supuesto, tiene implicaciones en la manera en que interpretamos la Biblia como lectores atentos. Las críticas posmodernas al modernismo nos permiten considerar el significado bíblico como *«algo que los autores hacen, en público, por medio de palabras*. Para ser precisos, los autores usan las convenciones lingüísticas para realizar una variedad de actos: prometer, narrar historias, cuestionar, lamentar, afirmar, entre otras».[70] Esto nos ayuda a hacer justicia a los diferentes géneros bíblicos e interpretarlos en sus propios términos y formas. La tesis de Vanhoozer es la de retener lo bueno de la teoría literaria posmoderna, y en especial de autores como Jacques Derrida y Paul Ricoeur. Para este teólogo conservador, de este diálogo con teorías literarias posmodernas se desprende una tesis fuerte y una aplicación humilde de la misma:

> La tesis fuerte es una propuesta sobre la importancia de los intérpretes en hacer justicia a lo que han hecho los autores. La aplicación humilde es mi reconocimiento de que, ningún individuo, e incluso denominación, puede encarnar exitosamente esta teoría por sí mismo, cuando se trata de hacer justicia a lo que los autores humanos y divinos están diciendo/haciendo en la Escritura. Se requiere toda una comunidad para hacer eso: la iglesia católica.[71]

---

específicas dentro de la Ortodoxia actual utilizan un concepto de interpretación derivado de esta distinción, mientras que al mismo tiempo apelan a la tradición ortodoxa... Aquí surge la necesidad de redefinir la hermenéutica no como una disciplina de interpretación de textos, sino de dar cuenta éticamente de la interpretación propia en relación con la historia, es decir, en relación con el pueblo en la historia... Una hermenéutica, entonces, que se da cuenta de que la interpretación del texto —de hecho, el texto mismo— es secundaria, podría llegar más lejos en la comprensión de lo que el texto trata y lo que no trata, pero, sobre todo, lo que la propia fe trata y no trata. Esto no pretende llevar al historiador o al exégeta a una posición irresoluble: más bien debería permitir a cada erudito reflexionar apropiadamente sobre su relación con el pasado, para evitar afirmaciones impropias hechas sobre supuestos significados del pasado, y para revelar opiniones infundadas en el presente». Frank P. Bestebreurtje, «Postmodern Orthodoxy? Text, Interpretation, and History in Orthodox Scholarship», en *Orthodox Paradoxes: Heterogeneities and Complexities in Contemporary Russian Orthodoxy*, ed. Katya Tolstaya (Leiden: Brill, 2014), 244–245.

69   Kevin J. Vanhoozer, *Is There a Meaning in This Text?: The Bible, the Reader, and the Morality of Literary Knowledge*. Décima edición (Grand Rapids, MI: Zondervan Academic, 2009).

70   *Ibíd.*, 5.

71   *Ibíd.*, 7.

Todo esto nos lleva a entender que nuestra interpretación debe estar siempre gobernada por Jesús y su testimonio visible a través de la Iglesia.[72] Stanley Hauerwas sostiene que tanto los enfoques liberales (histórico-críticos) y fundamentalistas (literalistas) de la erudición bíblica han corrompido nuestro uso de la Biblia. Hauerwas, por lo tanto, argumenta que la Biblia sólo puede ser entendida en medio de una comunidad disciplinada de personas, donde la historia es realmente vivida por practicantes dedicados. En esta obra,[73] Hauerwas correctamente observa que el texto de la Escritura no tiene sentido separado de una Iglesia que le dé sentido: no puede haber separación entre el intérprete y lo interpretado. Algo similar planteaba uno de los teólogos cristianos ortodoxos más influyentes de mediados del siglo XX, Georges Florovsky, quien decía que debemos comprometernos fielmente a la «antigua y tradicional visión sobre las fuentes de la doctrina cristiana», donde la Escritura es la «fuente adecuada». «Pero sólo en la medida en que es leída e interpretada en la Iglesia, que es la guardiana tanto de la Sagrada Escritura como de la *paradosis* apostólica total de la fe, el orden y la vida».[74]

---

72 Ireneo, en *Against the Heresies* 4.26.1, comenta:
Si alguien, por lo tanto, lee las Escrituras de esta manera, encontrará en ellas la Palabra relativa a Cristo, y un presagio de la nueva llamada. Porque Cristo es el «tesoro que estaba escondido en el campo» [Mt. 13:44], es decir, en este mundo —porque «el campo es el mundo» [Mt. 13:38]— [un tesoro] escondido en las Escrituras, pues fue indicado por medio de tipos y parábolas, que no podían ser entendidos por los hombres antes de la consumación de las cosas que habían sido predichas, es decir, el advenimiento del Señor. Por eso se le dijo al profeta Daniel: «Cierra las palabras y sella el libro hasta el tiempo de la consumación, hasta que muchos aprendan y abunde la ciencia. Porque cuando se cumpla la dispersión, sabrán todas estas cosas» [Dan. 12:4, 7]. Y Jeremías también dice: «En los últimos días entenderán estas cosas» [Jer. 23:20]. Porque toda profecía, antes de su cumplimiento, no es más que un enigma y una ambigüedad para los hombres; pero cuando el tiempo ha llegado, y la predicción se ha cumplido, entonces tiene una exposición exacta (ἐξήγησις). Y por esta razón, cuando en este momento la Ley es leída por los judíos, es como un mito, ya que no poseen la explicación (ἐξήγησις) de todas las cosas que pertenecen al advenimiento humano del Hijo de Dios; pero cuando es leída por los cristianos, es un tesoro, escondido en un campo, pero sacado a la luz por la cruz de Cristo, y explicado, tanto enriqueciendo el entendimiento de los hombres, como mostrando la sabiduría de Dios, y dando a conocer sus dispensas con respecto al hombre, y prefigurando el reino de Cristo, y predicando con anticipación la buena nueva de la herencia de la santa Jerusalén, y proclamando de antemano que el hombre que ama a Dios avanzará hasta ver a Dios, y escuchar su Palabra, y será glorificado, al oír su discurso, hasta tal punto que los demás no podrán contemplar su glorioso rostro [Cf. 2 Co. 3:7], como dijo Daniel: «Los entendidos resplandecerán como el resplandor del firmamento, y muchos de los justos como las estrellas, por los siglos de los siglos» [Dan. 12:3].

73 Stanley Hauerwas, *Unleashing the Scripture: Freeing the Bible from Captivity to America* (Nashville: Abingdon Press, 1993), 27.

74 Véase, Georges Florovsky, «Scripture and Tradition: An Orthodox Point of View» *Dialog* 2 (1963): 288–293.

Ahora, si tomamos lo que Behr, Vanhoozer, Hauerwas y Florovsky nos recuerdan, y lo juntamos a lo que hemos venido estudiando sobre la idea de Derrida, llegamos a la conclusión de que la idea posmoderna del francés nos hace recuperar la importancia de la comunidad eclesial como la guiada por el Espíritu en la interpretación de la Escritura. En otras palabras, si la interpretación está gobernada por el contexto y el papel de la «comunidad interpretativa»,[75] esto quiere decir que tanto el contexto del evento de Cristo Jesús y la vida en el Espíritu de la Iglesia son dos caras de la misma moneda.[76]

El filósofo Merold Westphal ha añadido al filósofo alemán Hans-Georg Gadamer a esta idea.[77] Westphal argumenta que la extensión hermenéutica de Heidegger por parte de Gadamer es tan radical como la de Derrida. En su obra, Westphal desafía la concepción que asume que podríamos tener una lectura «inmediata» de las Escrituras que no requiere o implica ninguna interpretación en absoluto. Es por ello que, el filósofo afirma, toda lectura ya es, de hecho, interpretativa y ocurre dentro de contextos parciales. Además, no debemos olvidar que no hay tal cosa como la comprensión sin presuposiciones o prejuicios. El intento de evitar la interpretación surge —como ya hemos señalado— del miedo al relativismo, pero al mismo tiempo se trata de ocultar el deseo de hacer absoluta la propia interpretación. Por tanto, y para aclarar que no estamos hablando de un relativismo subjetivista, Westphal afirma que la hermenéutica no es la posición de que todas las interpretaciones son igual-

---

75 Véase Stanley E. Fish, *Is There a Text in This Class? The Authority of Interpretive Communities* (Cambridge, MA: Harvard University Press, 1980), 147–174.

76 Esta manera de ver la relación entre la Tradición y el canon bíblico es compatible con una visión protestante. Creemos que el mejor ejemplo está representado en el trabajo de Kevin J. Vanhoozer. Para este teólogo evangélico, la iglesia con el poder del Espíritu es nada menos que la eficacia de la palabra canónica, comprendida y apropiada correctamente. Por tanto, tomar en cuenta la vital importancia de la Tradición cristiana no implica el abandono del protestantismo, como tampoco el abandono total del principio de Sola scriptura por parte del protestante. Para una exposición detallada de esta idea, desde una visión que defiende la legitimidad del principio de *Sola scriptura* de una manera no hostil a la Tradición, véase Kevin J. Vanhoozer, *El drama de la doctrina* (Salamanca: Ediciones Sígueme, 2010) caps. 5–6, y Vanhoozer, *Biblical Authority After Babel: Retrieving the Solas in the Spirit of Mere Protestant Christianity* (Grand Rapids: Brazos Press, 2016) cap. 3. Desde una visión del cristianismo ortodoxo, la prominente erudita del Nuevo Testamento Edith M. Humphrey argumenta que la Escritura y la Tradición no están en oposición, sino que están necesaria e inextricablemente entrelazadas, Por tanto, defiende la Tradición como un regalo de Dios a la Iglesia, mientras que trabaja —muy similar a la visión de Vanhoozer— para desmantelar los puntos de vista rígidos de la *Sola scriptura* preservando una alta visión de la autoridad de la Escritura. Véase Edith M. Humphrey, *Scripture and Tradition: What the Bible Really Says* (Grand Rapids, MI: Baker Academic, 2013).

77 Nos referimos a lo que se presenta en Merold Westphal, *Whose Community? Which Interpretation?: Philosophical Hermeneutics for the Church*, The Church and Postmodern Culture (Grand Rapids, MI: Baker Academic, 2009).

mente válidas y que no hay tal cosa como una interpretación errónea. Con esto, Westphal —y la filosofía posmoderna— nos recuerda la necesidad de humildad y el reconocimiento de que no conocemos a Dios absolutamente, y ciertamente no tenemos lo divino a nuestro completo alcance.[78] Tal vez por eso es que el autor reitera una y otra vez que «somos criaturas, no el Creador».[79]

Según Derrida, el mundo como texto está sujeto a interpretación, y la interpretación está moldeada por nuestros sesgos y nuestras presuposiciones. Estos sesgos y supuestos son moldeados directamente por la comunidad de práctica dentro de la que estemos inmersos. Esta idea de Derrida va totalmente en oposición a la idea individualista de la modernidad, como ya lo hemos señalado. Mientras que desde una visión moderna la interpretación se mantiene en un ámbito individual —recordemos que, en esta visión, el individuo es soberano, autónomo y capaz de trascenderlo todo con su razón absoluta, como desarrollamos en el capítulo 2—; desde una visión posmoderna, tomando en cuenta a Derrida, la interpretación va ligada completamente a la comunidad que le da sentido a lo interpretado. Este aislamiento individualista moderno, en contraste con la visión comunitaria posmoderna, se ve ejemplificado en la idea de la interpretación privada que sugiere o presupone que el significado de la Escritura está simple, llana y objetivamente ahí, esperando para ser tomado sin complicaciones. No obstante, esta perspectiva individualista moderna no

---

78 En otras palabras, Westphal destaca la perspicacia posmoderna fundamental que exige la humildad y el reconocimiento de nuestra identidad. Además, él destaca que no podemos alcanzar ningún tipo de Verdad absoluta; sin embargo, Westphal sostiene que esto no implica que no haya verdad (o que lo divino no pueda tener acceso a la Verdad). Westphal nos dice: «Me parece que los argumentos posmodernos se refieren a los límites de la comprensión humana y que apoyan la afirmación de que no tenemos acceso a la Verdad. Pero eso es diferente de la afirmación de que no hay Verdad, que sólo sería verdadero si no hubiera otro sujeto o sujetos capaces de la Verdad. Pero uno busca en vano un argumento, incluso un mal argumento, para la afirmación de que las condiciones para la comprensión humana son las condiciones para cualquier comprensión». Además, Westphal es enfático y claro que al «decir que no tenemos acceso a la Verdad, estoy afirmando que no la poseemos, que no la presidimos, que nuestro conocimiento no encarna los ideales de adecuación y correspondencia en términos de los cuales se ha definido tradicionalmente la Verdad. Pero esto no implica que la Verdad no tenga acceso a nosotros, o que debamos abandonar el intento de determinar la mejor manera de pensar sobre lo que hay». Westphal, *Overcoming Onto-Theology*, 86–87.

79 Westphal, *Whose Community? Which Interpretation?*, 66. En esta obra, y más especialmente en su *Overcoming Onto-Theology*, Westphal muestra que personas como Martin Heidegger, Hans-Georg Gadamer y Jacques Derrida no deben ser percibidas como una amenaza para la fe, sino que pueden proporcionar valiosas ideas para una «fe postmoderna».

tiene nada que ver con la idea de los primeros cristianos ni con la Iglesia por muchos siglos.[80]

Por esta razón, cuando saqueamos las ideas posmodernas y, en particular las ideas de Derrida, encontramos de hecho un tesoro que nos beneficia como Iglesia. Esta crítica posmoderna contra el individualismo con énfasis en la importancia de la comunidad, nos ayuda a retomar el interés y el amor por la centralidad del papel que tiene la comunidad no solamente para la interpretación bíblica sino también para que aprendamos a cómo ver y cómo actuar en el mundo. Para *interpretar* bien la Escritura y el mundo, no podemos simplemente desligarnos y cortar nuestro tallo de la comunidad (i.e. de la Iglesia).[81] Estamos de acuerdo con Smith en que al decir que «no hay nada fuera del Texto también implica que no hay una comprensión adecuada del Texto —y por ende del mundo— aparte de la comunidad de la iglesia gobernada por el Espíritu. El mismo Espíritu es tanto autor del texto como iluminador de la comunidad lectora».[82]

Por supuesto, esta idea no es realmente una novedad. Podríamos decir que es una visión cristiana premoderna. Es decir, la idea posmoderna de Derrida en realidad parece ser una llamada a la herencia cristiana antigua o premoderna. Un ejemplo que podríamos ver es el cristianismo ortodoxo de Oriente el cual, hasta el día de hoy, mantiene una visión bastante premoderna de interpretación, esto debido a que no vivió como tal y, por consiguiente, no se vio influenciada por la modernidad occidental y su filosofía.[83] Es por esto mismo

---

80   Una obra reciente sobre la importancia de interpretar la Biblia a la luz de la gran tradición cristiana es Craig A. Carter, *Interpreting Scripture with the Great Tradition: Recovering the Genius of Premodern Exegesis* (Grand Rapids: Baker Academic, 2018). La tesis de Carter es que la interpretación bíblica se distorsionó bajo la influencia de supuestos modernistas y que haríamos bien en recuperar una exegesis premoderna. Nosotros estamos de acuerdo con Carter en que el método histórico-crítico moderno distorsiona nuestra comprensión de la doctrina de Dios. Esa es precisamente parte de la tesis del presente trabajo. Cabe señalar que Carter pertenece a una tradición cristiana muy conservadora, por ello sería ingenuo acusarlo de sostener una posición liberal teológica solo por rechazar algunos supuestos modernistas.

81   Por supuesto, la Tradición y herencia cristiana es de suma y vital importancia en esto. Debemos estar informados y formados por la amplitud de esta comunidad que llamamos Iglesia.

82   Smith, *Who's Afraid of Postmodernism?*, 57.

83   El cristianismo oriental, a diferencia del occidental (i.e. catolicismo romano y protestantismo), no tuvo que transitar por el mismo sendero. El conocido teólogo ortodoxo serbio Radovan Bigović define claramente el camino histórico de la Iglesia ortodoxa diciendo que «hay que tener en cuenta que es principalmente por razones históricas que la Ortodoxia no participa orgánicamente en el fenómeno llamado modernidad. No ha saboreado del Renacimiento, de la Reforma o la Contrarreforma, de las guerras religiosas y la Ilustración, de la Revolución Francesa y la revolución industrial, del triunfo del individuo, de los derechos humanos y del estado-nación religiosamente neutral. Aquello que la modernidad reconoce como su interés básico parece haber permanecido fuera de la Ortodoxia, que, en consecuencia, se ha vuelto

que el destacado teólogo ortodoxo John Meyendorff decía que «La Iglesia Ortodoxa debe definirse a la vez como Tradición, fidelidad al pasado y como una respuesta adecuada al presente».[84] Georges Florovsky, hablando de la

sospechosa de la modernidad». Radovan Bigović, *Църквата в съвременния свят* (Sofía: Omofor, 2013), 214; cf. Radovan Bigović, «The Church and Postmodernism», *Саборност* 3 (2009): 177–183. Precisamente debido a esto es que, eruditos como el eminente filósofo y teólogo contemporáneo Christos Yannaras, puede decir cosas como que la Ortodoxia «nunca responde a las búsquedas metafísicas del hombre con teoría, ideología o recetas morales. Su esencia consiste en una realización concreta de los *lazos de comunión* (así como los lazos públicos) en una *comunidad sobornost* [comunidad espiritual de muchas personas que viven juntas] que transforma el modo de existencia del hombre: libera la existencia de las necesidades de la naturaleza mortal y la convierte en la libertad de un vínculo de relación». Christos Yannaras, *Кризата като предизвикателство* (Sofía: Лик, 2002), 178. Además, Yannaras señala en el mismo lugar que la actitud de la Ortodoxia hacia el Otro y la Alteridad es una ventaja que tiene sobre el cristianismo occidental. Por tanto, hay elementos significativos en acuerdo entre la Ortodoxia y el posmodernismo, ya que el énfasis en este problema (i.e. el Otro y la Alteridad) es una de las especificidades de la espiritualidad posmoderna, y concuerda con la actitud cristiana básica, especialmente, y, sobre todo, la de la Ortodoxia. El catedrático y profesor de teología en Fordham University, Aristóteles Papanikolaou, también señala la «cercanía entre el pensamiento posmoderno y la comprensión teológica ortodoxa contemporánea de la diferencia, la alteridad, la singularidad, la relacionalidad y el deseo». Aristóteles Papanikolaou, «Православие, постмодернизъм и икуменизъм», *Християнство и култура* 52 (2010): 74. No obstante, hay algunos académicos ortodoxos que han sido críticos de nociones nacionalistas (i.e. etnofiletismo) dentro del cristianismo ortodoxo, e.g., Radovan Bigović, Juan Zizioulas, Vigen Guroian. Por ejemplo, Guroian —quien fue profesor en el Loyola College en Baltimore y actual profesor de la Universidad de Virginia— comenta «Los cristianos ortodoxos, que se consideran totalmente tradicionales pero que están profundamente imbuidos de las nociones modernas de nacionalismo, mezclan la identidad étnica con la personalidad de Dios y suplantan la esperanza escatológica del reino de Dios con sueños seculares de nación». Vigen Guroian, *Incarnate Love: Essays in Orthodox Ethics*, 2da ed. (Notre Dame: University of Notre Dame Press, 2002), 56. Guroian, de manera brillante, también menciona las consecuencias de estas nociones en la tradición protestante y católica romana. Guroian acusa al fundamentalismo protestante de afirmar «que las familias de clase media tradicionales y sus valores morales inequívocamente reflejan o encarnan la enseñanza de la Biblia». También acusa a los protestantes liberales de a menudo asumir «rápidamente una correlación entre los estándares de libertad e igualdad del liberalismo y la esencia de la fe bíblica». Por otro lado, acusa a los liberacionistas católicos romanos de afirmar «que la teoría y el análisis marxista son compatibles con el mensaje redentor de las Escrituras. En este caso, la escatología cristiana se aplana al ser leída en procesos económicos y políticos, mientras que se hacen afirmaciones erróneas de que el pueblo de Dios nace a través de prácticas revolucionarias». Todo esto, concluye Guroian, hace que la santidad ya no sea presentada en el corazón de la existencia humana o como el horizonte del destino humano». *Ibíd.* Agradecemos al profesor Papanikolaou por sus excelentes recomendaciones en bibliografías sobre la temática.

84 John Meyendorff, «Православното богословие в съвременния свят», *Духовна култура* 1 (1991): 17. Similar a Meyendorff, aunque no completamente igual, el obispo metropolitano Juan Zizioulas ha abogado más por una interpretación de los textos sagrados que toma en cuenta el presente, no obstante, desde una perspectiva más existencial. Zizioulas comenta: «La fuerza de la Ortodoxia no está en ningún poder secular. Está en su Tradición, tanto dogmática como litúrgicamente, pero sólo con la condición de que esta Tradición sea interpretada de manera que sea relevante para las necesidades existenciales de la humanidad. Ya no es suficiente con preservar nuestra Tradición. Nuestros antepasados lo hicieron muy bien. No debemos hacer de

Tradición como entidad viva, decía: «Para poder aceptar y entender la Tradición nos hace falta *vivir dentro*.[85] En otro lado, Florovsky dice: «La Tradición es la auténtica guía de interpretación, proporcionando el contexto y la perspectiva en la que la Escritura revela su genuino mensaje... La Tradición por sí sola permite a la Iglesia ir más allá de la letra a la misma Palabra de Vida»[86] Lo mismo está en consonancia con lo que expresa Kallistos Ware cuando dice que la Tradición «no es algo que se guarda en la Iglesia: es una cosa que se vive en la Iglesia, es la vida del Espíritu Santo *en* la Iglesia».[87]

En otras palabras, la interpretación se da *dentro* de la comunidad eclesial. No es que un individuo autónomo —sea quien sea— por medio de la razón y metodologías modernas pueda sin sesgos y sin presuposiciones llegar a la realidad de las cosas *tal como son* del Texto.[88] Más bien, es en la comunidad

---

la Ortodoxia una religión exótica, como tantos cristianos occidentales la abordan. Debemos participar en su interpretación a la luz de las preocupaciones existenciales básicas de hoy y de mañana». Saint John of Damascus Institute of Theology, «The Orthodox Church and the Third Millennium», The University of Balamand, http://theology.balamand.edu.lb/index.php/local-events/738-zizioulaslecture. Con esto, Zizioulas nos dice que el hecho de que la tarea principal de la Ortodoxia sea preservar la tradición intacta, no significa que deba ser preservada como una reliquia arqueológica. Al contrario, para que los dogmas «vivan», deben ser interpretados bajo una luz existencial.

85 Georges Florovsky, *Bible, Church, Tradition: An Eastern Orthodox View, Collected Works of Georges Florovsky*, vol. 1 (Belmont, MA: Nordland Publishing Company, 1972), 46–47. Énfasis añadido.

86 Georges Florovsky, «Scripture and Tradition: An Orthodox Point of View» *Dialog* 2 (1963): 288–293.

87 Kallistos Ware, *La Iglesia Ortodoxa* (Buenos Aires: Editorial Angela, 2006), 179. El tema sobre la naturaleza de la «Tradición» cristiana, así como un abordaje profundo y serio sobre su papel en las distintas corrientes del cristianismo y todos los aspectos que vienen implicados en el tema, se escapa del objetivo del presente trabajo. Lo que sí es digno de aclarar es que no es lo mismo «Tradición» que «tradicionalismo» o «Santa Tradición» que «tradiciones de hombres». Jaroslav Pelikan, haciendo esta diferencia, muy bien nos dice «La Tradición es la fe viva de los muertos; el tradicionalismo es la fe muerta de los vivos». Para estudios detallados y académicos sobre el tema desde distintos enfoques véase, Jaroslav Pelikan, *The Vindication of Tradition*, The 1983 Jefferson Lecture in the Humanities (New Haven, CT: Yale University Press, 1986); Jaroslav Pelikan, *Historia de la Biblia* (Barcelona: Editorial Kairós, 2009); Edith M. Humphrey, *Scripture and Tradition: What the Bible Really Says* (Grand Rapids, MI: Baker Academic, 2013); Georges Florovsky, *Bible, Church, Tradition: An Eastern Orthodox View*, Collected Works of Georges Florovsky, vol. 1 (Belmont, MA: Nordland Publishing Company, 1972); John Breck, *Scripture in Tradition: the Bible and its Interpretation in the Orthodox Church* (Crestwood, NY: St Vladimir's Seminary Press, 2001). James S. Cutsinger, ed., *Reclaiming the Great Tradition: Evangelicals, Catholics & Orthodox in Dialogue* (Downers Grove, IL: Intervarsity Press, 1997); Kevin J. Vanhoozer, *El drama de la doctrina: Una perspectiva canónico-lingüística de la teología cristiana* (Salamanca: Ediciones Sígueme, 2010); John Webster, *Holy Scripture: A Dogmatic Sketch* (Cambridge: Cambridge University Press, 2003); Heiko Oberman, *Forerunners of the Reformation* (Londres: Lutterworth, 1967); José Antonio Alcáin, *La tradición* (Bilbao: Universidad de Deusto, 2010).

88 Con esto no queremos decir que una persona individual no sea capaz de interpretar la Biblia en lo

cristiana viva que el Texto se hace vivo por medio de la obra del Espíritu vivo, que habita en la comunidad de creyentes. Todo es cuestión de interpretación, y nuestra interpretación debe estar, y de hecho está, sesgada, no por nociones modernistas de objetividad absoluta, sino más bien por el evento de Cristo y está también necesariamente vinculado a la comunidad cristiana. Quizás deberíamos paradójicamente, como dice Behr, reapropiarnos de una perspectiva premoderna de una manera posmoderna cautelosa.[89]

---

absoluto. Lo que estamos diciendo es que esa capacidad para interpretar depende totalmente de la comunidad de fe en la que esté inmerso el individuo porque no existen individuos autónomos. Es la comunidad la que le da sentido a la interpretación del individuo. En otras palabras, la comunidad precede al individuo en la interpretación bíblica. Toda interpretación individual está mediada por la comunidad.

89 Véase John Behr, *The Mystery of Christ,* 19. Aunque Frank P. Bestebreurtje no está muy convencido de esta idea de Behr cuando dice que, la perspectiva «premoderna y posmoderna se excluyen entre sí epistemológicamente, y eso significa también existencialmente», al mismo tiempo reconoce que uno «puede imaginar aspectos "premodernos" en la posmodernidad y viceversa». Es en este sentido al que nos referimos, debido a que no estamos haciendo un nexo epistemológico y completo entre ellas. Frank P. Bestebreurtje, «Postmodern Orthodoxy? Text, Interpretation, and History in Orthodox Scholarship», en *Orthodox Paradoxes: Heterogeneities and Complexities in Contemporary Russian Orthodoxy*, Brill's Series in Church History, Vol. 66 (Leiden: Brill, 2014), 235.

5

FOUCAULT:

SOMOS SERES DE HÁBITOS Y PRÁCTICAS

LLEGAMOS AL TERCER y, posiblemente, más complicado pensador posmoderno. Cuando decimos «complicado», nos referimos a que este filósofo es con el que menos tenemos cosas en común y, al mismo tiempo, el pensador con ideas más hostiles a la religión cristiana de los que hemos mencionado —y mencionaremos— en este libro. Además, nuestro abordaje del mismo será breve y la metodología para acercarnos a su pensamiento será distinta a como lo hicimos con los otros pensadores.

Creemos que Michel Foucault es la figura más difícil de vincular con nuestra fe en Cristo. Al mismo tiempo, como autores de esta obra, dejamos claro que Foucault es un pensador tan amplio y versátil,[1] así como opuesto e incompatible con el cristianismo. No obstante, nuestra misión en este capítulo será repasar algunas cosas particulares de su pensamiento, y tomar cierto beneficio de algunos puntos que nos pueden servir de él para nuestra vida en Cristo Jesús.

MICHEL FOUCAULT

Es mucho lo que podemos decir de Michel Foucault, sin embargo, comenzaremos diciendo que fue un filósofo e historiador francés nacido en

---

1   Foucault ha tenido una fuerte influencia no sólo en la filosofía, sino también en una amplia gama de disciplinas científicas humanísticas y sociales.

Poitiers, el 15 de octubre de 1926, y víctima del SIDA, murió en París el 25 de junio de 1984.

Como menciona la editorial de la Universidad de Oxford en una introducción al filósofo,[2] Foucault fue uno de esos raros filósofos que se convirtió en una figura de culto. Desde la estética hasta el sistema penal, desde la locura y la civilización hasta la literatura *avant-garde*, Foucault se alegró de rechazar los viejos modelos de pensamiento y los reemplazó por versiones que aún hoy son ampliamente debatidas. Sus escritos pasan por la arquitectura, la historia, el derecho, la medicina, la literatura, la política y, por supuesto, la filosofía.

Foucault es generalmente asociado con los movimientos estructuralistas y posestructuralistas.[3] Se sabe que siempre fue un estudiante brillante, y creció en un entorno intelectual y culto. Figuras como Maurice Merleau-Ponty, a cuyas conferencias asistió, y Martin Heidegger fueron particularmente importantes en la formación de su pensamiento. Además, otras figuras como Hegel y Marx también fueron de impacto en la mente de Foucault. Es común escuchar que, no es una sorpresa el hecho de que sus primeras obras hayan sido escritas desde influencias existencialistas y marxistas, aunque rápidamente se alejaría de ambas. Foucault logró un establecimiento académico durante los años sesenta, época en la cual ocupó varios cargos en universidades en Francia. Posteriormente, fue elegido en 1969 para el prestigioso Collège de France, donde fue profesor de Historia de los Sistemas de Pensamiento hasta su muerte.

Evidentemente, así como los tópicos en los que Foucault se aventuró son muy variados, es igual de variada la literatura que produjo. Entre sus obras más importantes y relevantes se encuentran: Folie et déraison. *Histoire de la folie à l'âge classique*,[4] la cual es básicamente un estudio del surgimiento del concepto moderno de «enfermedad mental». En resumen, Foucault propuso en su obra que lo que se presentó como un descubrimiento científico objetivo

---

2   Gary Gutting, *Foucault: A Very Short Introduction*, Very Short Introductions (Oxford: Oxford University Press, 2005.

3   Aunque podría aplicarse a otras áreas, en lingüística estructuralismo se refiere a cualquiera de las varias escuelas del siglo XX que estuviera comprometida con el principio estructuralista de que un idioma es una estructura relacional autónoma, cuyos elementos derivan su existencia y su valor de su distribución y sus oposiciones en los textos o el discurso. Por otro lado, el posestructuralismo se refiere al movimiento de la crítica literaria y la filosofía que comenzó en Francia a finales de la década de 1960, que en esencia respondía e iba más allá de las ideas del estructuralismo.

4   Michel Foucault, *Historia de la locura en la época clásica* (Barcelona: Fondo de Cultura Económica de España, 2006).

e incontrovertible (i.e. que la locura es una enfermedad mental) era, de hecho, el producto de compromisos sociales y éticos muy cuestionables.

La obra que logró que la figura de este filósofo fuera conocida fue *Les mots et les choses*,[5] un libro donde Foucault concluye que entre esas dos regiones tan distantes (i.e. las palabras y las cosas) existe un quiebre, un vacío, un confuso dominio, y que, es por la naturaleza de ese desencuentro que las certezas y verdades supuestamente permanentes van cambiando a lo largo de la historia.

Otra obra importante es el famoso e interesante *Surveiller et Punir: Naissance de la prison*,[6] donde el filósofo reflexiona sobre el sistema penal moderno y se pregunta de dónde proviene la extraña práctica de encerrar para corregir, la cual figura en los códigos penales de la época moderna. Su siguiente obra se proyectó originalmente como una extensión directa del enfoque genealógico de *Vigilar y castigar* al tema de la sexualidad, así surge *L'Histoire de la sexualité*,[7] obra que se centra en las condiciones bajo las que se formaron los saberes, los sistemas de poder y los sujetos de la sexualidad. La otra obra que también cabe mencionar es *La hermenéutica del sujeto*,[8] la cual es una cátedra en donde el filósofo trató de mostrar las técnicas, los procedimientos y los fines históricos con los que un sujeto ético se constituye en una relación determinada consigo mismo.

Son muchos más los títulos que podríamos mencionar, no obstante, los que hemos enlistado son suficientes para nuestros propósitos.

EL PODER ES CONOCIMIENTO

Scientia potentia est es una frase generalmente atribuida a Francis Bacon, aunque no aparece realmente en ninguna de sus obras y, de hecho, parece ser encontrada más bien en el *Leviatán* de Thomas Hobbes.[9] Se ha hecho muy popular —hasta nuestros días— decir que «el conocimiento es poder». Desde conversaciones entre amigos, chats virtuales, hasta clases universitarias o discursos políticos, se hace referencia a esta máxima sobre la relación

---

5   Foucault, *Las palabras y las cosas: Una arqueología de las ciencias humanas* (Madrid: Siglo XXI Editores, 2008).

6   Foucault, *Vigilar y castigar: Nacimiento de la prisión* (Madrid: Siglo XXI Editores, 2018).

7   Foucault, *Historia de la sexualidad* (Madrid: Siglo XXI Editores, 2019).

8   Foucault, *La hermenéutica del sujeto: Curso en el Collége de France (1981-1982)* (Buenos Aires: Fondo de Cultura Económica, 2009).

9   Thomas Hobbes, *Leviatán o la materia, forma y poder de una república eclesiástica y civil* (Barcelona: Ediciones Deusto, 2018), Primera Parte, capítulo X, 68–75.

entre conocimiento y poder. No obstante, Foucault nos regala un axioma contrastante: el poder es conocimiento.[10]

La investigación de Foucault en su ya mencionada obra *Vigilar y castigar*, se ha convertido, posiblemente, en uno de los pilares literarios posmodernos con respecto a cuestiones como la disciplina, y la existencia de esta misma en sistemas penitenciarios. En este trabajo Foucault desarrolla un interesantísimo relato sobre las cárceles, lo cual —al mismo tiempo— nos dice mucho sobre otras instituciones como los hospitales, fábricas, asilos, instituciones psiquiátricas, las escuelas, etcétera. En *Vigilar y castigar*, Foucault nos dice que, en el siglo XIX el castigo físico fue abandonado, y la condena social comenzó a regirse por el encierro del cuerpo, lo cual produjo la aparición de las prisiones. El proceso de este cambio es lo que Foucault analiza. En una prisión, el condenado es encerrado, vigilado y controlado. Este tipo de sistema es lo que —según Foucault— también vemos reflejado en otras instituciones sociales como las mencionadas anteriormente. Así, son los niños y jóvenes, los trabajadores, los enfermos mentales, los ancianos, los que ahora se encuentran bajo esta vigilancia y control. En resumen, podemos decir que la tesis de *Vigilar y castigar* es que las técnicas disciplinarias introducidas para los delincuentes se convierten en el modelo para otros sitios modernos de control, de modo que, la disciplina carcelaria impregna toda la sociedad moderna. Por tanto, «este poder de castigar no es esencialmente diferente del de curar o de educar».[11] A toda esta idea Foucault la llama «sociedad disciplinaria».

Nuestro desarrollo en este capítulo será sobre algunas de las ideas que podemos rescatar de *Vigilar y castigar*, obra que, creemos, muestra muy bien cómo la sociedad misma se ve reflejada en los sistemas penitenciarios; en otras palabras, la cárcel es en realidad una especie de microcosmos de la sociedad misma.[12] Así, entonces, la sociedad misma aparece como una multitud de otros dominados: no sólo criminales sino también estudiantes, pacientes, trabajadores de fábricas, soldados, compradores, y la lista podría no detenerse. Cada uno de nosotros podríamos ser —o somos— el sujeto del poder moderno. Como afirma Gutting sobre la idea de Foucault: «En consecuencia, no hay un centro de poder único, ningún "nosotros" privilegiado contra el que se defina un "ellos" marginado. El poder está disperso en toda la sociedad, en

---

10   Cabe aclarar aquí que, con esto, Foucault no está diciendo que el conocimiento sea algo idéntico al poder; más bien, él se refiere a una relación muy cercana entre estas dos cosas.

11   Foucault, *Vigilar y castigar* (Madrid: Siglo XXI Editores, 2002), 309.

12   Véase James K. A. Smith, *Who's Afraid of Postmodernism?* (Grand Rapids, MI: Baker Academic, 2006), 85.

una multitud de microcentros. Esta dispersión corresponde al hecho de que no hay teleología (ninguna clase dominante o proceso histórico mundial) detrás del desarrollo. El poder moderno es el resultado casual, a la manera de la genealogía, de numerosas causas pequeñas y no coordinadas».[13]

El mismo Foucault nos deja claro que, en realidad, el poder no lleva a la locura, sino más bien a algo completamente opuesto. El francés nos dice: «Quizás haya que renunciar a creer que el poder vuelve loco, y que, en cambio, la renunciación al poder es una de las condiciones con las cuales se puede llegar a sabio. Hay que admitir más bien que el poder produce saber (y no simplemente favoreciéndolo porque lo sirva o aplicándolo porque sea útil); que poder y saber se implican directamente el uno al otro; que no existe relación de poder sin constitución correlativa de un campo de saber, ni de saber que no suponga y no constituya al mismo tiempo unas relaciones de poder».[14] Seguidamente, el filósofo nos habla de este vínculo intrínseco entre las relaciones de poder-saber. Nos dice:

> Estas relaciones de «poder-saber» no se pueden analizar a partir de un sujeto de conocimiento que sería libre o no en relación con el sistema del poder; sino que hay que considerar, por lo contrario, que el sujeto que conoce, los objetos que conoce y las modalidades de conocimiento son otros tantos efectos de esas implicaciones fundamentales del poder-saber y de sus trasformaciones históricas. En suma, no es la actividad del sujeto de conocimiento lo que produciría un saber, útil o reacio al poder, sino que el poder-saber, los procesos y las luchas que lo atraviesan y que lo constituyen, son los que determinan las formas, así como también los dominios posibles del conocimiento.[15]

Foucault, desde su metodología «genealógica» o «arqueológica»,[16] nos lleva a la idea de que el conocimiento no es *neutralmente determinado*, sino que lo que entendemos por conocimiento está constituido *dentro* de «redes» de

---

13 Gary Gutting, *Foucault: A Very Short Introduction* (Oxford: Oxford University Press, 2005), 87.

14 Foucault, *Vigilar y castigar*, 34.

15 *Ibíd.*, 34–35.

16 Foucault identifica su método como «genealógico» o «arqueológico». En esto, está siguiendo a Nietzsche. Para un abordaje detallado por parte del mismo Foucault sobre esta metodología suya, véase, Foucault, «Nietzsche, Genealogy, History», en *Language, Counter-Memory, Practice,* ed. Donald F. Bouchard (Ithaca, NY: Cornell University Press, 1977).

poder social, político y económico. En otras palabras, no hay conocimiento que caiga por arte de magia en nuestras mentes. No existe un conocimiento que sea puro y sin manchas que llegue a nuestro cerebro.

En *La genealogía de la moral*,[17] Nietzsche habla un poco de que «bueno» y «malo» son solo nombres que le asignamos a los intereses de poder. Por tanto, y siguiendo la línea de pensamiento anterior, cuando Foucault se refiere a que el poder es conocimiento, está hablando de estas relaciones de poder que están en la base de los ideales. El filósofo cree que todo es una especie de juego de dominaciones interminable; es decir, la historia del ser humano no es la supuesta idea de progreso constante típica de la Ilustración, sino que, más bien, es una división de unos grupos luchando contra otros, i.e. de una dominación a otra dominación.[18]

Por supuesto, no somos ignorantes de la dificultad que existe al momento de interpretar a algún autor. Además, somos completamente conscientes de lo difícil que es interpretar a Foucault, no solo por el hecho en sí mismo de interpretar las ideas de otros, sino, más todavía, cuando este pensador cambia de pensamiento o sus propuestas son ambiguas, entre muchos otros obstáculos. Smith nos recuerda que, incluso los estudiosos de Foucault reconocen esto mismo. «¿Es una especie de moderno, un pensador comprometido con la autonomía y libertad del individuo? ¿Es un marxista protestando contra el abuso de poder y las estructuras opresoras de la sociedad? ¿Es un liberal clásico de closet que lanza golpes contra cualquier cosa que pudiera restringir la libertad y autonomía del individuo?».[19] El filósofo canadiense, después de hablar de un «Foucault nietzscheniano» y un «Foucault liberal o de la Ilustración» concluye que, para él, la mejor manera de ver a Foucault es como una especie de «liberal de closet».[20]

Cuando Smith habla de Foucault como un «liberal» o un pensador de «la Ilustración», se refiere a que la manera más beneficiosa de leer al filósofo francés es viéndolo como trabajando desde una tradición moderna, la cual obviamente incluye a, e.g., Immanuel Kant y Karl Marx. Esto (i.e. Foucault como una especie de pensador de la Ilustración) no es realmente una sorpresa, ya que él mismo lo reconoce, trabajando en una tradición crítica enraizada en

---

17   Friedrich Nietzsche, *La genealogía de la moral* (Madrid: Alianza Editorial, 2011).
18   Véase Foucault, «Nietzsche, Genealogy, History», en *Language, Counter-Memory, Practice*, 150.
19   Smith, *Who's Afraid of Postmodernism*, 96.
20   *Ibíd.*, 97. Para una obra de Foucault en la que se vea esta conclusión de Smith, véase, Foucault, *The Politics of Truth* (Londres: MIT Press, 2007).

Kant, pasando por Marx, y llegando hasta Jürgen Habermas.[21] En resumen, dice Smith, «la manera de leer a Foucault es verlo dándonos una imagen perturbadora del control y la dominación para motivarnos a cambiar las cosas».[22]

SAQUEANDO LOS TESOROS DEL POSMODERNISMO

Es aquí donde arribamos a algo de suma importancia. Si Foucault sospecha de —y ve con recelo a— las instituciones de disciplina y formación por las razones evidentes que ya hemos mencionado (i.e. son inherentemente opresivas y represivas), ¿esto no estaría en oposición con el cristianismo? Si la iglesia cristiana es un organismo o una especie de institución, ¿no sería también, desde la visión de Foucault, un ente opresivo y de dominación? Pues, aquí es donde aplica lo que dijimos inicialmente sobre el cambio de metodología y la particularidad con nuestro abordaje de Foucault. La cuestión es que la respuesta a las preguntas anteriores es un «sí». Creemos que debemos oponernos firmemente ante la propuesta de Foucault. No obstante, creemos también que su pensamiento nos provee muy interesantes reflexiones sobre la naturaleza de la disciplina y el papel de ésta en la formación de los individuos. En otras palabras, somos completamente críticos del filósofo francés,[23] al mismo tiempo que reflexionamos en sus propuestas.

En palabras distintas y concretas, aunque creemos que Foucault se equivoca en meter a la «disciplina» y la «formación» en un mismo saco negativo, al cual propone rechazar y desechar, creemos firmemente que es sumamente beneficioso meditar en el estudio que hace sobre la manera en que los mecanismos de disciplina funcionan para formar individuos.[24] En palabras de

---

21 Véase *ibíd.*

22 Smith, *Who's Afraid of Postmodernism*, 97. Más adelante Smith nos aclara de forma brillante: «Primero, necesitamos especificar qué queremos decir con "liberal" aquí: un liberal político clásico que coloca prioridad sobre el individuo como un soberano agente autónomo, un ser que es señor de su propiedad y por tanto se resiste a cualquier modo de control externo… Cualquier institución que trata de controlar creencias o conductas es inherentemente dominante y represivo. Y debido a que, las instituciones tienden a levantarse por estas precisas razones, hay un sentido profundo de que las instituciones per se son estructuras de dominación. Por eso, el liberalismo en este sentido es profundamente antiinstitucional; mientras que la izquierda —sean políticos o cineastas— habla sobre ser radicales, es usualmente una radicalización de esta noción de libertad de la Ilustración… La meta misma de la Ilustración es la liberación, esa es la razón por la que Kant y Marx son pensadores de la Ilustración». Smith, *ibíd.*, 98.

23 No obstante, por escaparse del objetivo de este libro, no ahondaremos a profundidad en dichas críticas.

24 Nuevamente remitimos e instamos al estudio de, principalmente, su obra ya citada: *Vigilar y castigar.*

Smith, «los cristianos deben entender la disciplina de una manera positiva... Los cristianos deberían evitar la noción misma de un agente autónomo que se resiste a cualquier forma de control».[25] Así, básicamente, lo que tenemos que *saquear del posmodernismo* de Foucault es su análisis sobre *el papel de la disciplina en la formación del individuo*. Si con Lyotard hablamos de la importancia del papel de las narrativas, con Foucault podríamos hablar de la importancia del papel de la formación. Y, posiblemente, la idea más correcta de Foucault es que *las disciplinas realmente funcionan en la formación de individuos*.

La importancia e influencia de las disciplinas en la vida cristiana es algo que ha estado presente en toda la tradición cristiana desde la iglesia primitiva. Como cristianos estamos llamados a ser formados y moldeados por la imagen de Cristo Jesús. La vida cristiana misma es una carrera de formación, un viaje en el que vamos imitando a nuestro Salvador. El cristianismo ha sido siempre más un asunto de *formación* que de adquirir *información*. Nuestra vida en Cristo es una vida que se caracteriza por nuestra acomodación al molde de Cristo, a su estilo de vida. Cuando somos alumbrados por la luz de Cristo, comienza en nosotros un proceso de *metanoia* y empezamos, así, a ser transformados a la imagen de Cristo. En Cristo, nuestro estilo de vida cambia, lo cual quiere decir que nuestras prácticas cambian. En nuestra unión con Cristo nuestros hábitos se ajustan a nuestra fe, y comenzamos a adquirir nuevas actitudes y nuevas prácticas que reflejan la fe cristiana. La vida cristiana está llena de disciplinas espirituales, las cuales nos van formando y son las herramientas que tenemos en este proceso de conformación a la imagen de Cristo.

El poder de los hábitos y disciplinas espirituales es un elemento central para entender el cristianismo. San Máximo el Confesor lo expresa de la siguiente manera: «Cuando el alma es movida por ellos [i.e. la formación de hábitos] para progresar, se une al Dios de todos imitando lo que es inmutable y benéfico en su esencia y actividad por medio de su firmeza en el bien y su inalterable hábito de elección».[26] La doctrina de la santificación —*theōsis* en el Oriente cristiano[27]— nos enseña que los hábitos y disciplinas son indispensables para la vida cristiana. *Por sus frutos los conoceréis.*

---

25   Smith, *Who's Afraid of Postmodernism*, 99.

26   San Máximo el Confesor, «The Church's Mystagogy», en *Selected Writings. The Classics of Western Spirituality* (Mahwah: Paulist Press, 1985), 191.

27   Un artículo introductorio sobre la doctrina de la *theōsis* en la Ortodoxia se encuentra disponible en línea: Jorge Ostos, «Introducción a la Theōsis», Academia.edu (2019), https://www.academia.edu/40610081/Introducci%C3%B3n_a_la_Theosis. Véase la bibliografía citada allí.

El yo descentralizado

La concepción moderna del «yo» es la de un ente autónomo, centralizado, estable y fijo, cuya esencia y estabilidad reside en el pensamiento. El famoso filósofo René Descartes lo puso en las siguientes palabras:

> Ahora no admito nada que no sea necesariamente verdadero: por lo tanto no soy, hablando con precisión, sino una cosa que piensa, es decir, un espíritu, un entendimiento o una razón, que son términos cuyo significado me era desconocido hasta ahora. Así pues, soy una cosa verdadera, y en verdad existente; pero ¿qué cosa? Lo he dicho: una cosa que piensa. ¿Y qué más? Excitaré aún mi imaginación para buscar si no soy algo más. No soy este montón de miembros al que se llama cuerpo humano; no soy un aire fino y penetrante expandido por todos esos miembros; no soy un viento, un soplo, un vapor, ni nada de todo eso que puedo fingir o imaginar, puesto que he supuesto que todo ello no era nada, y, sin cambiar esta suposición, encuentro que no dejo de estar cierto de que soy algo... Pero entonces ¿qué soy? Una cosa que piensa. ¿Qué es una cosa que piensa? Es decir, una cosa que duda, que concibe, que afirma, que niega, que quiere, que no quiere, que también imagina, y que siente.[28]

De acuerdo con este filósofo francés, la estabilidad del yo es una estabilidad de un pensamiento que realiza todas las operaciones de la mente. «El yo tiene una esencia, y esa esencia es el pensamiento».[29] La realidad material es solamente una extensión y movimiento que pueden ser inspeccionados por el puro pensamiento. En Descartes, el yo o *res cogitans* es una sustancia mental diferente a la parte material o *res extensa*; la continuidad de ese yo, por lo tanto, reside exclusivamente en el pensamiento. En otras palabras, este yo estable, fijo, centralizado y autónomo es lo que asegura la identidad personal a través del tiempo.

Esa idea moderna del yo como una sustancia mental centralizada y estable ha sido grandemente criticada por el posmodernismo. Foucault considera esta

---

28 René Descartes, «Meditaciones metafísicas» en *Descartes: Biblioteca de grandes pensadores* (Madrid: Editorial Gredos), 172–173.

29 Peter J. Leithart, *Solomon Among the Postmoderns* (Grand Rapids, MI: Brazos Press, 2008), 110.

visión como «una invención reciente». «Lo que Foucault llama "la figura del hombre" es simplemente eso: una representación o invención; la aparición de esta figura es reciente, y no es la manifestación de una sustancia dada sino simplemente un falso nombre dado a un producto discursivo».[30] Otros filósofos se han referido al yo moderno como «el fantasma en la máquina»[31] o «el cerebro en una cubeta» por su visión mentalista. Para el posmodernismo, el yo no es un ente estable, autónomo y centralizado sino algo inestable, variable, descentralizado y no fijo.

Creemos que el acierto del posmodernismo no está en su propuesta positiva sobre el yo, sino en su crítica del yo autónomo moderno,[32] i.e., en *la descentralización del yo*. Creemos que *no es cierto* —como afirma el posmodernismo— que no existe un yo estable, pero *sí es cierto* que esa estabilidad no es como el modernismo nos ha enseñado. Lo que nos permite esta crítica posmoderna es abandonar esa noción autónoma del yo.

Tenemos una identidad que permanece a través del tiempo, pero no porque esa identidad sea centralizada y autónoma. El yo es yo siempre en relación con los demás. Más específicamente, nuestra identidad no reside en ser sustancias pensantes autónomas sino en nuestra relación con Dios y los demás. «La criatura humana no es un individuo autónomo ni tampoco una unidad anónima que ha sido absorbida en alguna colectividad, sino más bien, una

---

30 John Webster, «The Human Person», en *The Cambridge Companion to Postmodern Theology*, ed. Kevin J. Vanhoozer (Cambridge: Cambridge University Press, 2003), 221.

31 Esta idea viene del filósofo británico Gilbert Ryle. Para Descartes los cuerpos humanos están en el espacio y se encuentran sujetos a las leyes mecánicas que gobiernan todos los otros cuerpos en el espacio. Por su parte, las mentes no se encuentran en el espacio, ni tampoco sus operaciones están sujetas a las leyes mecánicas. Las operaciones de la mente no son atestiguadas por otros observadores, sino que son privadas. De acuerdo con Gilbert Ryle, esta doctrina que considera que el cuerpo y la mente son dos sustancias diferentes presenta dificultades teóricas por la pregunta de cómo el cuerpo y la mente tienen influencia el uno sobre el otro, y cómo interactúan entre sí. Ryle argumenta que el origen de la concepción cartesiana de la mente, o de la doctrina oficial, se remonta a la teoría mecánica de Galileo. Debido a que las mentes no son construidas o se pueden observar en las leyes o procesos mecánicos, éstas deben pertenecer a otros procesos y deben ser explicadas por leyes no espaciales y no mecánicas. De esta manera, «el dogma del fantasma en la maquina» sostiene que, existen cuerpos y mentes; que estos corresponden a procesos físicos y mentales; que hay causas mecánicas de los movimientos corporales y causas mentales de los movimientos corporales. Para Ryle, lo anterior es un error de categorías debido a que, no se debe juntar o separar los procesos mentales de los procesos físicos. Si Ryle está en lo correcto, entonces el contraste sostenido entre la mente y el cuerpo debe desaparecer, y tanto el idealismo como el materialismo, son respuestas a una pregunta inapropiada. Véase Gilbert Ryle, *El concepto de lo mental* (Madrid: Grupo Planeta, 2005).

32 Recordemos lo que mencionamos en el capítulo 1, donde hicimos eco a las palabras de Christopher Butler: «los posmodernos son buenos deconstructores críticos, [pero] terribles constructores». Christopher Butler, *Postmodernism: A Very Short Introduction* (Oxford: Oxford University Press, 2002), 116.

persona particular que consigue una identidad concreta en relación a otros. El ser humano es inherentemente social».[33] *El yo centralizado del modernismo no es la visión del cristianismo.* Si la noción moderna es verdadera, entonces «el fantasma en la máquina estable y no cambiante fue siempre una trampa... el yo es y siempre ha sido vapor».[34]

El teólogo inglés John Webster nos recuerda que debemos entender el yo en términos de participación con Dios. Según él:

> Ser humano es, según el recuento cristiano, tener nuestro propio ser fuera de nosotros mismos, deber nuestro ser al ser y actividad del Dios trino. La verdadera humanidad no es, pues, una identidad poseída, sino más bien, una vida en movimiento perpetuo de recibir y responder a un regalo. Somos humanos como criaturas del padre celestial en quien tenemos nuestro ser; como aquellos reconciliados «en Cristo»; y aquellos guiados hacia la perfección por el Espíritu... El ser humano es ciertamente acéntrico, nunca centrado en sí mismo, y por lo tanto libre del círculo de apropiación y posesión. Pero esto no significa el fin de la subjetividad, la impropiedad, expropiación, y desposesión del sujeto, sino más bien su existencia en (por virtud de, a través de la misericordia de, producto de la absoluta generosidad de) el Dios trino.[35]

La identidad personal no puede ser explicada satisfactoriamente sin apelar a la trascendencia. La visión moderna de un yo trascendente encapsula y naturaliza al yo sin dejar espacio para un ser trascendente. Peter Leithart ve en las *Confesiones* de San Agustín un ejercicio de descentralización del yo; de encontrar el verdadero yo en otro: en el verdadero Dios, el Creador. Contrariamente a Descartes, Agustín hace una búsqueda *interior* no para descubrir una certeza fundacional sino como el inicio de un viaje *exterior*. Su introspección se convierte en el tipo más radical de *extraspección*, su búsqueda por sí mismo se convierte en un camino hacia la visión de la luz de Dios.[36]

---

33   Kevin J. Vanhoozer, «Human Being, Individual and Social», en *The Cambridge Companion to Christian Doctrine*, ed. Colin E. Gunton (Cambridge: Cambridge University Press, 1997), 174–175.

34   Peter J. Leithart, *Solomon Among the Postmoderns*, 124.

35   John Webster, «The Human Person», 228.

36   Peter J. Leithart, *Solomon Among the Postmoderns*, 131.

«Agustín es Agustín no en sí mismo sino en su unión con Dios».[37] El teólogo Brian Rosner nos recuerda que el recuento bíblico del yo nunca estuvo en la autonomía y la centralidad del individuo, sino en ser creado a la imagen de Dios, ser conocido por Dios, y estar unido a Cristo:

> No eres autocreado, pero te conoces a ti mismo en ser conocido por alguien más: eres conocido íntima y personalmente por Dios como su hijo adoptado. Esta identidad recupera el estatus de los primeros seres humanos creados a la imagen de Dios, y es modelada en Jesucristo, el verdadero hijo de Dios, siendo conocido y amado por su padre. De hecho, eres conocido y amado por Dios en él.[38]

En su monumental obra *La era secular*, el filósofo canadiense Charles Taylor nos describe el yo moderno como un *yo encapsulado* que está aislado en una mente interior, no abierto a la influencia de lo trascendente. Por su parte, el *yo poroso* es un yo abierto y vulnerable a lo trascendente y al mundo exterior.[39] El posmodernismo nos permite abandonar la visión de un yo encapsulado y nuevamente retomar el yo poroso que permite explicar nuestra esencia e identidad siempre con relación a Dios y los demás.

> La teoría posmoderna está en lo correcto en este punto: si estamos buscando un yo estable, un fundamento seguro e inmutable de nuestra identidad, en este mundo de vapor bajo del sol, no lo encontraremos. Pero eso no significa que no exista una base segura en algún lado. Significa que tenemos que buscar fuera de este mundo de vapor. Significa que tendremos que fijarnos en algún lugar, en un Sol, más allá del mundo debajo del sol.[40]

Necesitamos una identidad estable, pero esa estabilidad no reside en nosotros mismos. Abandonar la idea del yo encapsulado nos permite reconocer la formación de la identidad por las prácticas. Esto sin duda nos debe decir algo acerca de la importancia de ser parte de una comunidad de práctica como aspecto fundamental para nuestra identidad como cristianos.

---

37   *Ibíd.*, 132.
38   Brian S. Rosner, *Know by God: A Biblical Theology of Personal Identity* (Grand Rapids, MI: Zondervan, 2017), 261.
39   Véase Charles Taylor, *La era secular*, 2 volúmenes (Barcelona: Gedisa Editorial, 2014–2015).
40   Peter J. Leithart, *Solomon Among the Postmoderns*, 132.

Las prácticas y la formación del yo

Hay académicos cristianos[41] que han reconocido en Foucault un «nuevo» tipo de proyecto —o alternativa— filosófico al modelo antropológico clásico europeo. La literatura sobre la cual se han puesto los ojos en este tema ha sido la ya mencionada *La hermenéutica del sujeto*. En esta cátedra de Foucault se puede notar el cambio de enfoque del filósofo de las *prácticas de poder* a las *prácticas del sujeto*. Para Foucault, las «prácticas del sujeto» cristianas no pueden proveer una alternativa plausible, y mucho menos fructífera, a la crisis del sujeto europeo. Por esta razón, el filósofo francés se inclinaba más por el modelo helenístico de «estética de la existencia». No obstante, filósofos como Horujy han visto que Foucault, en *La hermenéutica del sujeto*, ha hecho una reconstrucción de las «prácticas del sujeto» cristianas que es nada concluyente, no solo debido a que el filósofo francés podría ser ignorante de la experiencia teológica histórica, sino porque «hay confusión entre la espiritualidad cristiana occidental y la cristiana oriental».[42]

Lo interesante —y, posiblemente, lo más importante— de la propuesta de Horujy es que él mira la filosofía posterior de Foucault como algo que estaba preparando el terreno para un nuevo tipo de antropología filosófica, la cual entiende al sujeto humano no en términos de *esencia o sustancia* —lo que el autor llama el antiantropologismo de la metafísica clásica de Descar-

---

41 Nos referimos al filósofo, teólogo y físico teórico Sergey S. Horujy. Véase su obra Sergey S. Horujy, *Practices of the Self and Spiritual Practices: Michel Foucault and the Eastern Christian Discourse* (Grand Rapids, MI: Eerdmans, 2015). En este libro Horujy realiza un análisis comparativo de la teoría de Foucault sobre las prácticas del yo y la tradición ascética ortodoxa conocida como hesicasmo, lo cual —señala el autor— muestra una gran afinidad entre estos dos enfoques radicales «sin sujeto» de la antropología. Horujy, por medio del diálogo entre ambos polos, ofrece tanto un tratamiento original de las prácticas ascéticas y místicas del cristianismo como una interpretación actualizada de Foucault que va en contra de la corriente principal de la erudición.

42 Sergey S. Horujy, *Practices of the Self and Spiritual Practices*, 157. Horujy identifica la tradición espiritual del hesicasmo del Oriente cristiano como un modelo plausible de las «prácticas del sujeto» y la base para desarrollar una alternativa antropológica al sujeto europeo clásico. Roman Turowski comenta que «Horujy cree que las herramientas teóricas que existen hoy en día, en primer lugar, la antropología filosófica, basada en la metafísica clásica con tres conceptos fundamentales del tema, la esencia y la sustancia, tienen poco efecto. El modelo desarrollado dentro de tales marcos Horujy lo define como "el modelo clásico del hombre europeo" o "el modelo antropológico clásico" y lo critica por la falta de una comprensión holística de la persona». Roman Turowski, «The Crisis of the Classical Anthropological Model The Anthropological Mission of Post-Secularism according to Sergey Horujy», en *Beyond Modernity: Russian Religious Philosophy and Post-Secularism*, ed. Artur Mrowczynski-Van Allen, Teresa Obolevitch y Pawel Rojek (Eugene, OR: Pickwick Publications, 2016), 253.

tes y Kant[43], sino más bien en términos de prácticas. En otras palabras, lo que Horujy propone —y al mismo tiempo está en la misma línea que hemos venido desarrollando en este libro— es que debemos considerar un enfoque que rechace el discurso esencialista clásico del filosofar, basado en categorías metafísicas fundamentales de esencia, sustancia y sujeto, y elegir un enfoque que describa a la persona humana en términos de manifestaciones y prácticas humanas basadas en el principio de que la constitución de la persona humana se forma en la experiencia del, lo que él llama, «desbloqueo antropológico».[44]

Creemos que, en su obra, Horujy ha saqueado interesantes *tesoros del posmodernismo* de Foucault. Este tesoro que él ha saqueado es digno de tomar en cuenta debido a que consideramos que es beneficioso el rechazo —como lo hemos venido señalando— de una concepción cartesiana del sujeto y de una antropología y epistemología cartesiana-kantiana, concepciones que caracterizan la realidad antropológica en categorías abstractas. Tal rechazo —o al menos escepticismo— nos lleva a poner nuestros ojos en una concepción que caracterice la realidad antropológica en prácticas.[45] De esta manera, sucede una *coincidentia oppositorum*, donde el encuentro de mundos agudamente diferentes (i.e. Foucault y el cristianismo, tanto oriental como occidental) puede producir no sólo conflictos y enfrentamientos, sino también nuevas conexiones fructíferas.

Por otro lado, una de las maneras más famosas de rescatar la importancia de las prácticas para la formación del yo, es el resurgimiento de *la ética de*

---

43   Horujy aclara de manera interesante que «el Sistema de Hegel representa el punto extremo de la tendencia antiantropológica, y la filosofía del oponente de Hegel, Kierkegaard, el punto inicial de la tendencia opuesta, el retorno al hombre». *Ibíd.*, xvi–xvii.

44   En la segunda parte del libro, Horujy se centra en desarrollar su enfoque que se relaciona íntimamente con la *sinergia* de la teología bizantina, como un «prototipo antiguo» que logra este desbloqueo antropológico; por eso mismo, la propuesta de Horujy se denomina «antropología sinérgica». Un desarrollo detallado de esto se escaparía de los objetivos del presente libro, por lo que recomendamos a todos los lectores interesados dirigirse a la obra de Horujy que estamos citando.

45   La propuesta de Horujy no solo se basa en el estudio de Foucault, sino que se remonta al discurso cristiano oriental, incluso evidenciado en distintas formas en filósofos y teólogos ortodoxos como el Obispo metropolitano Juan Zizioulas, el filósofo y catedrático Christos Yannaras y el catedrático George Mantzarides. Por tanto, Horujy afirma que, la teoría de Foucault no solo tiene cosas en común, en particular, con su propuesta de la «antropología sinérgica», sino que también, en general, con el discurso cristiano oriental como formación espiritual e intelectual. Cabe señalar que, en la segunda mitad del libro Horujy pasa del diálogo con Foucault a su propia obra de filosofía cristiana, enraizada en la tradición filosófica y teológica cristiana oriental, pero no se limitada a ella. Por tanto, la obra es de mucha ayuda y relevancia para aquellos cristianos que no pertenecen a la tradición ortodoxa, i.e., es de beneficio para protestantes y católicos romanos.

la virtud en la teología cristiana.[46] A grandes rasgos, la ética de la virtud se remonta a Aristóteles, quien pensaba que la felicidad (*eudaimonia*) es la meta final de la vida. Dicha felicidad se define y logra solo en un contexto dentro de una comunidad, y la identidad se concibe en términos de carácter. Bajo esta visión, la virtud se logra a través de buenos hábitos y prácticas. En otras palabras, la persona virtuosa, o el buen carácter, hace lo que es bueno gracias a los buenos hábitos. Estos hábitos que se logran a través de las prácticas constituyen una segunda naturaleza; es decir, un conjunto de disposiciones para actuar de cierta manera.

De acuerdo con el teólogo Stanley Hauerwas, el yo se constituye a partir de una narrativa particular. El yo es formado por las prácticas sociales que habita. El yo es una historia aprendida y encarnada a lo largo de nuestras vidas,[47] y es formado por una tradición particular y sus virtudes correlativas. Más específicamente, «debemos convertirnos en participantes en la historia de Dios, no en nuestros propios autores... Es humildad, en lugar de orgullo y autoposesión del hombre magnánimo, lo que caracteriza el discipulado cristiano».[48]

Ser entrenado en las virtudes no debe separarse tanto de la infusión de las virtudes, porque las virtudes son, de hecho, infundidas por un acto especial de Dios que nos lleva a una relación con Dios; pero esto ocurre en el tiempo

---

46 Para obras relacionadas desde diferentes tradiciones cristianas, véase: Stanley Hauerwas, *The Peaceable Kingdom: A Primer in Christian Ethics* (Notre Dame, IN: University of Notre Dame Press, 1983); Stanley Hauerwas, *A Community of Character: Toward a Constructive Christian Social Ethic* (Notre Dame, IN: University of Notre Dame Press, 1981); Alasdair MacIntyre, *Tras la virtud* (Barcelona: Editorial Crítica, 2001); N.T. Wright, *After You Believe: Why Christian Character Matters* (Nueva York: HarperOne, 2010); Dallas Willard, *Renovation of the Heart: Putting on the Character of Christ* (Colorado Springs: NavPress, 2002); Jennifer Herdt, *Putting on Virtue: The Legacy of the Splendid Vices* (Chicago: University of Chicago Press, 2008); Samuel Wells, *Improvisation: The Drama of Christian Ethics* (Grand Rapids, MI: Brazos Press, 2004); Stanley Hauerwas y Samuel Wells, eds., *The Blackwell Companion to Christian Ethics* (Oxford: Blackwell, 2006); Stanley S. Harakas, *Toward Transfigured Life: The Theoria of Eastern Orthodox Ethics* (Minneapolis: Light & Life Publishing, 1983); Harakas, *Living the Faith: The Praxis of Eastern Orthodox Ethics* (Minneapolis: Light & Life Publishing, 1983); Harakas, *Wholeness of Faith and Life: Orthodox Christian Ethics*, 3 Vols. (Brookline, MA: Holy Cross Orthodox Press, 2004); Vigen Guroian, *Incarnate Love: Essays in Orthodox Ethics*, 2da ed. (Notre Dame, IN: University of Notre Dame Press, 2002); Joseph Woodill, *The Fellowship of Life: Virtue Ethics and Orthodox Christianity* (Washington D. C.: Georgetown University Press, 2002); Perry T. Hamalis, «Eastern Orthodox Ethics», en *The International Encyclopedia of Ethics*, ed. Hugh LaFollette (Hoboken, NJ: Blackwell Publishing, 2013), 1525–1535.

47 Véase Stanley Hauerwas, «The Self as Story: A Reconsideration of the Relation of Religion and Morality from the Agent's Perspective», en *Vision and Virtue: Essays in Christian Ethical Reflection* (Notre Dame, IN: University of Notre Dame Press, 1981), 68–92.

48 Stanley Hauerwas y Charles Pinches, *Christians Among the Virtues: Theological Conversations with Ancient and Modern Ethics* (Notre Dame, IN: University of Notre Dame Press, 1997), 49, 62.

por medio de nuestra participación en el cuerpo de Cristo, lo cual involucra nuestra recepción principalmente de los sacramentos del bautismo y la eucaristía, pero también incluye e implica inmersión en las prácticas diarias de la vida cristiana: oración, adoración, admonición, alimentar al hambriento, cuidar al enfermo, etc.[49] El poder de la adoración y los sacramentos es fundamental para la formación del yo. «Los sacramentos ejecutan la historia de Jesús y, por lo tanto, forman una comunidad a su imagen. No podríamos ser la iglesia sin ellos. Porque la historia de Jesús no es simplemente una que es contada, [sino una que] debe ser representada».[50]

---

49   Jennifer Herdt, «Hauerwas among the Virtues», *Journal of Religious Ethics* 40 (2012): 215.

50   Stanley Hauerwas, *The Peaceable Kingdom,* 107. Por eso es que, por ejemplo, cada aspecto de la liturgia cristiana se supone que muestra o representa algún aspecto de la vida de Cristo, desde su concepción hasta su crucifixión y resurrección. Hablando en el contexto de la liturgia —que es donde los sacramentos son ejecutados— Christina Gschwandtner nos dice que «la idea de la Liturgia es "hacer el mundo como se suponía que debía hacerse". La Liturgia es un microcosmos del mundo, "practica" el mundo y nos equipa para vivir el mensaje central de la fe cristiana: que Dios estaba en Cristo —esto es lo que la Liturgia "configura"— y que, por lo tanto, debemos estar en Dios a través de él—así es como la Liturgia "refigura"... Hay que entrar en el mundo de la Liturgia y apropiarse de sus narrativas. La Liturgia nos enseña quiénes somos y cómo debemos vivir en el mundo». Christina Gschwandtner, «What Has Paris to Do With Byzantium?», *The Wheel* 4 (2016): 34. Robert Taft concluye que la liturgia es sobre el encuentro con Cristo y la «formación espiritual de la Iglesia». La liturgia celebra la actividad de Cristo, expresa la fe de la Iglesia y nos transforma. Robert Taft, «What Does Liturgy Do? Toward a Soteriology of Liturgical Celebration: Some Theses», *Worship* 66 (1992): 201–211, citado en Christina Gschwandtner, «Mimesis or Metamorphosis? Eastern Orthodox Liturgical Practice and Its Philosophical Background», *Religions* 8 (2017): 92. Al mismo tiempo, es de suma importancia tener claro lo que nos comenta Gschwandtner: «*Teniendo en cuenta el trasfondo filosófico de la terminología empleada por los pensadores patrísticos, la liturgia puede entenderse como una metamorfosis en una cierta clase de mímesis; es decir, la liturgia trata de efectuar una "correspondencia mimética" entre el alma y el cuerpo, el cielo y la tierra, los reinos invisibles y visibles....* La liturgia no es sólo en cierto sentido general sobre la formación del yo; se trata de una unificación del alma y el cuerpo, el cielo y la tierra, invisibles y visibles, de tal manera que empiezan a coincidir y reflejarse mutuamente. Y no se trata sólo de imitar ciertos modelos para ser transformados personalmente, sino que requiere el tipo de transformación que hace posible una mímesis más efectiva, una que opera tanto en el plano antropológico como en el cosmológico de tal manera que se conecten entre sí». *Ibíd.* Énfasis original. Varios pensadores argumentan en contra de una interpretación puramente mimética de la liturgia. Por ejemplo, todo el proyecto litúrgico del destacado sacerdote, teólogo y escritor ortodoxo Alexander Schmemann podría resumirse como un argumento a favor del efecto *transformador* de la liturgia en el mundo, que interpreta de manera escatológica (en oposición a una interpretación meramente anamnética/ conmemorativa de la liturgia). Véase, Alexander Schmemann, *The Eucharist: Sacrament of the Kingdom* (Crestwood: St. Vladimir's Seminary Press, 1987). También Aidan Kavanagh ha optado por el énfasis de la visión de Schmemann; véase, Kavanagh, *On Liturgical Theology* (Nueva York: Pueblo Publishing, 1984). Otro ejemplo, más antiguo, puede ser el de San Máximo el Confesor, cuya visión ha ganado una enorme popularidad en el siglo XX, quien concibe la liturgia en términos más transformadores y escatológicos que conmemorativos. Véase, San Máximo el Confesor, «The Church's Mystagogy», en *Selected Writings. The Classics of Western Spirituality* (Mahwah: Paulist Press, 1985).

Donde Foucault ve una oportunidad de resistirse a las prácticas sociales que forman y oprimen al sujeto a través de mecanismos de poder, Hauerwas hace el llamado a abrazar una comunidad y tradición que nos confronte con ejemplos de autoridad y nos libere de la ilusión de la autoformación autónoma. Tanto Foucault como Hauerwas rechazan la idea del yo autónomo moderno. No obstante, donde Foucault ve *opresión* en los mecanismos disciplinarios de la sociedad, Hauerwas ve *discipulado* en la verdadera comunidad de la iglesia.

Foucault está en lo correcto cuando afirma que los mecanismos de nuestra sociedad crean humanos en cierto tipo de personas con deseos particulares. No obstante, lo que nos debe interesar como cristianos no es la *estructura* de la formación disciplinaria *per se*, sino su *dirección*. «La disciplina está dirigida a la formación para un fin específico, y ese fin está determinado por nuestra narrativa fundamental».[51] Si —como ya vimos en el capítulo 3— el *telos* de la humanidad depende de una narrativa particular, entonces debemos encaminar los mecanismos de formación bajo una narrativa que no sea opresiva sino liberadora, i.e., la gran historia de la Biblia. Por ello, es importante también que seamos conscientes de que las prácticas de nuestra cultura nos están formando en un tipo de personas mayormente individualistas y consumistas. Sin saberlo, los mecanismos de nuestra sociedad forman en nosotros deseos y visiones de vida totalmente anticristianos.[52] Así pues, el papel de la iglesia es formar personas a la imagen de Cristo por medio de mecanismos contraculturales tales como la adoración y los sacramentos, los cuales son prácticas propias de la iglesia. En palabras de Smith:

La adoración cristiana es uno de los ámbitos primarios donde participamos en las prácticas que moldean quienes somos. Si nuestra adoración simplemente simula las prácticas disciplinarias y metas de una cultura consumista, no seremos formados de otra manera. Concebir la iglesia como una sociedad disciplinaria encaminada a formar seres humanos que reflejen la imagen de Cristo, ofreceremos una sociedad alternativa a las formaciones huecas de la cultura actual.[53]

---

51 James K. A. Smith, *Who's Afraid of Postmodernism?*, 103.

52 Esto es a lo que James K. A. Smith llama «liturgias seculares». Véase James K. A. Smith, *Desiring the Kingdom: Worship, Worldview, and Cultural Formation* (Grand Rapids, MI: Baker Academic, 2009); Smith, *You Are What You Love: The Spiritual Power of Habit* (Grand Rapids, MI: Brazos Press, 2016).

53 James K. A. Smith, *Who's Afraid of Postmodernism?*, 107.

Brian Rosner está de acuerdo con esto anterior cuando afirma lo siguiente:

> Las disciplinas básicas de la vida cristiana, incluyendo el bautismo, asistir a la iglesia, leer la Biblia y escuchar la predicación de la Biblia, la oración, cantar la fe, recitar los credos, tomar la comunión, y vivir el evangelio, sirven para confirmar nuestra verdadera identidad como personas que son conocidas con Dios como sus hijos. Tales prácticas refuerzan y confirman nuestra nueva identidad y aseguran que experimentemos sus bendiciones transformadoras.[54]

Estar inmerso en una comunidad de práctica es estar revestido de Cristo (véase Col. 3:10). Las virtudes del reino son el fruto del Espíritu, los primeros frutos de la vida eterna de los santos. «Revestirse de Cristo es encarnar la mente de Cristo y practicar las virtudes del reino».[55] «El discípulo es un actor en el drama de redención de Dios, una persona que prueba su conocimiento de Dios a través de la interacción viva con Dios y los demás».[56] El discipulado verdadero depende de la comunidad que llamamos iglesia:

> La iglesia debe ser el lugar primario donde los discípulos aprendan a revestirse de Cristo... es en comunidad que aprendemos de diversos ejemplos —la gran nube de testigos— cómo luce el discipulado en situaciones particulares, y es en comunidad que practicamos la virtud... Hacer iglesia significa participar en actividades comunicativas corporativas —oración, comunión, escuchar la palabra de Dios, celebrar la santa cena— que entrenan a los discípulos en las relaciones correctas del Pacto.[57]

Así pues, la iglesia es la condición de posibilidad del discipulado cristiano.[58] Los mecanismos disciplinarios de la iglesia (adoración y sacramentos) son la

---

54 Brian S. Rosner, *Know by God,* 39.
55 Kevin J. Vanhoozer, «Putting on Christ: Spiritual Formation and the Drama of Discipleship», *Journal of Spiritual Formation & Soul Care* 8 (2015): 164.
56 *Ibíd.,* 166–167.
57 *Ibíd.,* 166. Véase también N. T. Wright, *After you Believe: Why Christian Character Matters* (Nueva York: HarperOne, 2010).
58 Es bueno aclarar que el énfasis en las prácticas no significa reducir la vida cristiana a las obras, o *moralizar la vida cristiana.* Ser revestidos de Cristo no es un ejercicio de mero esfuerzo moral, algo que hacemos, sino algo hecho posible solo por una obra previa de Dios. Véase Kevin J. Vanhoozer, «Putting on Christ: Spiritual Formation and the Drama of Discipleship», *Journal of Spiritual Formation & Soul Care* 8 (2015): 147–171.

herramienta que Dios usa para formar personas a la imagen de Cristo. Lo que nos convierte en una nueva sociedad disciplinada a través del amor, los nuevos ciudadanos del reino de Dios; y como hemos visto, saquear el posmodernismo de Foucault, nos ayuda a estar conscientes de esto.

6

WITTGENSTEIN:

SOMOS UNA COMUNIDAD

SOBRE UN GENIO.

Sobre eso exactamente hablaremos en este capítulo: sobre un genio. La obra biográfica publicada en 1990 en Londres por Ray Monk llevaba tal apelativo como subtítulo: *Ludwig Wittgenstein: El deber de un genio.*[1] Esta es posiblemente la biografía más completa e «insuperable»[2] que existe hasta el día de hoy sobre Wittgenstein. Pero, ¿un genio? ¿No es esto una sobrevaluación del pensador vienés? ¿No es este «genio» el mismo que fue un maestro de niños en un pueblo, quien tenía afición por la arquitectura y quien le dio un vuelco a su propio pensamiento? ¿El frustrado músico, alumno de Brahms? De seguro muchos se preguntan ¿qué tiene de interesante tal hombre que creyó solucionar todos los problemas filosóficos con un libro que no llegaba a las trescientas páginas?

---

1   Ray Monk, *Ludwig Wittgenstein: El deber de un genio*, 2da ed. (Barcelona: Anagrama, 1997).
2   Así la llama el eminente catedrático Prof. Isidoro Reguera Pérez, quien es la voz más importante de Wittgenstein en nuestro idioma, habiendo sido traductor e introductor de Wittgenstein, al que además ha dedicado tres monografías. Véase, e.g., Isidoro Reguera Pérez, *Ludwig Wittgenstein* (Madrid: Edaf, 2002). Reguera ha escrito un muy útil estudio introductorio para la serie Grandes Pensadores de editorial Gredos. Véase Isidoro Reguera Pérez, «Estudio introductorio», en *Wittgenstein I*, Grandes Pensadores (Madrid: Gredos, 2009). Estamos totalmente agradecidos al Prof. Reguera por la revisión completa del presente capítulo y por sus útiles y pertinentes comentarios sobre el mismo.

Sea que se le considere un genio o no, Wittgenstein definitiva e indudablemente fue y ha sido una figura influyente, y con una increíble repercusión que tuvo —y sigue teniendo— gran vigencia. Además de esto, su figura continúa siendo fascinante, tanto en el ámbito académico y filosófico como en el ámbito personal y privado. Creemos que no es casualidad que gente eminente de su propia época, y las postreras, haya pronunciado comentarios tan admirables sobre él. A. J. Kenny lo describe como «el pensador más importante del siglo [XX]». G. H. von Wright lo considera «uno de los más grandes e influyentes filósofos de nuestro tiempo». J. N. Findlay, quien no era muy amigable con la figura de Wittgenstein se expresa de él como alguien de «originalidad... profundo... brillante».[3] Como muy bien dice Monk, mucho se ha escrito sobre el pensamiento de Wittgenstein, pero poco sobre la relación de su obra con él mismo.[4] Debido a las limitaciones de la presente obra, el tratamiento biográfico sobre Wittgenstein será preciso y se mantendrá la estructura que hasta el momento se ha estado usando en capítulos anteriores.[5] No es tarea fácil resumir o simplificar el pensamiento de Wittgenstein. Norman Malcolm escribió una vez que «Un intento de resumir [el trabajo de Wittgenstein] no sería exitoso ni útil».[6] No obstante, creemos que esto no es imposible. En este capítulo abordaremos algunos datos del filósofo, y posteriormente, nos enfocaremos en algunos aspectos específicos de su pensamiento.

Con ustedes, el *genio* y *último filósofo*: Ludwig Wittgenstein.[7]

LUDWIG WITTGENSTEIN

Ludwig Josef Johann Wittgenstein nació el 26 de abril de 1889 en Viena. Fue el octavo hijo que tuvo una de las familias más adineradas de la Viena de la época. Murió en Cambridge el 29 de abril de 1951 a causa de un cáncer de próstata a los 62 años. Hablar de Wittgenstein es hablar no solamente de filosofía o de ideas abstractas. Cuando queremos hablar de él, podemos

---

3   Citas en A. C. Grayling, *Wittgenstein: A Very Short Introduction* (Oxford: Oxford University Press, 2001), 126.

4   Véase Monk, *Ludwig Wittgenstein*, 18.

5   Para profundizar en aspectos de la vida y pensamiento de Wittgenstein, no hay mejor obra a recomendar que la biografía de Monk y, en segundo lugar, pero no menos importante, el excelente trabajo también citado que ha hecho Isidoro Reguera Pérez. Este mismo año ha salido una interesante obra introductoria de la vida y pensamiento de Wittgenstein. Véase Federico Penelas, *Wittgenstein, La revuelta filosófica* (Buenos Aires: Galerna, 2020).

6   Citado en Grayling, «Preface» en *Wittgenstein: A Very Short Introduction*.

7   Haciendo alusión a la obra de Monk y al estudio introductorio de Reguera.

empezar por cualquiera de los muchos lados de su vida. Por ejemplo, podemos comenzar mencionando su afición y amor por el arte, especialmente la música. Es sabido que personajes tan ilustres como Johannes Brahms y Richard Strauss visitaban de manera constante la casa de la familia Wittgenstein. El mismo Ludwig decía que su más grande ilusión era componer alguna melodía musical, a lo que Reguera acertadamente comenta que, por escribir una partitura, seguramente habría cambiado todas las páginas de su filosofía.[8]

Aparte de la música, un comienzo muy peculiar podría ser el año de 1903 cuando el joven Ludwig fue enviado a la *Staatsoberrealschule* en Linz, una ciudad de Austria. En esta escuela Ludwig probablemente coincidió con Adolf Hitler,[9] éste último se refirió en su *Mein Kampf* a un chico judío que conoció, Hitler dice «Es cierto que en la *Realschule* yo había conocido a un muchacho judío que era tratado por nosotros con cierta prevención, pero sólo porque no teníamos mucha confianza en él debido a su ser taciturno y a varios hechos que nos habían alertado».[10] Además, y a causa de esto, se ha desarrollado la teoría de que Ludwig Wittgenstein fue el real causante del odio hacia los judíos por parte de Hitler, al punto de que se podría argüir que Wittgenstein fue quien inspiró el antisemitismo de Hitler.[11]

Otro lugar para comenzar el discurso sobre Ludwig Wittgenstein es su cambiante línea de estudio. Ludwig, al terminar el bachillerato en 1906, se fue a Berlín a estudiar ingeniería mecánica en Charlottenburg. Al terminar allí, se va en 1908 a Manchester donde ingresa al College of Technology. Unos años más tarde, y debido a su lectura del filósofo Bertrand Russell, Ludwig se mueve a Cambridge. Es el trabajo de Russell y sus concepciones sobre las matemáticas,[12] lo que delineará el sendero que Wittgenstein transitará hacia la filosofía. Aunque Ludwig estaba matriculado en Manchester, ya para 1911 estaba asistiendo a las clases de Russell en Trinity College. Esta división de

---

8   Reguera, «Estudio introductorio», en *Wittgenstein I*, xiii.
9   Usamos el término «probablemente» teniendo en cuenta la siguiente afirmación de Monk: «Hitler, aunque casi de la misma edad que Wittgenstein, iba dos años detrás de él. Coincidieron sólo durante el curso 1904-1905, antes de que Hitler fuera obligado a dejar el centro debido a sus malas notas. *No hay pruebas de que existiera ninguna relación entre ellos*». Monk, *Ludwig Wittgenstein*, 31. Énfasis añadido.
10 Adolf Hitler, *Mi lucha* (Medellín: Casa Editora Sigfrido, 2012), 38.
11 Esta teoría bastante controvertida y criticada, y al mismo tiempo poco probable, se popularizó por la obra de 1998 escrita por la australiana Kimberley Cornish. Véase Kimberley Cornish, *The Jew of Linz: Wittgenstein, Hitler and Their Secret Battle for the Mind* (Londres: Century Books, 1998).
12 El libro de Russell en cuestión es Bertrand Russell, *Los principios de la matemática* (Madrid: Espasa-Calpe, 1967).

sitios de estudio hacía eco en su disyuntiva entre seguir el estudio de motores de aviación o dedicarse a la filosofía. Finalmente, convencido por Russell, se dedica definitivamente a lo segundo.

En 1914 se fue a Noruega, y a mediados de ese mismo año se enlistó en el ejército. La influencia de León Tolstói y la experiencia de la Primera Guerra Mundial, llevó a Ludwig a tomar un giro en su vida, tal giro lo llevó a una vida de sencillez y de renuncia.[13] En 1920, después de matricularse en la Escuela Normal de Viena, recibió el título de magisterio. Después de esto, trabajó durante seis años como maestro de escuela. Sin embargo, como comenta Reguera, al maestro de pueblo, a esa altura, se le comparaba con la eminencia universal de Einstein y Freud, su ya famosísimo conciudadano vienés.[14] En 1926 deja la docencia y regresa a Viena para trabajar en la construcción de una casa para su hermana. En esta época comienza su retorno a la filosofía, y ya en 1929 John M. Keynes anunciaba el regreso a Cambridge de Wittgenstein diciendo las míticas palabras «Bueno, Dios ha llegado. Le encontré en el tren de las 5:15.». En su regreso a Cambridge presentó su tesis doctoral[15] y obtuvo su doctorado. Podríamos continuar con muchas de los posibles caminos para acercarnos a la figura de Ludwig Wittgenstein. Lo que queremos dejar claro es que hablar de Wittgenstein es hablar de un personaje realmente fascinante y cautivador en todos los sentidos.

En vida, Ludwig Wittgenstein publicó solamente el ya mencionado *Tractatus Logico-Philosophicus*. No obstante, gracias a sus notas dejadas y trabajos de recopilación posterior, podemos hoy disfrutar de una serie de obras póstumas, siendo algunas: la importante *Investigaciones filosóficas, Cuadernos azul y marrón y Sobre la certeza*.[16] Por supuesto, Wittgenstein —a diferencia de los filósofos de los últimos tres capítulos, que entrarían en la casilla de «filosofía continental», y por muy difícil o imposible que sea encasillarlo— se considera generalmente parte de lo que se conoce como «filosofía analítica» o «escuela analítica».[17] Aun así, y contra todo pronóstico, no hay problema en que po-

---

13   Por ejemplo, luego de la muerte de su padre en 1913, Ludwig regaló íntegramente toda la herencia a sus hermanos.

14   Reguera, «Estudio introductorio», en *Wittgenstein I*, xvii.

15   La tesis doctoral sería su única obra publicada en vida, la cual conocemos como el *Tractatus Logico-Philosophicus*.

16   Ludwig Wittgenstein, *Tractatus logico-philosophicus*, trad. Isidoro Reguera (Madrid: Alianza Editorial, 1999); Wittgenstein, *Investigaciones filosóficas*, trad. C. Ulises Moulines y Alfonso García Suárez (Barcelona: Crítica, 1988); Wittgenstein, *Cuadernos azul y marrón*, trad. Francisco Gracia Guillén (Madrid: Tecnos, 1968); Wittgenstein, *Sobre la certeza*, trad. Josep L. Paredes y Vicent Raga (Barcelona: Gedisa, 1988).

17   «La obra de Wittgenstein, considerada estrictamente en sus aspectos filosóficos, se considera en

damos clasificar a Wittgenstein como un filósofo «posmoderno», quizá no en ese exacto sentido de hablar de los filósofos de los últimos capítulos —i.e. no es tan simple ponerle la etiqueta de posmoderno así sin más—, pero si en el sentido entrecortado, natural, no sistemático, crítico y destructor de mitos e imágenes metafísicas que vemos en su manera de escribir y pensar, lo cual hace eco a la esencia posmoderna.[18]

LOS DOS WITTGENSTEIN

Es útil y común dividir a Wittgenstein en dos partes: lo que se conoce como el Primer Wittgenstein y el Segundo Wittgenstein; o también el Wittgenstein del *Tractatus* y el Wittgenstein de las *Investigaciones, Zettel y Sobre la certeza;* o el Viejo Wittgenstein y el Nuevo Wittgenstein.[19] Incluso, hay algunos que han especulado sobre las dos etapas de Wittgenstein como el Wittgenstein moderno y el Wittgenstein posmoderno.[20] Para fines de este trabajo, nosotros estaremos usando la distinción del Primer y el Segundo Wittgenstein.

El Primer Wittgenstein

Cuando queremos discutir sobre el Primer Wittgenstein —o lo que es lo mismo, su filosofía temprana— tenemos que ir obviamente a mirar su primera obra publicada el *Tractatus logico-Philosophicus*. El *Tractatus logico-Philosophicus* [*Tractatus* a partir de ahora] fue publicado por primera vez en alemán bajo el título *Logisch-Philosophische Abhandlung* en 1921, y en inglés publicado al año siguiente. Este brevísimo libro (un total de 75 páginas aproximadamente) es considerado —junto a *Investigaciones filosóficas*— su trabajo más importante e influyente.

Empezamos diciendo que Wittgenstein tenía un objetivo bastante claro con el *Tractatus*, el norte que él poseía era básicamente solucionar todos los problemas de la filosofía.[21] Para solucionar estos problemas es necesario tener

---

general que pertenece a la corriente principal de la filosofía analítica reciente y contemporánea». Grayling, «Preface» en *Wittgenstein: A Very Short Introduction*.

18   Estamos completamente agradecidos al Prof. Isidoro Reguera por esta idea tan clara que arroja mucha luz al estilo del filósofo.

19   E.g. Brian McGuinness lo llama el «Nuevo Wittgenstein» en su ensayo en José L. Zalabardo, ed., *Wittgenstein's Early Philosophy* (Oxford: Oxford University Press, 2012), 260.

20   Véase Grayling, «Preface» en *Wittgenstein: A Very Short Introduction*.

21   «En un principio, Ludwig Wittgenstein pensaba que había purificado la filosofía hasta tal punto

un correcto entendimiento de cómo funciona el lenguaje, y la vía a seguir para ello era entender lo que él llama la *Sprachlogik*.[22] Si entendemos correctamente la lógica de nuestro lenguaje, entonces podremos solucionar los problemas de la filosofía. En realidad, esta línea de pensamiento es fundamental en toda la filosofía de Wittgenstein, por esto, tanto el Primero como el Segundo lidian con el lenguaje, pero lo hacen de manera distinta.

Ahora, entendiendo que su objetivo era solucionar los problemas de la filosofía, y el camino para resolver esto es el correcto entendimiento de la función del lenguaje, el *Tractatus* pretende ser la señal de tránsito que nos indica el camino de solución, i.e., el *Tractatus* —como la obra del Segundo Wittgenstein también, solo que de forma diferente— nos dice por qué el entendimiento del lenguaje solucionaría los problemas de la filosofía. Pero, ¿cuáles son estos «problemas» que posee la filosofía? Wittgenstein, en primer lugar, va contra la corriente común que busca respuesta a las —según ellos— más importantes cuestiones de la filosofía: la existencia, el conocimiento, el valor, y la verdad. Para él, la verdadera tarea de la filosofía no es lo mencionado anteriormente, más bien, la real y verdadera tarea de la filosofía es hacer que la naturaleza de nuestro pensamiento y habla sea clara. En otras palabras, si nuestro pensamiento y nuestro lenguaje se hicieran claros, los problemas tradicionales de la filosofía (i.e.: la existencia, el conocimiento, la verdad, etcétera) se verían ya como vanos.

«La figura lógica de los hechos es el pensamiento... La totalidad de los pensamientos verdaderos es una figura del mundo... De lo que no se puede hablar hay que callar»,[23] dice Wittgenstein. Estas proposiciones del filósofo son claves para entender que, para el Primer Wittgenstein, es fundamental considerar que el lenguaje tiene una estructura lógica subyacente. En otras palabras, para Wittgenstein lo que se puede decir es lo mismo con lo que se puede pensar, de modo que una vez que se ha comprendido la naturaleza del lenguaje, y por lo tanto de lo que se puede pensar clara y significativamente, se ha mostrado el límite más allá del cual el lenguaje y el pensamiento se convierten en un sinsentido. Es en este ámbito, más allá de los límites del sentido, donde en opinión de Wittgenstein surgen los problemas filosóficos tradicio-

---

que la formulación de sus problemas abocaba a su solución o a su disolución, por lo que creía que la filosofía había llegado a su fin». Richard Rorty, *Consecuencias del pragmatismo* (Madrid: Editorial Tecnos, 1996), 79.

22　I.e. «Lógica del lenguaje». Véase Wittgenstein, *Tractatus logico-Philosophicus*, 3–4. La numeración usada en este capítulo tanto para hacer referencia al *Tractatus* como a las *Investigaciones filosóficas* no se refieren al número de página sino al número de la proposición.

23　Wittgenstein, *Tractatus logico-Philosophicus*, 3 y 7.

nales, y donde su origen es precisamente el resultado de nuestro intento de decir lo que no se puede decir.[24]

Anthony Grayling nos resume el argumento principal del *Tractatus*, diciendo:

> Tanto el lenguaje como el mundo, dice Wittgenstein, tienen una estructura. El lenguaje consiste en proposiciones, y éstas están compuestas por lo que él llama proposiciones «elementales», que a su vez son combinaciones de nombres. Los nombres son los últimos componentes del lenguaje. En consecuencia, el mundo consiste en la totalidad de los hechos y los hechos se computan a partir de «estados de cosas», que a su vez se componen de objetos. Cada nivel de estructura en el lenguaje corresponde a un nivel de estructura en el mundo. Los objetos, que son los componentes últimos del mundo, se denotan por los componentes últimos del lenguaje, los nombres; los nombres se combinan para formar proposiciones elementales, que corresponden a estados de cosas; y cada uno de estos se combinan además para formar, respectivamente, proposiciones y los hechos que, en cierto sentido para ser explicados, esas proposiciones «representan».[25]

Básicamente Grayling resume el argumento de lo que podría llamarse la «Teoría pictórica del significado» inmersa en el *Tractatus*. Con esta teoría Wittgenstein sugiere que una proposición significativa ilustra un estado de cosas. Él compara —como bien lo expresa Grayling— el concepto de *Blider* [imágenes lógicas] con imágenes espaciales.[26] En otras palabras, la idea es que una frase debe compartir una forma pictórica con cualquier estado de cosas que informe. Wittgenstein quedó impresionado por la forma en que un modelo —e.g. un accidente de tráfico— podía utilizarse para ilustrar los acontecimientos reales, y la teoría pictórica toma la relación del modelo con

---

24 Véase Grayling, *Wittgenstein: A Very Short Introduction*, 18.

25 *Ibíd.*, 36.

26 Esta teoría pictórica del lenguaje se considera una teoría correspondentista de la verdad, la cual —en sentido estricto— es el punto de vista de que la verdad es la correspondencia a, o con, un hecho. La misma se asocia a menudo con el realismo metafísico. Cabe señalar que este punto de vista fue defendido por Russell y Moore a principios del siglo XX, ambos directamente relacionados con Wittgenstein. Véase, *The Oxford Dictionary of Philosophy*, 2da rev. ed., s. v. «correspondence theory of truth».

la situación como la relación semántica fundamental. Por tanto, se requiere que los elementos del modelo correspondan a elementos de la situación, y que la estructura del modelo sea compartida con la de la situación.[27] Esto es en resumen el corazón del *Tractatus*.[28]

Con respecto al Primer y Segundo Wittgenstein, Reguera nos dice:

> Wittgenstein exponía en ella [la obra el *Tractatus*] unas concepciones singulares que traslucían un interés además de lógico también existencial. Las famosas palabras con las que terminaba el libro: «De lo que no se puede hablar hay que callar» le aportaron el apelativo de místico; terminaron, por otra parte, con la manera tradicional de hacer filosofía. Ahora bien, con ellas el filósofo llegó a un no-lugar sin salida: con la lógica y las palabras se podía decir sólo lo decible, pero ¿y lo demás? ¿Acaso no decimos siempre lo que queremos y decimos algo? O creemos que decimos algo. ¿Qué decimos cuando pronunciamos las palabras «Dios», «perro», «alma» o «color rojo»? De esto y de más asuntos trataría otra obra filosófica señera: *Investigaciones filosóficas*... El autor de esta última obra ya no pensaba lo mismo que el del Tractatus.[29]

Estas palabras nos llevan a nuestra siguiente sección.

El Segundo Wittgenstein

Como sabemos, el pensamiento de Wittgenstein fue cambiando bastante, al punto que el pensamiento posterior se convirtió en una especie de alternativa o contraposición —aunque de esto habría mucho que decir— al primer pensamiento. En pocas palabras, su pensamiento comenzó una transición que se produjo principalmente por las reconsideraciones del *Tractatus*.[30]

---

27 *The Oxford Dictionary of Philosophy*, s. v. «picture theory of meaning».

28 Mucho más podría decirse sobre esto, pero las limitaciones del presente trabajo no nos permiten profundizar en todo lo que se puede desarrollar a partir de esto. Isidoro Reguera es muy útil en su Estudio introductorio, el cual arroja mucha luz en la descripción tanto del Primer como del Segundo Wittgenstein. Véase Reguera, «Estudio introductorio», en *Wittgenstein I*, Grandes Pensadores (Madrid: Gredos, 2009).

29 Reguera, «Estudio introductorio», xxxv–xxxvi.

30 Algo importante que resaltar aquí es que para entender lo que Wittgenstein desarrolla en *Investigaciones filosóficas* se debe tener en paralelo las ideas expresadas en el *Tractatus*. Por esto, recomendamos al lector realmente interesado que consulte las introducciones que hemos

Después de terminar su labor en Trinity, Ludwig se fue a Noruega. En esta época, el filósofo vive una constante lucha interna entre él y sus ideas religiosas, sus dudas, su propio ser,[31] lo que coloca los fundamentos para lo que sería la obra icónica del Segundo Wittgenstein: *Investigaciones filosóficas*. Podríamos decir que esta etapa es el trabajo más maduro —tanto por el camino que ya había recorrido como por su edad que avanzaba— de Wittgenstein. Los escritos de esta filosofía posterior datan de entre mediados de la década de 1930 hasta su muerte en 1951. Antes de este período hubo otro que podríamos llamar un «período de transición» entre el Primer y Segundo Wittgenstein.[32]

Como ya mencionamos, la idea en el *Tractatus* es que el lenguaje tiene una única esencia descubrible, una sola lógica subyacente, que puede ser explicada mediante un análisis revelador de la estructura del lenguaje y el mundo y una descripción de la relación entre ellos. Esta relación —una relación pictórica, como ya mencionamos anteriormente— se basa en un vínculo denotativo entre los nombres y los objetos, i.e., los nombres *significan* objetos. Hay un cambio radical ahora en las *Investigaciones*, ya que el argumento de esta obra es un rechazo categórico de esta perspectiva. El Segundo Wittgenstein cree que no hay una «lógica del lenguaje», sino muchas. El lenguaje no tiene una esencia única, sino una gran colección de distintas prácticas, y cada una de estas con su lógica propia. Grayling nos resume:

> El significado no consiste en la relación denotativa entre las palabras y las cosas o en la relación pictórica entre las proposiciones y los hechos, sino que el significado de una expresión es su utiliza-

---

citado. Véanse notas 1, 2 y 3 del presente capítulo, además de leer directamente las dos obras respectivas de Wittgenstein.

31   Toda esta batalla interna puede verse reflejada en Ludwig Wittgenstein, *Diarios secretos*, trad. Andrés Sánchez Pascual e Isidoro Reguera (Madrid: Alianza Editorial, 1991).

32   Grayling describe este período de transición: «Después de su regreso a Cambridge en 1929 Wittgenstein se embarcó en un período de intensa actividad intelectual durante el cual escribió mucho. Esta fase de transición duró aproximadamente hasta 1935, momento en el cual muchas de las ideas que se debían cumplir con las *Investigaciones filosóficas* y otras de las obras tardías habían aparecido en estos manuscritos». Grayling, *Wittgenstein: A Very Short Introduction*, 75. No ahondaremos en este período debido a nuestro compromiso por mantenernos en los límites de este trabajo. No obstante, es importante mencionar algunas de las obras producidas en este tiempo como *Philosophische Bermerkungen*, *Philosophische Grammatik* y *El cuaderno azul* algunas de ellas ya conteniendo vestigios de lo que posteriormente serían las *Investigaciones filosóficas*. Véase: Ludwig Wittgenstein, *Observaciones filosóficas*, Filosofía Contemporánea (Ciudad de México: Instituto de Investigaciones Filosóficas, 2007); Wittgenstein, *Gramática filosófica*, Filosofía Contemporánea (Ciudad de México: Instituto de Investigaciones Filosóficas, 2019); y Wittgenstein, *Los cuadernos azul y marrón* (Madrid: Tecnos, 2009).

ción en la multiplicidad de prácticas que conforman el lenguaje. Además, el lenguaje no es algo completo y autónomo que pueda ser investigado independientemente de otras consideraciones, ya que el lenguaje está entretejido en todas las actividades y comportamientos humanos y, por consiguiente, en nuestros asuntos prácticos, nuestro trabajo, nuestro trato con los demás y con el mundo que habitamos: un lenguaje, en resumen, forma parte del tejido de una «forma de vida» inclusiva.[33]

Recordemos que, en el *Tractatus*, el filósofo vienés pensaba que los problemas de la filosofía surgían debido a nuestros malentendidos sobre la lógica de nuestro lenguaje. Aunque esta idea permanece en él, vemos —a partir de la anterior cita— que lo que cambió fue su perspectiva sobre qué se entiende por «la lógica del lenguaje». Además de esto, también cambia su metodología; es decir, él cree que para «solucionar» estos problemas no se necesita construir una teoría sistemática filosófica, tal como intentó en el *Tractatus*. Su intención ahora es disolver esos problemas eliminando los malentendidos que los causan en primer lugar, y por esto la filosofía ahora es concebida de una forma más médica o terapéutica. Wittgenstein nos dice: «El filósofo trata una pregunta como una enfermedad».[34]

Ya no es, entonces, el malentendido con respecto a la lógica de nuestro lenguaje, sino que los problemas ahora surgen por el mal uso o las ideas equivocadas sobre su naturaleza (i.e. del lenguaje). Por consiguiente, si tenemos una perspectiva incorrecta de la manera en que el lenguaje funciona, estaremos sujetos a confusiones. Wittgenstein nos dice que «Las confusiones que nos ocupan surgen, por así decirlo, cuando el lenguaje marcha en el vacío, no cuando trabaja... Pues los problemas filosóficos surgen cuando el lenguaje *hace fiesta*... Éstos no son ciertamente empíricos, sino que se resuelven mediante una cala en el funcionamiento de nuestro lenguaje, y justamente de manera que éste se reconozca: *a pesar de* una inclinación a malentenderlo».[35] En resumen, el vienés nos dice que la solución «médica» para curar esta enfermedad es mirar cómo realmente funciona el lenguaje; por esto mismo él nos dice sobre el objetivo de su obra *Investigaciones filosóficas*, «Nuestro examen es por ello de

---

33   Grayling, *Wittgenstein: A Very Short Introduction*, 79.
34   Wittgenstein, *Investigaciones filosóficas*, 255.
35   *Ibíd.*, 132, 38 y 109. Cf. Grayling, *Wittgenstein: A Very Short Introduction*, 80.

índole gramatical. Y éste arroja luz sobre nuestro problema quitando de en medio malentendidos».[36]

De esto se desprende uno de los términos más ligados a la obra del Segundo Wittgenstein: *Sprachspiel*.

Juego de lenguaje

> El símil del juego... describe bien, frente a cualquier teoría, la idea de lenguaje del segundo Wittgenstein. El lenguaje se parece a un juego en tanto que es una actividad con palabras dirigida por reglas, las reglas gramaticales. E igual que en el ajedrez el significado de una figura es la suma de las reglas que determinan sus posibles movimientos en el juego, así sucede con el significado o uso de las palabras. En el lenguaje hay innumerables juegos, es decir, procedimientos para el uso de signos. Los juegos de lenguaje son contextos reales de acción y constituyen la forma de vida de una cultura en la cual, a su vez, están inscritos.[37]

Para Wittgenstein es evidente que el lenguaje no es algo uniforme sino más bien una legión de actividades. Wittgenstein nos dice «¿Pero cuántos géneros de oraciones hay? ¿Acaso aserción, pregunta y orden? —Hay *innumerables* géneros: innumerables géneros diferentes de empleo de todo lo que llamamos "signos", "palabras", "oraciones". Y esta multiplicidad no es algo fijo, dado de una vez por todas; sino que nuevos tipos de lenguaje, nuevos juegos de lenguaje, como podemos decir, nacen y otros envejecen y se olvidan... La expresión "*juego* de lenguaje" debe poner de relieve aquí que hablar el lenguaje forma parte de una actividad o de una forma de vida».[38] Wittgenstein nos dice que podemos usar el lenguaje para un montón de cosas, e.g. relatar un suceso, actuar en una obra de teatro, cantar algún himno, adivinar acertijos, traducir de un lenguaje a otro, suplicar, agradecer, maldecir, saludar, rezar,

---

36   Wittgenstein, *Investigaciones filosóficas*, 90. Aquí debemos señalar que, con «gramatical» Wittgenstein no se refiere a la «gramática» que entendemos en un sentido cotidiano. Más bien, el filósofo se refiere a la lógica de una actividad lingüística dada. Debido, entonces, a que hay distintas formas de actividad lingüística, hay, por ende, distintas formas en la que la gramática del lenguaje funciona.

37   Reguera, «Glosario» en *Wittgenstein I*, cxvii.

38   *Ibíd.*, 23.

contar chistes, expresar emociones, especular, y un gran etcétera.[39] Todo esto son para él «juegos de lenguaje».

La naturaleza del uso del término *juegos* por parte de Wittgenstein es, posiblemente, mejor entendida en sus proposiciones 66 y 67:

> Considera, por ejemplo, los procesos que llamamos «juegos». Me refiero a juegos de tablero, juegos de cartas, juegos de pelota, juegos de lucha, etc. ¿Qué hay común a todos ellos? —No digas: «*Tiene que* haber algo común a ellos o no los llamaríamos 'juegos'» — sino *mira* si hay algo común a todos ellos. — Pues si los miras no verás por cierto algo que sea común a todos, sino que verás semejanzas, parentescos y por cierto toda una serie de ellos. Mira, por ejemplo, los juegos de tablero con sus variados parentescos. Pasa ahora a los juegos de cartas: aquí encuentras muchas correspondencias con la primera clase, pero desaparecen muchos rasgos comunes y se presentan otros. Si ahora pasamos a los juegos de pelota, continúan manteniéndose varias cosas comunes pero muchas se pierden... Y el resultado de este examen reza así: Vemos una complicada red de parecidos que se superponen y entrecruzan. Parecidos a gran escala y de detalle.
>
> No puedo caracterizar mejor esos parecidos que con la expresión «parecidos de familia»; pues es así como se superponen y entrecruzan los diversos parecidos que se dan entre los miembros de una familia: estatura, facciones, color de los ojos, andares, temperamento, etc., etc. — Y diré: los 'juegos' componen una familia.[40]

Este uso del término «juego» parecería tener la intención de sugerir que las diferentes actividades lingüísticas (i.e. relatar, actuar, cantar, adivinar, y demás mencionadas arriba) son en cierto modo sin importancia, pero esto no es así. Wittgenstein, una vez más, está diciendo que el lenguaje es una colección de juegos y, con esto, también nos dice que ese lenguaje no tiene una esencia *única* que pueda ser enunciada en términos de una teoría *unitaria*.

---

39 Véase *Ibíd.*
40 Wittgenstein, *Investigaciones filosóficas*, 66 y 67.

El significado es su uso

Así, pues, podemos ver otra gran diferencia entre el Primer y Segundo Wittgenstein. Cuando nos queda claro que para entender el trabajo del lenguaje hay que ver su multiplicidad,[41] vemos también la razón de por qué es un error pensar en «significado» à la Wittgenstein del *Tractatus*. El Primer Wittgenstein afirma que *el significado de una palabra es el objeto que denota*. Sin embargo, el Wittgenstein de las Investigaciones afirma que *el significado de una expresión está en el uso* al que se puede poner en uno u otro de los muchos y variados juegos de lenguaje que constituyen el lenguaje;[42] en palabras de Wittgenstein «el significado de una palabra es su uso en el lenguaje».[43]

De la diferencia anterior se desprende la crítica que Wittgenstein hace contra su propia idea de la teoría denotativa del significado[44] contenida en el *Tractatus*. El filósofo, desde las primeras proposiciones de las *Investigaciones*, lanza su argumentación a partir de una cita de las *Confesiones* de Agustín.[45] En resumen, Wittgenstein nos dice que, si el significado de las palabras consistiera en un vínculo denotativo con los objetos —como propuso en el *Tractatus*—, entonces ese vínculo tendría que establecerse por definición ostensiva (i.e. indicando un objeto), o en palabras más simples: típicamente señalando un objeto con el dedo y pronunciando su nombre. El problema que el Segundo Wittgenstein ve es que la definición ostensiva no puede ser o servir como el fundamento para el aprendizaje del lenguaje. Porque, como nos dice Grayling,

> para entender que se está nombrando un objeto, el aprendiz tendría que dominar ya al menos una parte del lenguaje; a saber, el juego de lenguaje de nombrar objetos. El punto puede explicarse así: supongamos que estás enseñando a un [extranjero] la palabra

---

41 «En vez de indicar algo que sea común a todo lo que llamamos lenguaje, digo que no hay nada en absoluto común a estos fenómenos por lo cual empleamos la misma palabra para todos, —sino que están *emparentados* entre sí de muchas maneras diferentes. Y a causa de este parentesco, o de estos parentescos, los llamamos a todos "lenguaje"». *Ibíd.*, 65.

42 Reguera lo expresa de la siguiente forma: «El significado de una palabra era, primero, la cosa u objeto que nombraba (suponiendo una armonía lógica preestablecida entre cosas y palabras, hechos y proposiciones, mundo y lenguaje), y después, su uso dentro del lenguaje (el significado se aprende en el lenguaje, no mirando ni bautizando lo real)». Reguera, «Glosario» en *Wittgenstein I*, cxxi.

43 *Ibíd.*, 43.

44 En una breve oración, la teoría denotativa del significado afirma que, el significado de una palabra es el objeto que denota. Esto es básicamente lo que propone Wittgenstein en el *Tractatus*.

45 Véase Agustín de Hipona, *Confesiones* en *Confesiones, Contra los académicos*, Grandes Pensadores (Madrid: Gredos, 2015), 1,8.

«mesa», y que lo haces pronunciando la palabra mientras ostentas [señalas con el dedo] una mesa. ¿Por qué el aprendiz debe entender que estás nombrando el objeto en lugar de, digamos, describiendo su color, su función, o el pulido de su superficie, o incluso ordenándole que se arrastre debajo de ella? Por supuesto, el alumno de este ejemplo, ya que ya tiene el dominio de su propio lenguaje, puede entender que el juego de lenguaje en cuestión es el de nombrar objetos; pero para un aprendiz primerizo no hay tal conocimiento disponible. ¿Cómo podría entonces comenzar a aprenderse el lenguaje si el significado es denotativo y por lo tanto depende de definiciones ostensibles?[46]

Todo esto nos lleva al pensamiento del Wittgenstein de las *Investigaciones*, el cual nos dice —contrario al del *Tractatus*— que, el nombrar no es la base del significado, así como también nos dice que la relación de este «nombrar objetos» en sí misma no es simplemente una cuestión de correlaciones ostensiblemente establecidas entre los sonidos (o señalamientos con el dedo) y los objetos, sino que, debe entenderse en términos de la forma en que los nombres y el nombrar los objetos entran en nuestras actividades lingüísticas.

Cabe señalar también algo sumamente central en esto, y es que hay una conexión íntima entre entendimiento, significado y uso. Wittgenstein nos dice que «Entender una oración significa entender un lenguaje. Entender un lenguaje significa dominar una técnica».[47] Con esto, en pocas palabras, el filósofo nos dice que, *entender* es saber cómo hacer algo, lo que se traduciría a que *entender* un lenguaje es saber cómo usarlo. Este punto central del Nuevo Wittgenstein tiene las siguientes implicaciones: (1) la noción de entender algo que hacemos está directamente asociada con la noción del uso, dado que el uso es en sí mismo una actividad, y (2) entender, como una actividad práctica, es algo que se reconoce y mide por criterios externos y, por lo tanto, está lejos de ser interno o *privado* a la vida mental de un individuo. En términos sencillos, el lenguaje es como la canción de *Cumpleaños feliz*: algo que está en el dominio público.

---

46 Grayling, *Wittgenstein: A Very Short Introduction*, 85.
47 Wittgenstein, *Investigaciones filosóficas*, 199.

Lenguaje privado

Es sabido que el Segundo Wittgenstein hace una crítica contra lo que se llama lenguaje privado. En una relativamente extensa sección de las *Investigaciones filosóficas*,[48] el vienés desarrolla su tratamiento sobre el tema, y lo critica señalando que un lenguaje privado no sería un lenguaje que uno pueda inventar para su uso secreto ya teniendo otro en posesión. Wittgenstein nos dice que, un «hombre puede animarse a sí mismo, darse órdenes, obedecerse, censurarse, castigarse, formularse una pregunta y responderla. Se podría también imaginar incluso hombres que hablasen sólo en monólogo. Acompañarían sus actividades hablando consigo mismos.... Pero no es eso lo que quiero decir. Las palabras de este lenguaje [privado] deben referirse a lo que sólo puede ser conocido por el hablante, a sus sensaciones inmediatas, privadas. Otro no puede, por tanto, entender este lenguaje».[49] Con esto, nos está demostrando que el objetivo es analizar la imposibilidad lógica de un lenguaje cuyas palabras se refieren a sensaciones u objetos inmediatos sólo para mí, las cuales no pueden ser apreciadas o experimentadas por los demás.

Wittgenstein dice: «¿Hasta qué punto son mis sensaciones *privadas*? — Bueno, sólo yo puedo saber si realmente tengo dolor; el otro sólo puede presumirlo. — Esto es en cierto modo falso y en otro un sinsentido. Si usamos la palabra «saber» como se usa normalmente (¡y cómo si no debemos usarla!) entonces los demás saben muy frecuentemente cuándo tengo dolor. — Sí, ¡pero no, sin embargo, con la seguridad con que yo mismo lo sé! — De mí no puede decirse en absoluto (excepto quizá en broma) que *sé* que tengo dolor. ¿Pues qué querrá decir esto, excepto quizá que *tengo* dolor?».[50]

Por eso, muy bien señala María T. Muñoz cuando describe la crítica de Wittgenstein, diciendo que «El llamado argumento del lenguaje privado constituye, pues, una serie de ataques argumentales (propuestas contra ejemplos, objeciones, etcétera) dirigidos a mostrar que no es pensable un lenguaje que sólo una persona pueda entender o, que un 'lenguaje' que otra persona no pueda entender no es un lenguaje».[51] Más interesante aún es la descripción que nos da Alfonso García Suárez. El catedrático nos explica las bases de la crítica de Wittgenstein al lenguaje privado, dicha crítica,

---

48 Wittgenstein, *Investigaciones filosóficas*, 243–315.
49 *Ibíd.*, 243.
50 *Ibíd.*, 246.
51 María Teresa Muñoz Sánchez, «La crítica wittgensteiniana al lenguaje privado», *En-claves del pensamiento* 5 (2009): 74.

constituye, por *modus tollens*, un rechazo de un amplio y variado conjunto de doctrinas filosóficas que implícita o explícitamente entrañan la posibilidad de un lenguaje así. Cabe contemplar todas estas doctrinas como *figuras* generadas por la adopción de una cierta postura filosófica, de un cierto modo de concebir las relaciones entre el lenguaje, conocimiento y experiencia. Esta postura, que podemos denominar la *perspectiva egocéntrica*, fue inaugurada por Descartes cuando, por mor de la duda metódica, decidió filosofar partiendo sólo de las evidencias que le eran accesibles desde la clausura del cogito. El título mismo de la segunda de las *Meditaciones metafísicas* [de Descartes] —«De la naturaleza del espíritu humano; y que es más fácil de conocer en el cuerpo»— es ya chocante y remite a lo que Ryle ha denominado el mito de la «fosforescencia» de la mente o la doctrina del «acceso privilegiado».[52]

García nos da mucha luz para entender el giro wittgensteiniano que lo aleja de la filosofía racionalista y egocéntrica típica de la Ilustración e —como nos dice García— inaugurada por Descartes.[53] Es decir, Wittgenstein está socavando la visión cartesiana que privilegia los estados mentales privados en los que los filósofos han localizado la fuente no sólo del conocimiento sino del significado y el entendimiento.[54]

---

52   Alfonso García Suárez, «Wittgenstein y la idea de un lenguaje privado», *Daimon* 2 (1990): 89. García cita René Descartes, *Meditaciones metafísicas con objeciones y respuestas* (Madrid: Alfaguara, 1977). Para una edición más actual, véase René Descartes, *Meditaciones metafísicas* (Madrid: Alianza, 2011).

53   Descartes «redefinió lo que es ser un humano en términos de conciencia, y su perspectiva es completamente *egocéntrica*». Fergus Kerr, *Theology After Wittgenstein* (Londres: SPCK, 1997), 4–5. Aunque Descartes fue el que inició esta corriente, en la filosofía contemporánea —y, por lo tanto, en la época de Wittgenstein— fue Russell quien hace una manifestación explícita de un lenguaje privado. La idea de Russell se fundamenta básicamente —además de un empirismo radical que parece llevar a un solipsismo— en la confrontación directa de los objetivos que las palabras denotan, o palabras ya conocidas en este capítulo por la «definición ostensiva» que adopta el Primer Wittgenstein en el *Tractatus*. Véase el ensayo «La filosofía del atomismo lógico» en Bertrand Russel, *Lógica y conocimiento* (Barcelona: RBA Libros, 2013).

54   Fergus Kerr comenta de manera brillante que «pensar en el significado como un estado o acto esencialmente oculto dentro de la propia conciencia, radicalmente inaccesible para cualquier otra persona, es, residualmente, y tanto más insidiosamente por eso, sucumbir al atractivo pensamiento de que el yo está oculto dentro del hombre.... el lugar de los significados no es la soledad epistemológica de la conciencia individual, sino los intercambios prácticos que constituyen el mundo público que habitamos juntos.... La "esencia" del lenguaje humano es la serie de actividad de colaboración que genera la forma de vida humana». Kerr, *Theology After Wittgenstein*, 42, 58.

Por tanto, mientras el Primer Wittgenstein está más en armonía con una línea cartesiana y un solipsismo semántico y epistémico, el Segundo está en una posición de ataque directo a todo esto. Wittgenstein nos dice «Un niño se ha lastimado y grita; luego los adultos le hablan y le enseñan exclamaciones y más tarde oraciones. Ellos le enseñan al niño una nueva conducta de dolor».[55] Aquí podemos ver que Wittgenstein opone «una posible explicación de la efectiva conexión entre palabra y sensación que subraya el enraizamiento de nuestro lenguaje de sensaciones en la conducta prelingüística»,[56] al modelo ostensivo. «Pero Wittgenstein se apresura a alejar la sospecha de conductismo insistiendo en que las manifestaciones verbales de sensaciones *reemplazan* la conducta primitiva y no la *describen*».[57]

Entonces, para Wittgenstein, los signos externos o comportamientos podrían ser de ayuda a los demás para poder usar de manera correcta los conceptos, sin que esto nos lleve a un conductismo y, por ende, nos lleve a negar la existencia de entidades más allá de los que observamos en el comportamiento corporal. Wittgenstein nos dice:

> El signo característico de lo mental parece ser el que se ha de adivinar en algún otro a partir de lo externo y sólo se lo conoce a partir de uno mismo.
>
> Pero cuando una reflexión escrupulosa hace que este punto de vista se disipe como si de humo se tratase, lo que resulta entonces no es que lo interno es algo externo, sino que «externo» e «interno» ya no valen como propiedades de la evidencia. «Evidencia interna» no quiere decir nada y, por lo tanto, tampoco «evidencia externa».[58]

---

55 Wittgenstein, *Investigaciones filosóficas*, 244.

56 Todo este conjunto de conductas y reacciones es lo que Wittgenstein llama *formas de vida*. En otras palabras, «el consenso subyacente de comportamiento lingüístico y no lingüístico, supuestos, prácticas, tradiciones y propensiones naturales que los humanos, como seres sociales, comparten entre sí, y que, por lo tanto, se presupone en el lenguaje que utilizan». Grayling, *Wittgenstein: A Very Short Introduction*, 97.

57 Alfonso García Suárez, «Wittgenstein y la idea de un lenguaje privado», *Daimon* 2 (1990): 97–98. Fergus Kerr comenta: «Wittgenstein combate este racionalismo con expresiones como "reacción", "relación instintiva", "conducta primitiva", "formas de vida", y similares. Tales frases levantan la sospecha de conductismo... Estamos tan dominados por la dicotomía alma/cuerpo que se vuelve difícil reconocer toda una gama de actividades característicamente humanas que no son el resultado del raciocinio ni el efecto del condicionamiento mecánico». Kerr, *Theology After Wittgenstein*, 92.

58 Ludwig Wittgenstein, *Últimos escritos sobre filosofía de la psicología* (Madrid: Tecnos, 2008), 334–335.

Lo cual nos lleva a concluir que son los criterios de uso los que se están cuestionando. Con respecto a esto, estamos en total acuerdo con Muñoz cuando nos dice:

> Tras el ataque wittgensteiniano, no tiene sentido pretender que la justificación de creencias es posible gracias a un acceso directo a la idea o pensamiento contenido en la mente. De manera que, se presenta como un sinsentido el carácter de fundamento que se le atribuyen a las creencias privadas en el modelo cartesiano. Pierde también pertinencia la oposición entre lo interno y lo externo como criterio de justificación de creencias y, consecuentemente, como justificación de la posibilidad de un lenguaje privado. Desde la lectura que propongo de las *Investigaciones filosóficas*, una expresión lingüística sólo tiene significado en la medida en que se encuadra en un contexto lingüístico, en una comunidad de certezas. El significado no corresponde a la existencia de entidades, sino que está en función del uso asumido, mismo que se encuentra normado por una serie de reglas. Es la práctica de los hombres la que dota de significado a los términos al aceptar o rechazar dichas reglas.[59]

En resumidas cuentas, podemos decir que el significado de una expresión es lo que entendemos cuando escuchamos esa expresión. El entendimiento consiste en conocer el uso de la expresión a través de la variedad de juegos de lenguaje en los que se produce. Conocer su uso es tener la habilidad de seguir las reglas para su uso en esos diferentes juegos de lenguaje.[60]

Para finalizar esta sección, vamos a resumir brevemente a los dos Wittgenstein con la ayuda del Prof. Reguera:

> En el primero, analizaba lógicamente el lenguaje y el mundo buscando un ideal universal de perfección significativa en un sujeto metafísico, minusvalorando cualquier uso del lenguaje que no fuera lógico y científico, que tuviera que ver con las peculiaridades de un sujeto empírico y emocional. En el segundo, analiza el lenguaje corriente, con sus innumerables usos y juegos diarios, buscando

---

59 María Teresa Muñoz Sánchez, «La crítica wittgensteiniana al lenguaje privado», *En-claves del pensamiento* 5 (2009): 80.
60 Véase Grayling, *Wittgenstein: A Very Short Introduction*, 95–96.

sentido de las cosas en él mismo, tal como es, como acción humana sometida a un entrenamiento reflejo dentro de una forma concreta de vida sujeta a condicionamientos naturales, sociales y culturales, en una imagen concreta del mundo... El Wittgenstein del *Tractatus* jugaba el juego de la lógica... El Wittgenstein posterior comprendió la lógica del juego, la lógica del perenne jugar humano, de los innumerables juegos en que desaparece el supuesto significado, sentido y verdad eternos de las palabras en el mero uso que, a conveniencia, convención, según intereses, se hace de ellas: para todo hay un juego. Si el primer Wittgenstein tiene en mente el cálculo —leibniziano— de la verdad en los ámbitos del sentido del lenguaje, no en los inefables místicos, el segundo no puede tener otra concepción de la verdad que el acuerdo o la coincidencia en el juego.[61]

SAQUEANDO LOS TESOROS DEL POSMODERNISMO

Posiblemente, a esta altura, todas estas ideas del Segundo Wittgenstein suenan un tanto a relativismo. Al mismo tiempo, si esto es así, este capítulo parece estar contradiciendo nuestro tratamiento en el capítulo 1 donde afirmamos que el posmodernismo no es un mero relativismo de tipo «esa es tu verdad y esta es la mía», un relativismo epistémico de tipo «no existe la verdad» o un tipo de relativismo *moral*. Pero, ¿es cierto todo esto? ¿Podemos saquear algo bueno o útil del Segundo Wittgenstein?

Lo primero que debemos tomar en cuenta es que, así como el término *posmodernismo* no significa una sola cosa, el término *relativismo* tampoco es *una sola cosa*.[62] Cuando describimos, por ejemplo, al pragmatismo influenciado por Wittgenstein como una especie de relativismo, esto no quiere decir que los pragmatistas están ansiosos por abrazar un vago e ingenuo razonamiento de «eso puede ser cierto para ti, pero no para mí», más bien, el pragmatismo puede ser un buen aliado de la filosofía cristiana precisamente porque es una filosofía de la contingencia, atenta siempre a nuestra dependencia y sociali-

---

61 Reguera, «Estudio introductorio» en *Wittgenstein I*, xix y xxviii.
62 El «relativismo» puede significar muchas cosas, y comúnmente usamos esa palabra como sinónimo de algún tipo de nihilismo «todo vale». Existe una amplia variante de lo que conocemos como «relativismo»: e.g. relativismo cultural, relativismo conceptual, relativismo epistémico (relativismo sobre la racionalidad, sobre la lógica, sobre la ciencia, construccionismo social), relativismo moral, etcétera. Cabe señalar que el término relativismo no siempre está haciendo referencia a la moralidad, por ejemplo.

dad.[63] Entonces, aquí es importante ver que el relativismo de la tradición del Segundo Wittgenstein está fundamentado en una crítica filosófica a un realismo epistemológico, o para ser más directos, es una crítica contra la visión representacionalista del lenguaje y el significado. Por esta razón, ante la pregunta de si estamos proponiendo tomar en cuenta cierta noción de relativismo como beneficio para el pensamiento cristiano, la respuesta es un rotundo sí.[64] No obstante, sigamos adelante en esta última parte del capítulo para evitar caer en conclusiones precipitadas.

De nuevo, es importante tomar en cuenta que el problema principal que vemos es que el representacionalismo[65] no es un correcto punto de partida

---

63　Debido a los límites del presente trabajo, no podemos desarrollar con más detalles la filosofía pragmatista.

64　Por muy controvertido que pueda parecer, creemos firmemente que se puede ser relativista y seguir siendo un cristiano conservador. Quien no puede concebir eso es debido a que no entiende completamente el relativismo, sus diferentes variantes, y lo que estamos expresando aquí. Nuestra idea es tratar de hacer justicia a término «relativismo», enfatizando su significado más obvio, esto es, que el relativismo describe las afirmaciones que son *relativas* —o que están *relacionadas*— a algo o alguien. En otras palabras, algo *relativo a* simplemente describe que algo es *dependiente de*, en resumen, describe algo *contingente*. Y aquí está lo más importante, y esperamos que todo lector esté atento, esto que acabamos de decir es completamente diferente a decir que lo «relativo» es arbitrario y que flota en el aire y que depende de *nada*. Colocándolo de manera directa, todos reconocemos y creemos firmemente que toda la existencia *depende* de nuestro Creador, ¿o no es así? Por tanto, en palabras de Smith, «el relativismo significa *todo depende*: y tal afirmación es una afirmación radicalmente creacional, radicalmente cristiana, sobre el estatus de las criaturas, incluyendo el conocimiento de la criatura... Solo el Creador es necesario, independiente, y absoluto en sí mismo. Pero nosotros no somos Dios (¡siempre es bueno recordar eso!... Como criaturas, somos contingentes, dependientes, y relativos (i.e. en relación al Creador, pero también a otras criaturas). El relativismo, entonces, en este sentido más preciso, es solo un nombre para la naturaleza humana, el *ethos* de la condición de criatura». *Who's Afraid of Relativism?*, 179–180.

65　El representacionalismo o representacionismo, es una teoría del conocimiento basada en la afirmación de que la mente sólo percibe representaciones (i.e. imágenes mentales internas) de objetos materiales fuera de la mente, no los objetos mismos. Así pues, la validez del conocimiento humano se pone en tela de juicio debido a la necesidad de demostrar que esas imágenes se corresponden exactamente con los objetos externos. La doctrina, todavía vigente en ciertos círculos filosóficos, tiene sus raíces en el cartesianismo del siglo XVII, en el empirismo del siglo XVIII de John Locke y David Hume, y en el idealismo de Immanuel Kant. En palabras más breves, el representacionalismo enseña que el objeto inmediato del conocimiento es una idea en la mente distinta del objeto externo que es la ocasión de la percepción. Manuel Pérez Otero resume las características fundamentales de esta teoría de la siguiente manera: «Conforme a una de las posibles formulaciones de esa teoría, el realismo por representación está constituido por estas dos tesis: 1) cuando tenemos experiencias sensoriales (percepciones) aquello a lo que tenemos un acceso cognoscitivo primario, directo, son entidades subjetivas de naturaleza mental; nuestro conocimiento es primariamente sobre esas entidades y sus propiedades, no sobre los objetos y propiedades extramentales; 2) esas entidades mentales representan, por contacto causal, el mundo objetivo extramental (esta segunda tesis es la que otorga a la teoría su componente *realista*)». Manuel Pérez Otero, «Epistemología representacionalista y realismo científico metafísico en Locke», *Teorema* XIX/2 (2000): 6. Este tema es ampliamente filosófico si tomamos en cuenta la naturaleza de nuestra condición como criaturas y, por ende, nuestras condiciones de conocer. Creemos que, la idea de que «ser cristiano» debe ir unido a «ser representacionalista» es tan falsa como la de que «ser cristiano» es irremediablemente igual a «ser modernista». En este sentido, toda la discusión que recién tuvimos sobre el pensamiento de Wittgenstein —específicamente el pensamiento del Segundo— nos arrojará luz suficiente para entender por qué no necesitamos «casarnos» con este representacionalismo que sustenta el realismo, que a su vez rechaza tan categóricamente el relativismo.

¿«El significado es el uso» no es un relativismo?

Si, de hecho, así lo es. Pero no se trata de un relativismo subjetivista. Traigamos un ejemplo del mismo Wittgenstein al principio de las *Investigaciones*, allí el vienés nos dice: «El lenguaje debe servir a la comunicación de un albañil A con su ayudante B. A construye un edificio con piedras de construcción; hay cubos, pilares, losas y vigas. B tiene que pasarle las piedras y justamente en el orden en que A las necesita. A este fin se sirven de un lenguaje que consta de las palabras: "cubo", "pilar", "losa", "viga". A las grita — B le lleva la piedra que ha aprendido a llevar a ese grito».[66]

No obstante, aunque en ese contexto esas palabras tienen una referencia a cosas, el significado no necesariamente está relacionado con esa conexión de la palabra correcta con el objeto correcto. ¿Realmente B entiende lo que A le dice solamente con correlacionar la palabra con el objeto? Supongamos que cada vez que A le grita a B una de esas palabras, B clava sus ojos sobre el objeto, el cual él correlaciona con la palabra, ¿es esto suficiente para que B entienda lo que él debe hacer? Porque si el grito por parte de A de la palabra hace que B vea e identifique el objeto correcto, ¿esto no significa que ha entendido el significado de los gritos de A? Debería ser, ¿no es así?

Entonces pareciera que el *significado* del grito de la palabra «viga» por parte de A, no es que B la vea y la identifique. Seguramente A no piensa que

---

discutido en distintos temas de la filosofía y de las ciencias cognitivas. Por ello, la relación entre representaciones y realismo se entenderá de diferentes maneras dependiendo de la perspectiva o enfoque desde el que se esté abordando el tema. Para una revisión crítica de la visión clásica del representacionalismo, así como una presentación de las distintas maneras de entenderlo en las ciencias cognitivas clásicas, véase Anthony Chemero, *Radical Embodied Cognitive Science* (Cambridge, MA: MIT Press, 2009).

66 Wittgenstein, *Investigaciones filosóficas*, 2.

el grito de una de estas palabras significa meramente que B correlacione la palabra con el objeto. Por el contrario, cuando A grita «viga» él espera que B vaya, tome la viga y se la lleve. Esto es lo importante en el ejemplo, Wittgenstein nos está diciendo que a A y a B se les ocurre este lenguaje para un propósito. En otras palabras, el lenguaje es un instrumento para un fin, y ellos (i.e. A y B) lo usan para alcanzar un objetivo. En este ejemplo, el grito de la palabra «losa» *significa* buscar una losa y llevarla a quien la pide para que se cumpla un objetivo. Es decir, lo que «losa» significa es relativo al contexto en el que se emplee, lo que, de manera interesante, nos hace a todos relativistas. Esto es, en pocas palabras, lo que Wittgenstein plantea sobre la relación lenguaje-significado.[67]

El otro ejemplo de Wittgenstein reza de la siguiente manera:

> Envío a alguien a comprar. Le doy una hoja que tiene los signos: «cinco manzanas rojas». Lleva la hoja al tendero, y éste abre el cajón que tiene el signo «manzanas»; luego busca en una tabla la palabra «rojo» y frente a ella encuentra una muestra de color; después dice la serie de los números cardinales — asumo que la sabe de memoria — hasta la palabra «cinco» y por cada numeral toma del cajón una manzana que tiene el color de la muestra. — Así, y similarmente, se opera con palabras. — «¿Pero cómo sabe dónde y cómo debe consultar la palabra "rojo" y qué tiene que hacer con la palabra "cinco"?» — Bueno, yo asumo que actúa como he descrito. Las explicaciones tienen en algún lugar un final.— ¿Pero cuál es el significado de la palabra «cinco»?— No se habla aquí en absoluto de tal cosa; sólo de cómo se usa la palabra «cinco».[68]

En este ejemplo Wittgenstein nos enseña que cuando el que va a comprar lee la hoja que dice «cinco manzanas rojas», éste asocia los signos con las cosas. Sin embargo, el punto acá es que, él no solo hace la asociación de las

---

67 La forma en cómo A y B aprendieron este lenguaje, está vinculada al uso —como ya hemos dicho— y no a la definición ostensiva que tratamos anteriormente. Acá la objeción de que B supo qué hacer porque de una u otra manera hay siempre una base referencialista (cf. la sección «El Primer Wittgenstein»), cae al recordar al mismo Wittgenstein señalando que, aún para aprender a «señalar algo» se necesita una gran cantidad de cosas aprendidas previamente que nunca fueron aprendidas por definición ostensiva. En otras palabras, el aprendizaje ostensivo (i.e. señalar los objetos) realmente se construye sobre una compleja red de aprendizaje que no es, de hecho, ostensivo.

68 Wittgenstein, *Investigaciones filosóficas*, 1.

palabras con los objetos y las imagina en su mente. El comprador va, abre el cajón y toma las cinco manzanas rojas. La pregunta que surge es ¿cómo sabía o cómo aprendió que los signos escritos en la hoja *significaban* que él hiciera lo que hizo? Esto nos lleva a dos cosas importantes, (1) el lenguaje se usa para algo y (2) el lenguaje y el significado son cosas que van más allá de las meras palabras,[69] o en palabras del propio Wittgenstein: «imaginar un lenguaje significa imaginar una forma de vida».[70] Analizando esta escena presentada por Wittgenstein, Fergus Kerr comenta: «La escena en la tienda, este episodio cotidiano de comercio, es ya, como se ha descrito, una instancia inteligible de comportamiento inteligente: no hay necesidad de postular alguna "conciencia" especial por parte de nadie. (Quizás Wittgenstein prolonga las acciones del tendero precisamente para burlarse de la idea de que necesita comportarse "conscientemente"). Contar es una técnica: el "significado" de la palabra "cinco" es el uso que se le da en el entorno apropiado; no es necesario que haya una imagen mental del número en la cabeza del tendero».[71]

En resumen, Wittgenstein no niega que exista en realidad el nombrar (i.e. referenciar); sin embargo, él nos lleva a concluir que el modelo representacionalista tiene esto de nombrar referenciar y asociar como algo fundamental, pero esto en realidad es algo totalmente secundario. En otras palabras, la correspondencia o referencia es en sí misma dependiente del juego, es decir, es convencional.[72] La idea de que el significado es el uso es también reconocer que es siempre relativo al juego que se esté jugando, lo mismo que decir que el significado es siempre algo convencional.[73]

Ahora, decir que la correspondencia es una cuestión de convención es enfatizar dos cosas. Smith nos dice:

---

69 En realidad, hacemos muchas cosas con el lenguaje. Los teóricos defensores de *la teoría de los actos de habla* sostienen que el lenguaje no solo es *descriptivo* sino también *realizativo o performativo*. Es decir, hacemos cosas con las palabras. Los compromisos, las promesas, las disculpas, y las declaraciones legales son ejemplos de actos que se realizan con el habla. Véase J. L. Austin, *Cómo hacer cosas con palabras* (Barcelona: Ediciones Paidós, 2016) y John Searle, *Actos de habla: ensayo de filosofía del lenguaje* (Barcelona: Grupo Anaya, 2017).

70 Wittgenstein, *Investigaciones filosóficas*, 19.

71 Kerr, *Theology After Wittgenstein*, 59.

72 Véase Wittgenstein, *Investigaciones filosóficas*, 51.

73 Es importante notar aquí que, no estamos hablando de un consensualismo ingenuo donde varias personas se ponen de acuerdo sobre algo arbitrariamente, sino de un convencionalismo en el sentido de soluciones prácticas a problemas de coordinación; es decir, algo que surge a partir de la interacción de los sujetos o comunidades con sus ambientes. Una perspectiva epistemológica sobre esto se encuentra en Martin Kusch, *Knowledge by Agreement* (Nueva York: Oxford University Press, 2002).

Primero, la conexión entre palabras y el mundo es *contingente*. Las correspondencias no son «naturales» y podría haber sido de otra manera. Que este objeto rojo y esférico delante de mí se le llama «manzana» ... no es algo que es dictado o demandado por el fenómeno material que está sobre la mesa. No es que la cosa que está allí, «nombrada» en la mente de Dios quien ahora está esperando ver si nosotros descubrimos el nombre *correcto*... Por el contrario, incluso en la narrativa bíblica vemos que a la humanidad se le asigna la tarea de nombrar los animales. El lenguaje, el nombrar y la correspondencia son características de sistemas culturales contingentes desempacados y desarrollados *por* la humanidad.[74]

En segundo lugar, el énfasis está en entender que la correspondencia es un fenómeno social. Ser humano es ser social. Por tanto, estamos de acuerdo con Smith en que, el significado depende de las convenciones de la comunidad de práctica, i.e. depende de los juegos de lenguaje o de una forma de vida,[75] en términos de Wittgenstein. Así que, «la afirmación de que el "significado es el uso" es, en su raíz, una cuenta profundamente social del significado. Si podemos describir esto como un "relativismo" —dado que hace que el significado sea *relativo* a una forma de vida— no debemos cometer el error de tomarlo por subjetivismo. El significado no es relativo *a mí*; es relativo a las convenciones de una comunidad».[76] Wittgenstein nos enseña a reconocer que la naturaleza de nuestra ubicación comunal es algo fundamental y, de hecho, algo que precede todas nuestras elaboraciones de significado como su condición de posibilidad.[77] En breves palabras, la comunidad precede a la correspondencia, debido a que el significado no es simplemente intuitivo o una consecuencia

---

74　James K. A. Smith, *Who's Afraid of Relativism? The Church and Postmodern Culture* (Grand Rapids, MI: Baker Academic, 2014), 52. Esto nos hace reconocer que aún el mismo idioma nos lleva a pensar en la contingencia de los nombres. Sería interesante pensar qué pasaría si nuestro idioma nunca hubiese surgido, ¿podría «manzana» ser el nombre *correcto* para lo que llamamos de esa manera?

75　Una forma de vida consiste en los patrones de comportamiento que son manifestados en las costumbres y conductas normativas de las comunidades. En esta visión, una forma de vida humana consiste en una multiplicidad de prácticas socioculturales.

76　*Ibíd.*, 48. De nuevo, es importante recordar lo que recién dijimos en la nota al pie 73 de este capítulo. Smith también hace una aclaración parecida cuando dice que las convenciones de una comunidad «*no* significa que la comunidad simplemente puede "significar" cualquier cosa que quieran. Observar que la convención es una condición necesaria del significado no es afirmar que es la única condición. Es por esto que, el "relativismo" de Wittgenstein no es un arbitrariaismo». *Ibíd.*, 48n11.

77　Véase Wittgenstein, *Investigaciones filosóficas*, 198–219.

de la investigación empírica solitaria; más bien, el significado se muestra en la forma en que las palabras se entrelazan en la comunidad de prácticas de vida concretas. Esto tiene implicaciones importantes en la manera en que vemos la teología y doctrina cristiana en el contexto de una comunidad de práctica.

Finalmente, cuando analizamos a profundidad a este Segundo Wittgenstein, nos damos cuenta de que difícilmente parece encajar en la corriente de la filosofía analítica. Wittgenstein parece rehusarse a reducir el significado a algo atomista como nombrar (e.g. definición ostensiva como en el Tractatus). Por esta razón, el Segundo Wittgenstein parece no ser muy «analítico» que digamos.[78] Lo que Wittgenstein quiere es que prestemos suma atención en cómo usamos el lenguaje y que, por ello, pronunciamos frases y no palabras independientes. Wittgenstein quiere prevenirnos del embrujo de la construcción de teoría, lo que nos obstaculiza de ver la práctica de nuestro lenguaje cotidiano,[79] «¡no pienses, sino mira!»[80] en sus propias palabras.

With a Little Help from Wittgenstein[81]

Todo este pensamiento de Wittgenstein sobre el lenguaje, el significado es el uso, la relevancia de las oraciones o frases más que las meras palabras sueltas, el rechazo a un modelo de definición ostensiva y a un representacionalismo, y sobre todo la importancia de la convención social o comunidad, nos es de muchísima utilidad en nuestro contexto cristiano. Realmente, *tenemos mucho* que aprender de este filósofo contemporáneo.

Si en algo nos ayuda Wittgenstein es a recuperar la noción de que la comunidad es la condición de posibilidad para el significado. Lo que nos lleva a también recobrar la idea de que el hecho de que *sepamos* algo, se lo debemos a una comunidad. En otras palabras, nuestro saber es *dependiente de*, y *relativo*

---

78 Por tanto, no es de extrañarse que filósofos posteriores (e.g. Wilfrid Sellars, Richard Rorty, Robert Brandom) señalan el enfoque de Wittgenstein como una especie de holismo. Para el trabajo de los filósofos mencionados, véase: Wilfrid Sellars, *Empiricism and the Philosophy of Mind* (Cambridge, MA: Harvard University Press, 1997); para una edición en portugués, véase Wilfrid Sellars, *Empirismo e filosofia da mente* (Petrópolis: Vozes, 2000); Richard Rorty, *La filosofía y el espejo de la naturaleza* (Madrid: Cátedra, 2001); Robert Brandom, *Hacerlo explícito: Razonamiento, representación y compromiso discursivo* (Barcelona: Herder, 2005).

79 Véase Wittgenstein, *Investigaciones filosóficas*, 151–184.

80 *Ibíd.*, 66. «Para ver más claramente, aquí como en innumerables casos similares, no debemos perder de vista los detalles del proceso; *contemplar de cerca* lo que ocurre». *Ibíd.*, 51. Wittgenstein quiere que veamos de cerca nuestras prácticas lingüísticas.

81 El título es una referencia a una canción de The Beatles, titulada *With a Little Help from My Friends*, lo cual se puede traducir como «con una pequeña ayuda de mis amigos».

a, una comunidad.[82] Wittgenstein nos enseña a repensar en nuestra verdadera naturaleza como criaturas, al mismo tiempo que, nos señala la importancia de nuestra existencia dentro de una comunidad, donde se construye nuestro conocimiento.[83]

No en vano Wittgenstein cita a san Agustín en las *Investigaciones*; es más, de hecho, inicia con una cita de las *Confesiones* de Agustín.[84] Esto porque el significado es el uso, constituido por una comunidad, y cuando esa comunidad está definida por el amor (i.e. su *telos* es el amor), entonces el mundo significa algo distinto.[85]

> «El significado como uso» simplemente significa que el significado está siempre indexado a un *fin*, un *telos*; y nosotros (solamente) nos orientamos a un *telos* por medio de nuestra inmersión en un cuerpo social, una comunidad de práctica que nos enseña cómo usar el mundo.
>
> Si esto suena como alguna tesis posmoderna radical, en realidad es muy antigua. Al menos es tan antigua como Agustín.[86]

No desarrollaremos aquí la filosofía de Agustín debido a los límites del presente libro. Sin embargo, podemos decir que cuando nos familiarizamos con el trabajo posterior del obispo, encontramos algo muy parecido al enfoque social sobre el significado del filósofo vienés, y, lo que es más interesante, un enfoque arraigado en convicciones bíblicas.[87]

---

82 Smith, en un juego de palabras, dice «¡Tu conocimiento es ya relativo a los relativos!». Smith, *Who's Afraid of Relativism?*, 60.

83 Es por esto que el Segundo Wittgenstein está en oposición a la tradición cartesiana ya que, como nos dice Kerr, «la idea misma con la que Descartes abre las Meditaciones, es notablemente reminiscente de ciertas tendencias en historia del cristianismo que pone al creyente individual directa e interiormente en una relación con Dios, excluyendo de antemano toda mediación de una comunidad histórica con tradición autoritativa, rituales y similares». Kerr, *Theology After Wittgenstein*, 24.

84 Al abrir su obra con una cita de las *Confesiones* de san Agustín, «Wittgenstein estaba colocando sus exploraciones del predicamento epistemológico del sujeto en el contexto de una narrativa la cual, mientras entreteje el lenguaje bíblico con dualismo metafísico, autobiografía con doxología, establece el sentido del "yo" a la vista de Dios, que sigue siendo el paradigma para el sujeto incluso donde la teología ha sido abandonada». Kerr, *Theology After Wittgenstein*, 42.

85 Véase Smith, *Who's Afraid of Relativism?*, 64. Agustín diría que la cuestión no es si la comunidad ama o no, sino a quién ama. Véase, Agustín, *La ciudad de Dios* (Ciudad de México: Porrua, 2006), 19.24–26.

86 Smith, *Who's Afraid of Relativism?*, 64.

87 Véase, Agustín, *Teaching Christianity*, trad. Edmund Hill (Hyde Park, NY: New City Press, 1995). Véase el abordaje que Wittgenstein hace de la cita de Agustín en las *Confesiones* y su

En definitiva, como cristianos, podemos tranquilamente «saquear» los tesoros que tiene Wittgenstein, en especial —como hemos visto en todo este capítulo— su pragmatismo, el cual nos despierta y nos hace un llamado a ver, entender y aceptar nuestra finitud y condición de criaturas, al mismo tiempo que ponemos nuestra mirada en el *telos* cristiano. Es interesante ver que, en nuestro contexto, entendemos que la revelación de Dios nos encuentra en y bajo condiciones sociales, condiciones de contingencia y dependencia. Dios no solo nos envía un mensaje, él nos envuelve en su cuerpo, el cual es la comunidad en la que aprendemos lo que el mundo significa. En otras palabras, estamos envueltos en la comunidad (i.e. lo que llamamos iglesia),[88] la cual es el contexto donde aprendemos para qué sirve el mundo. Además, si pensamos en la teología, es evidente —como ya han argumentado varios autores[89]— que la teología tiene mucho para beneficiarse en las lecturas del Segundo Wittgenstein, de hecho, mucho más de lo que muchos suponen.

Ver al mundo como un regalo para ser usado y el lugar en donde Dios nos ha puesto para ser conformados a la imagen de Su Hijo, y el lugar mismo donde debemos irradiar esa misma imagen, es relativo a nuestra inmersión en la narrativa (como vimos en el capítulo 3) en la cual todo esto tiene *sentido y significado*. O, dicho de otra manera, es en la comunidad eclesial donde todo nuestro mundo cobra significado. Por esto, estamos en total acuerdo —y en deuda— con Smith cuando dice: «La iglesia es el juego de lenguaje en el cual aprendemos a leer el mundo en su totalidad... La iglesia es esa comunidad "convencional" en la cual el Espíritu nos entrena para conocer el mundo real. Pero esa inmersión en las convenciones de una comunidad de práctica es una característica esencial de un «realismo» con Espíritu, un realismo sin repre-

---

desarrollo posterior en la primera parte de las *Investigaciones* en Wittgenstein, *Investigaciones filosóficas,* 1–137, donde se critica la concepción agustiniana del lenguaje y la filosofía del atomismo lógico.

88   El obispo metropolitano Juan Zizioulas dice que la «Iglesia no es simplemente una institución. Es un modo de existencia, *una forma de ser*». Juan Zizioulas, *El ser eclesial*, Verdad e Imagen (Salamanca: Ediciones Sígueme, 2003), 29.

89   Véase la brillante obra Fergus Kerr, *Theology After Wittgenstein*, 2da ed. (Londres: SPCK, 1997). Hay otras obras que relacionan a Wittgenstein con la teología cristiana, e.g., véase Neil B. MacDonald, *Karl Barth and the Strange New World Within the Bible: Barth, Wittgenstein and the Metadilemmas of the Enlargement, Paternoster Theological Monographs* (Milton Keynes: Paternoster, 2000); Brad J. Kallenberg, *Ethics as Grammar: Changing the Postmodern Subject* (Indiana: University of Notre Dame Press, 2001); Tim Labron, *Wittgenstein and Theology*, Philosophy and Theology (Londres: T&T Clark, 2009); Richard Griffith Rollefson, *Thinking with Kierkegaard and Wittgenstein: The Philosophical Theology of Paul L. Holmer* (Eugene, OR: Pickwick Publications, 2014) y Mikel Burley ed., *Wittgenstein, Religion and Ethics: New Perspectives from Philosophy and Theology* (Londres: Bloomsbury Academic, 2020).

sentación».[90] Todo esto lo entendemos fácilmente con la ayuda de nuestro querido amigo y genio Ludwig Wittgenstein.

---

90   Smith, *Who's Afraid of Relativism?*, 72.

PARTE 3

Nuestra fe como una forma de vida en la verdadera comunidad

7

CONCLUSIONES

En su famoso libro *El hombre que confundió a su mujer con un sombrero*, el neurólogo e historiador de la ciencia, Oliver Sacks, nos cuenta la historia de una joven de 27 años llamada Christina, «el primer ser humano desencarnado».[1] En un breve capítulo, «La dama desencarnada», se nos relata cómo Christina perdió la *propiocepción*: el «sentido que tiene uno de sí mismo; la manera en que sentimos el cuerpo como propio, como "propiedad" nuestra».[2] Con esta enfermedad, Christina perdió el sentido de su propio cuerpo, y tenía que dirigir todos sus movimientos de manera muy consciente por medio de la vista.[3]

> Aquella primera semana Christina no hizo nada, estaba en la cama echada, pasiva, no comía apenas. Estaba en un estado de conmoción total, dominada por el horror y la desesperación. ¿Cómo iba a ser su vida si no se producía ninguna recuperación natural? ¿Qué clase de vida iba a ser si tenía que realizar todos los movimientos de

---

1   Oliver Sacks, *El hombre que confundió a su mujer con un sombrero* (Barcelona: Editoral Anagrama, 2016), 80.

2   *Ibíd.*, 69.

3   «—Lo que yo tengo que hacer entonces —dijo [Christina] muy despacio— es utilizar la vista, usar los ojos, en todas las ocasiones en que antes utilizaba, ¿cómo le llamó usted?... la propiocepción. Ya me he dado cuenta — añadió pensativa— de que puedo «perder» los brazos. Pienso que están en un sitio y luego resulta que están en otro. Esta "propiocepción" es como los ojos del cuerpo, es la forma que tiene el cuerpo de verse a sí mismo. Y si desaparece, como en mi caso, es como si el cuerpo estuviese ciego. Mi cuerpo no puede "verse" si ha perdido los ojos, ¿no? Así que tengo que vigilarlo... tengo que ser sus ojos. ¿No?» *Ibíd.*, 73–74.

modo artificial? ¿Qué clase de vida iba a poder vivir, sobre todo, si se sentía desencarnada?[4]

Aunque Christina se fue acostumbrando poco a poco a mover su cuerpo y realizar sus actividades diarias, Sacks describe que ella «sigue y seguirá siempre enferma y derrotada. Ni todo el temple y el ingenio del mundo, ni todas las sustituciones o compensaciones que permite el sistema nervioso pueden modificar lo más mínimo su pérdida persistente y absoluta de la propiocepción, ese sexto sentido vital sin el cual el cuerpo permanece como algo irreal, desposeído».[5] Christina se sentía como un fantasma en una máquina, como un tripulante en un barco, ajena a su cuerpo. En otras palabras, su condición desencarnada «consigue el obrar, pero no el ser».[6]

Leemos la historia de Christina y sentimos pena por ella. Lamentamos su situación de vivir sin un cuerpo que se sienta propio, y ni siquiera nos queremos imaginar el esfuerzo que se debe requerir para realizar todos los movimientos corporales siempre de una manera consciente. No obstante, el posmodernismo nos ha venido a recordar que, bajo los reduccionismos del modernismo, *todos somos Christina*. Es decir, el modernismo nos enseñó que somos únicamente cosas pensantes que de casualidad tenemos también un cuerpo, pero que éste está subordinado a la mente. Lamentablemente, esta visión ha dominado el pensamiento cristiano de los últimos siglos. Esto es a lo que el filósofo canadiense Charles Taylor ha llamado *excarnación*. Según él, «El cristianismo oficial ha pasado por lo que llamamos una "excarnación", un alejamiento de las formas corporales y "encarnadas" de la vida religiosa, a aquellas que son más "en la cabeza"».[7]

La *excarnación* es el proceso mediante el cual es cristianismo se descorporeiza y desritualiza, y se convierte solamente en un simple «sistema de creencias». Esto, por supuesto, es un gran problema, porque el cristianismo es principalmente una fe que descansa en la encarnación de Dios mismo. *Nuestros cuerpos importan porque la encarnación importa*. Dios se hizo uno de nosotros. Nació como un humano, en el primer siglo. Experimentó una familia real, con problemas y dificultades reales. Creció como una persona encarnada y llamó a personas encarnadas a extender su reino por todo el mundo.[8]

---

4   *Ibíd.*, 74.
5   *Ibíd.*, 80.
6   *Ibíd.*
7   Charles Taylor, *A Secular Age* (Cambridge, MS: The Belknap Press, 2007), 554.
8   Aunque en un contexto argumentativo a favor de la iconografía, San Juan Damasceno decía

Esa es la mayor razón de por qué la iglesia nunca podrá ser una comunidad completamente digital.[9] La iglesia es una comunidad encarnada, con prácticas encarnadas, y con una interacción social, que consiste en amarnos y perdonarnos los unos a los otros, que no se puede apartar de las realidades corporales. Nuestros cuerpos importan en nuestra relación con Dios y los demás.

Todo esto, por supuesto, debe influir en la manera en que hacemos apologética y teología, en la manera en que concebimos la vida en comunidad, y en cómo entendemos la adoración cristiana en la liturgia. Retener lo bueno del posmodernismo nos ayuda a comprender que la fe cristiana es el *imaginario social*, el *habitus*, la *forma de vida*, la manera de *ser en el mundo,* el *juego del lenguaje*, la *imaginación teológica* que nos permite interpretar la realidad, y conocer (y experimentar) a Dios.

APOLOGÉTICA

Debido a lo anterior —y a todo lo que hemos presentado en este libro—, al hacer apologética, debemos considerar que las personas son seres holísticos que creen debido a una variedad de factores sociales, culturales, racionales y emocionales. Reducir la apologética a los argumentos racionales, deja de lado muchos aspectos importantes de la naturaleza humana. El posmodernismo nos ha venido a recordar que las prácticas comunales de la iglesia también son importantes para dar testimonio de la fe cristiana. La fidelidad de la iglesia sirve como su propia apologética. En otras palabras, *la iglesia no tiene una apologética; la iglesia misma es su apologética.*

LITURGIA Y ADORACIÓN CRISTIANA

Otro de los mitos del modernismo es creer que la religión es algo que creemos solamente, en lugar de también algo que hacemos. Esta visión ha considerado

---

que si Dios se había hecho hombre, si se había secado el sudor con un paño, si se había sentado a una mesa para compartir con otros, si había hablado, reído y enojado con ellos, si había sido crucificado, entonces la materia constituía el medio a través del cual tenía lugar nuestra salvación. Para un artículo breve, pero sustancioso, sobre esto, véase Federico Aguirre Romero, «Íconos: Arte y Teología», *Anuario de Historia de la Iglesia* 25 (2016): 241-263. Para obras más completas y especializadas, véase Paul Evdokimov, *El arte del ícono, teología de la belleza* (Madrid: Publicaciones Claretianas, 1991); Vladimir Lossky, *Teología mística de la Iglesia de Oriente* (Barcelona: Herder, 2009); Léonid Ouspensky, *Teología del ícono* (Salamanca: Ediciones Sígueme, 2013).

9   La mejor exposición de esta realidad se encuentra en, Jay Y. Kim, *Analog Church: Why We Need Real People, Places, and Things in the Digital Age* (Downers Grove, MI: InterVarsity Press, 2020).

la religión simplemente como «un sistema de creencias». No obstante, la vida religiosa es también una forma de vida, una narrativa que se encarna en las prácticas que se tienen en la vida en comunidad. El modernismo «es una rebelión en contra del ritual, y la ciudad moderna es un intento sin precedente por formar una comunidad cívica sin un centro festivo».[10]

El posmodernismo nos recuerda que los humanos somos seres de rituales. Los rituales son la manera en que aprendemos a creer con nuestros cuerpos. Estos rituales no solamente son *algo que hacemos*, sino también *nos hacen algo a nosotros*. Aun nuestras vidas ordinarias están basadas en rituales que reflejan las prácticas propias de la iglesia.[11] La adoración y la liturgia importan porque nuestros cuerpos importan. Es por ello que la iglesia experimenta a Dios a través de símbolos físicos como el pan, el vino, el agua, a través de la palabra leída y proclamada, y a través de la actividad y presencia del Espíritu Santo entre nosotros.[12] Los sacramentos son ejemplos claros de la celebración de la materialidad y corporeidad de nuestro encuentro con lo divino. Dios se nos revela a través de las cosas creadas; nos encuentra en nuestra realidad material y corporal.[13] En otras palabras, los sacramentos son la manera en que nos reusamos a ver el cuerpo como «una prisión del alma». El posmodernismo nos ayuda a valorar la adoración a Dios centrada en la liturgia.

La palabra liturgia proviene del griego λειτουργία (*leitourgia*), que literalmente significa «obra del pueblo» o «servicio público». Esta hace referencia al conjunto de actos rituales colectivos e individuales. La liturgia es algo que «hacemos juntos en la adoración corporativa y en las disciplinas espirituales individuales, prácticas que nos ayudan a enraizarnos cada día en la adoración a Dios».[14] La adoración no solamente es activa sino también formativa. «En los cantos que cantamos, las palabras que hablamos, y las cosas que pensamos, estamos entrenando nuestros cuerpos para ser discípulos en cada área de

---

10   Peter J. Leithart, *Against Christianity* (Moscow, ID: Canon Press, 2003), 71.

11   Véase Tish Harrison Warren, *Liturgy of the Ordinary: Sacred Practices in Everyday Life* (Downers Grove, MI: InterVarsity Press, 2016).

12   Aquí tenemos en mente también la posición reformada de la eucaristía denominada «presencia real». Véase, Michael S. Horton, *People and Place: A Covenant Ecclesiology* (Louisville: Westminster John Knox, 2008), 124–152.

13   Esto mismo tenía en mente San Juan Damasceno cuando argumentaba: «En la antigüedad, Dios incorpóreo e incircunscripto no era representado. Pero, ahora que Dios se manifestó en la carne y vivió entre los hombres... No venero la materia sino al Creador de la materia, que por mí se hizo material y se dignó habitar la materia, que mediante la materia efectuó mi salvación». Citado en Marcelo Klekailo, «Los íconos y su misión santificadora», *Dios y el hombre* 1 (2017): 60.

14   Winfield Bevins, *Ever Ancient, Ever New: The Allure of Liturgy for a New Generation* (Grand Rapids, MI: Zondervan, 2019), 47. Este es el mejor recuento escrito sobre el interés que ha surgido, en los últimos años, en las prácticas litúrgicas entre los jóvenes evangélicos.

nuestras vidas... La adoración nos prepara para ofrecer nuestras vidas enteras en adoración a Dios, y la liturgia de la adoración nos provee una estructura tangible y accesible en la que la adoración puede ocurrir libremente».[15]

La liturgia no es solamente algo que *hacemos* individual y comunalmente, sino también algo que *nos moldea*. La adoración es un lugar central de la acción de Dios, no solo de su presencia.[16] Independientemente del tipo de congregación a la que asistamos, todos somos litúrgicos y operamos bajo una liturgia.[17] El problema no es que seamos antilitúrgicos, sino más bien que somos moldeados por liturgias equivocadas. Recuperar la esencia de la vida de adoración centrada en la liturgia, nos permite entender que la adoración es una de las herramientas más poderosas para hacer discípulos en una era posmoderna.

La liturgia nos transforma, moldea nuestros hábitos, y reorienta nuestros deseos. Nuestras imaginaciones son cambiadas y orientadas a través de la historia que se encarna en las prácticas comunales que tenemos como iglesia. Estas prácticas encarnadas tienen como fin orientar nuestros deseos y amores hacia Dios.

Las prácticas de nuestra liturgia proclaman el reino venidero y nos recuerdan la manera en que el mundo debería ser. La liturgia nos recuerda que experimentamos a Dios no solamente a través de nuestras cabezas y corazones sino con todo nuestro cuerpo. Los sacramentos, como signos externos del trabajo interno de la gracia, permiten una adoración que incluye todos los sentidos: tacto, gusto, olfato y vista. Además, la liturgia hace posible una adoración comunal atenta a la tradición de creyentes, a *la gran nube de testigos* (Heb. 12:1). Es decir, la liturgia une lo antiguo con lo nuevo. Conecta la gran tradición cristiana con la comunidad de fe local. La liturgia es la representación del drama divino. Nos recuerda de la gran historia redentora de Dios y nos invita a encontrar nuestro lugar en la misma.

---

15 *Ibíd.*

16 Véase James K. A. Smith, *You Are What You Love: The Spiritual Power of Habit* (Grand Rapids, MI: Brazos Press, 2016), 71.

17 Comúnmente se piensa que los pentecostales, por su énfasis en la espontaneidad, están en contra de la liturgia. No obstante, el pentecostalismo es (y debería ser) un movimiento claramente litúrgico. Véase, Gordon T. Smith, *Evangelical, Sacramental, and Pentecostal: Why the Church Should Be All Three* (Downers Grove, MI: IVP Academic, 2017); Andrew Wilson, *Spirit and Sacrament: An Invitation to Eucharismatic Worship* (Grand Rapids, MI: Zondervan, 2019); y Wolfgang Vondey, *Teología Pentecostal: Viviendo el evangelio completo* (Salem, OR: Publicaciones Kerigma, 2019).

Esta manera de entender la liturgia permite que la adoración de la iglesia no sea un mero entretenimiento, sino algo en lo que todos participemos. Por ello, la adoración cristiana es el corazón del discipulado.

«La liturgia es la primera forma de entrenamiento en el discipulado cristiano, de la *paedeia*, de la iniciación a la cultura de la iglesia».[18] A la vez, la liturgia permite que la adoración cristiana sea un curso de historia, de lenguaje, de política y de psicología.[19] En primer lugar, el evangelio es el recuento de los actos poderosos de Dios en la historia. La adoración consiste en ser parte de esa gran historia al cantar sobre la obra de Dios, leer la escritura y escucharla ser proclamada, recitar los credos y participar en la comunión de los creyentes por medio de la eucaristía. En segundo lugar, la adoración es un curso de lenguaje porque aprendemos el «extraño lenguaje de la Biblia», i.e. un lenguaje diferente, cuando nos sumergimos en el lenguaje cristiano encarnado en las prácticas de la adoración. La Biblia nos ofrece el lenguaje con el cual debemos interpretar la realidad. Así, la adoración nos infunde los correctos hábitos de habla y conducta. Por medio de la adoración, las personas son introducidas a la cultura de la iglesia.

En tercer lugar, en la adoración proclamamos que nuestro único señor es Jesucristo, no César. Cada vez que la iglesia se reúne en adoración comunal estamos proclamando que somos la verdadera comunidad creada por Dios mismo, la verdadera *polis*. Por ello, la adoración es también un acto político. Finalmente, en la adoración aprendemos a expresar nuestros sentimientos. Los salmos y los cantos que entonamos en comunidad nos proveen del lenguaje que necesitamos para expresar nuestros gozos, aflicciones, dolores, alegrías, decepciones y sentimientos de justicia. La adoración, en otras palabras, nos entrena en el lenguaje cristiano.

Creemos que no podemos expresar la importancia de la liturgia mejor que Mark Galli:

La liturgia nos ayuda a entrar a una historia *contra-intuitiva*. En una cultura individualista, la liturgia nos ayuda a vivir una vida comunal. En una cultura que valora la espontaneidad, la liturgia nos fundamenta en algo duradero. En una cultura que asume que la verdad es un producto de la mente, la liturgia nos ayuda a ex-

---

18   Peter J. Leithart, *Against Christianity*, 64.
19   Los siguientes dos párrafos están basados en la excelente exposición de Leithart, en Peter J. Leithart, *ibíd.*, 65–68.

perimentar la verdad tanto en la mente como en el cuerpo. En un mundo que demanda relevancia instantánea, la liturgia nos da la paciencia de vivir en una relevancia que el mundo no conoce. Su naturaleza contra-intuitiva hace que la liturgia parezca cultural-mente extraña al principio, pero, de hecho, es más que una historia fascinante, llena de misterio, que no solamente atrae sino moldea nuestras percepciones y nuestras vidas.[20]

Es la adoración en comunidad la que permite que nuestros sentidos sean sanados y puedan ver e interpretar la realidad. La participación en las prácticas litúrgicas restaura, moldea y sostiene los sentidos espirituales. En otras palabras, nuestra participación en la liturgia es el epicentro o el locus de la acción divina en el mundo.[21]

VIDA EN COMUNIDAD

En los corazones de cada individuo existe un fuerte deseo y necesidad de comunidad. Precisamente nuestras prácticas eclesiales de adoración corporativa, nos recuerdan que somos una sola familia y no una colección de individuos autónomos aislados.

La existencia misma de la iglesia es una protesta encarnada contra el indivi-dualismo y consumismo modernos. Somos seres sociales, creados para vivir en comunidad. Nuestra esencia misma hace que encontremos aspectos de nues-tra identidad en las comunidades a las que pertenecemos. Es en la comunidad donde encontramos seguridad e identidad.

Como el cuerpo de Cristo, la iglesia se reúne para adorar a Dios con el fin de regresar y ser enviados al mundo para encarnar esa vida en comunidad que proclama el reino de Dios.

La comunidad no es algo que nosotros logremos, es algo que nos es dado. «Es Dios, en su gracia, quien permite la existencia en el mundo de semejante comunidad, reunida alrededor de la palabra y el sacramento».[22] De acuerdo con el teólogo alemán Dietrich Bonhoeffer:

---

20   Mark Galli, *Beyond Smells and Bells: The Wonder and Power of Christian Liturgy* (Brewster, MA: Paraclete Press, 2008), 11.

21   Véase Alexander Schmemann, *For the Life of the World* (Crestwood: St. Vladimir's Seminary Press, 2018).

22   Dietrich Bonhoeffer, *Vida en comunidad* (Salamanca: Ediciones Sígueme, 2019), 10.

Comunidad cristiana significa comunión en Jesucristo y por Jesucristo... esto significa, en primer lugar, que Jesucristo es el que fundamenta la necesidad que los creyentes tienen unos de otros; en segundo lugar, que sólo Jesucristo hace posible su comunión y, finalmente, que Jesucristo nos ha elegido desde toda la eternidad para que nos acojamos durante nuestra vida y nos mantengamos unidos siempre.[23]

Vivir en comunidad es un regalo de Dios, no un ideal humano. «La fraternidad cristiana no es un ideal humano, sino una realidad dada por Dios... esta realidad es de orden espiritual y no de orden psíquico... Por tanto, la verdadera comunidad cristiana nace cuando, dejándonos de ensueños, nos abrimos a la realidad que nos ha sido dada».[24]

La iglesia es una comunidad de práctica que tiene su propio lenguaje: el verdadero lenguaje. La venida del reino a la tierra implica también el surgimiento de un nuevo vocabulario, y por lo tanto una nueva manera de ver el mundo. Por ello, creemos que la misión de la iglesia no es acomodar su lenguaje a un lenguaje ya existente, para mezclarse con una cultura ya establecida. Su misión es confrontar el lenguaje de la cultura existente con su propio lenguaje.[25] El posmodernismo nos señala que no existe tal cosa como un lenguaje neutral, por ello la iglesia debe presentarse a sí misma como una cultura alternativa, preservando, desarrollando y proclamando su propio lenguaje, presentando su manera de interpretar la realidad.[26] Presentando su verdad sin necesidad de apología.

En eso consiste el error de la iglesia modernista: adoptar el lenguaje de la cultura existente porque olvidamos que tenemos una historia que abarca toda la realidad: la verdadera historia del mundo. Lo que debemos hacer como iglesia es «aplicar el lenguaje, los conceptos, y las categorías de la Escritura a las realidades contemporáneas».[27] Es decir, «la teología... redescribe la realidad dentro del marco escriturístico, en lugar de traducir la Escritura a categorías extrabíblicas. Por así decirlo, es el texto lo que absorbe al mundo y no el mundo al texto». La Biblia debe moldear y dirigir la manera en que interpretamos

---

23   *Ibíd.*, 13.

24   *Ibíd.*, 18, 21.

25   Peter J. Leithart, *Against Christianity*, 52.

26   *Ibíd.*, 63.

27   George A. Lindbeck, *La naturaleza de la doctrina: Religión y teología en una época postliberal* (Viladecavalls: Editorial Clie, 2018), 150.

el mundo y no al revés. Debemos presentar nuestra fe sin apología porque, en última instancia, «las religiones, como los lenguajes, sólo pueden ser comprendidas en sus propios términos, no trasladándolas a un discurso extraño a ellas».[28]

TEOLOGÍA COMO UNA FORMA DE VIDA

El posmodernismo nos ayuda a entender que la teología no debe reducirse a un conjunto de proposiciones teóricas que se deben creer y asentir. La teología debe entenderse también como un conjunto de habilidades que se utilizan para vivir la vida. En otras palabras, la teología es una *forma de vida*.[29] Así pues, la vida cristiana se compone de «esquemas interpretativos omnicomprensivos, encarnados normalmente en mitos o narraciones fuertemente ritualizados que estructuran la experiencia humana y la comprensión del yo y del

---

28   *Ibíd.*, 163.

29   Se ha vuelto bastante popular en los últimos años, en el mundo angloparlante, la llamada «teología analítica», misma que ha comenzado a tener también popularidad en Latinoamérica. A grandes rasgos, la teología analítica bebe de la filosofía analítica (la cual trató de utilizar el lenguaje de manera más precisa dentro del discurso filosófico, y muchos de sus practicantes trataron de construir sistemas de pensamiento utilizando términos definidos con precisión), para su manera de hacer teología. En otras palabras, la teología analítica adopta y adapta el estilo retórico, las ambiciones y el vocabulario de la filosofía analítica a fines propiamente teológicos. Son varios los teólogos académicos que promueven la teología analítica, e.g. Oliver Crisp, Michael Rea, William Abraham, Brian Leftow, Jordan Wessling, Thomas McCall, entre otros. Sin embargo, estamos de acuerdo con Kevin J. Vanhoozer cuando dice que, «justo cuando crees que era seguro entrar en las aguas de la teología analítica, debemos ahora ponderar el valor, y quizás la necesidad, de la teología post-analítica». La razón de esto es que la teología analítica a) pone mayor énfasis en el estudio proposicional de la teología por encima de la importancia práctica de la misma; b) da más primacía a la información que a la formación teológica; c) se dedica a la parte racional y conceptual de la teología y descuida la parte emotiva y descriptiva de la misma; d) no posee las herramientas suficientes para explicar exhaustivamente la teología como una forma de vida. A esto anterior se le suman las críticas que se han hecho a los reduccionismos de la filosofía analítica en la literatura filosófica en general. Por consiguiente, creemos que esas mismas críticas se aplican de la misma manera al proyecto de la teología analítica. Este tema es muy amplio e interesante, por eso requiere un desarrollo cuidadoso que va más allá de los alcances de este libro. No obstante, creemos que lo que hemos presentado en capítulos anteriores puede contribuir de alguna manera a este debate. Para un desarrollo de las críticas a la teología analítica, véase Kevin J. Vanhoozer, «Analytic Theology as Sapiential Theology: A Response to Jordan Wessling», *Open Theology* 3 (2017): 539–545; Kevin J. Vanhoozer, «Love's Wisdom: The Authority of Scripture's Form and Content for Faith's Understanding and Theological Judgement», *Journal of Reformed Theology* 5 (2011): 247–275; Kevin J. Vanhoozer, «How to Speak Human», The Gospel Coalition, https://www.thegospelcoalition.org/reviews/language-animal/. Para literatura desde la teología analítica, véase Oliver D. Crisp y Michael C. Rea, ed., *Analytic Theology: New Essays in the Philosophy of Theology* (Nueva York: Oxford University Press, 2011); Thomas H. McCall, *Introducción a la teología cristiana analítica*, Biblioteca de Teología Actual (Viladecavalls: Editorial Clie, 2019); véase también el sitio web de *The Journal of Analytic Theology* en https://journals.tdl.org/jat/index.php/jat/index.

mundo».[30] De esta manera, «la proclamación del Evangelio, como podría decir un cristiano, consistirá, ante todo, en narrar la historia, pero ese relatar gana fuerza y sentido en la medida en que esté encarnado en el conjunto de la vida y la acción de la comunidad».[31]

El modernismo ha tenido cautiva a la iglesia en la dicotomía teoría-práctica. La distinción teoría-práctica, junto con el contraste entre doctrina y vida práctica, es un veneno para la fe cristiana y para la fe en busca de entendimiento. El cristianismo queda distorsionado si se entiende solamente como un mero sistema de creencias.[32] Creemos que esta dicotomía pierde sentido si consideramos la teología como una *forma de vida*, y a la doctrina como un conocimiento vivido y una *encarnación de la verdad*. El objetivo de la teología es regir, y hacer explícitas las verdades que están implícitas en las prácticas cristianas. Es decir, la teología explica la práctica cristiana. «La forma de la vida y el lenguaje de la iglesia es lo que le da a las doctrinas su sustancia y su significado».[33] Recordemos que el significado está en el uso.[34] «La inteligibilidad proviene de la habilidad, no de la teoría, y la credibilidad viene de la buena práctica, no de la observancia de los criterios formulados independientemente».[35]

Por ello, estamos de acuerdo con George Lindbeck cuando afirma lo siguiente:

La religión no se puede describir al estilo cognitivista (y voluntarista), es decir, como primariamente un problema de escoger si creer o seguir deliberadamente proposiciones o directrices conocidas explícitamente. Más bien, hacerse religioso —no menos que llegar a ser lingüística y culturalmente competente— consiste en interiorizar una serie de habilidades a través de la práctica y la ejercitación. Aprendemos a sentir, actuar y pensar según la tradición religiosa que es, en su estructura interna, mucho más rica y sutil de lo que se puede expresar explícitamente. El conocimiento primario no es *acerca de* la religión, ni el *hecho de que* la religión enseñe esto o lo

---

30   *Ibíd.*, 58.
31   *Ibíd.*, 62.
32   Kevin J. Vanhoozer, *El drama de la doctrina: Una perspectiva canónico-lingüística de la teología cristiana* (Salamanca: Ediciones Sígueme, 2010), 32.
33   *Ibíd.*, 24.
34   Véase el capítulo 6 del presente libro.
35   George A. Lindbeck, *La naturaleza de la doctrina*, 165.

otro, sino más bien, sobre *cómo* ser religioso de esta forma o aquella.[36]

La doctrina no debe reducirse a contemplar verdades teóricas sino debe encarnar la verdad en formas de vida. Más específicamente, «la doctrina es una respuesta a algo que se ha *contemplado*; contemplado no teóricamente, sino, por decirlo así, teátricamente: una representación *vivida*».[37]

La crítica posmoderna de los reduccionismos modernistas nos ayuda a entender que la teología no solo necesita mentes, sino también requiere de nuestra participación corporal, nuestra vida social y comunal, y nuestra manera de ser en el mundo. Por eso estamos de acuerdo con Kevin J. Vanhoozer cuando propone que, la teología debe entenderse como un *drama* en el que todos participamos con toda nuestra realidad: nuestras imaginaciones, cuerpos, mentes, prácticas, culturas y tradiciones. «El drama se desarrolla con *relaciones personales encarnadas*, no con proposiciones abstractas».[38]

Creemos que esta manera de ver la teología, la apologética, la comunidad, la liturgia y la adoración cristiana es posible gracias a las críticas posmodernas al modernismo. En esto consiste *retener lo bueno y saquear los tesoros del posmodernismo.*

El capítulo 1 sirvió para entender mejor el posmodernismo, así como la distinción entre posmodernismo y posmodernidad. Por su parte, el capítulo 2 presentó una antropología litúrgica que nos enseña que los ideales de la ilustración, i.e. la razón neutral y autónoma, y la antropología racionalista, están profundamente equivocados. *Somos seres sociales encarnados.*

Lyotard nos ayudó a comprender que la vida cristiana nos invita a encarnar una narrativa bíblica que no se reduce sólo a un conjunto de proposiciones teóricas. *Somos seres narrativos.* Derrida nos recordó la centralidad de la Escritura para mediar nuestro entendimiento del mundo y el papel indispensable de la comunidad en la interpretación de la Biblia. *Somos seres que interpretan.* Con la ayuda de Foucault entendimos el papel de la iglesia como una comunidad que forma a sus individuos mediante disciplinas espirituales. *Somos seres de hábitos y prácticas.* Finalmente, Wittgenstein fue utilizado para comprender a la iglesia como una comunidad de práctica, unida por un lenguaje que encarna las verdades de Dios. *Somos una comunidad.*

---

36 *Ibíd.*, 61.

37 Kevin J. Vanhoozer, *El drama de la doctrina*, 37.

38 *Ibíd.*, 105. Véase Michael S. Horton, *Covenant and Eschatology: The Divine Drama* (Louisville: Westminster John Knox, 2002).

Esperamos que este libro nos ayude a *saquear los tesoros del posmodernismo* que nos recuerdan la naturaleza de ser iglesia. «La sabiduría cristiana para un mundo posmoderno puede encontrarse en un regreso a las voces antiguas que nunca cayeron presas del reduccionismo moderno».[39] Retener lo bueno del posmodernismo permite concebir la iglesia como una comunidad de seres sociales que encarnan la narrativa bíblica a través de sus prácticas y hábitos. Esta verdadera comunidad comparte un lenguaje que nos permite interpretar el mundo de la manera correcta. *Hasta que toda la tierra sea llena con su gloria.*

---

39   James K. A. Smith, *You Are What You Love*, 7.

8

EPÍLOGO

No os conforméis[1] con el mundo actual, sino transformaos por la renovación de vuestra mente, para que podáis probar y aprobar lo que es la voluntad de Dios, lo que es bueno, agradable y perfecto.
Romanos 12.2 (NET Bible)

¡Lo que es necesario [para no conformarse con el mundo actual] es un cambio en la comprensión (de las cosas, de las personas, de las situaciones), que es más que un cambio de método! Es decir, todo tiene que ser llevado a la luz de Jesucristo.
Jacques Ellul, *Presence of the Kingdom*

DAVID MARTIN ESTABLECE el contexto para su importante estudio del cristianismo en América Latina, *Tongues of Fire,* dentro del choque de cuatrocientos años entre el imperio hispano y el anglosajón, que dio un giro decisivo con la derrota inglesa de la Armada Invencible. Y si las cosas hubieran resultado diferentes, si la Armada Invencible hubiera ganado en lugar de la flota inglesa, nos dice, «no habría habido *United States*, ni siquiera Los Estados Unidos».[2] Este fue un conflicto entre dos superpotencias, cada una reclamando a Dios como su benefactor. Tanto así que J. A. Froude nos

---

1   La nota que hace la Biblia NET [New English Translation] de este verso, comentando la gramática de la palabra «conformado» usada aquí, es particularmente conmovedora: «Aunque συσχηματίζεσθε (*suschēmatizesthe*) podría ser un pasivo o un medio, el pasivo es más probable ya que de otra manera tendría que ser un medio *directo* («confórmense ustedes mismos») y, como tal, sería muy raro para el griego del NT. *Es muy revelador que ser "conformado" al mundo actual se vea como una noción pasiva, ya que puede sugerir que sucede, en parte, subconscientemente* [cursivas mías]. Al mismo tiempo, el pasivo podría ser un "pasivo permisivo", sugiriendo que puede haber cierta conciencia de la conformidad que tiene lugar. Lo más probable es que sea una combinación de ambas».

2   David Martin, *Tongues of Fire: The Explosion of Protestantism in Latin America*, (Oxford: Basil Blackwell, 1990), 9.

dice que «Extrañaremos el significado de esta alta historia épica si no nos damos cuenta de que ambos bandos tenían la más profunda convicción de que estaban librando la batalla del Todopoderoso. Dos principios, la libertad y la autoridad, se disputaban la guía de la humanidad».[3] Así que, al igual que la Guerra Fría del siglo XX entre la Unión Soviética y los países de la OTAN (principalmente, los Estados Unidos), también fue una batalla entre dos visiones diferentes de la vida, dos formas de organizar la vida social y política humana, dos formas, en realidad, de *imaginar* la vida humana. Y, lo que es absolutamente crucial de notar en todo esto, es que ¡ambos lados simplemente asumieron que no había otras alternativas! Por ejemplo, las formas de vida y las visiones de vida de los pueblos indígenas sobre las que ambos lados luchaban por colonizar y sobre las que los españoles y los ingleses afirmaban su dominio, fueron simplemente descartadas por ellos como opciones de vida. Para las mentes de los españoles e ingleses, sólo había dos opciones «civilizadas» —y, por lo tanto, *legítimas* y ordenadas por Dios. Todo lo demás fue descartado como irrelevante, irracional, irreligioso —¡y profundamente *no cristiano*!— y destinado a perecer.

Confío en que nos encontramos ahora en un punto de la historia en el que podemos ver la locura de esta forma de pensar. Pero, quiero sugerir que la confrontación entre los imperios coloniales inglés y español, proporciona un telón de fondo apropiado para el conflicto entre el pensamiento/teología cristiana y la filosofía posmoderna en América Latina, escenificada para nosotros aquí en este libro de Ostos y Sarabia. Es un conflicto tonto. Tenemos opciones. No estamos encerrados en un binario simplista. Nuestros autores nos han ayudado a ver eso. Y en particular, al apropiarse del discurso de ciertos pensadores llamados «posmodernos», nos han mostrado que, atendiendo cuidadosamente a los conceptos e ideas de la filosofía de Europa Occidental, los cristianos latinoamericanos pueden desarrollar su propia voz y expresar el Evangelio en términos que les son propios; no simplemente repitiendo como loros cuando las palabras y doctrinas les son entregadas, ni rechazándolas en su totalidad y cambiando completamente los términos del discurso, sino

---

3   Citado en Martin, *ibíd.*, 9. Martin continúa señalando que el conflicto inglés-español se reflejó en la Guerra hispano-estadounidense de 1898 y el posterior movimiento misionero protestante en América Latina: «Para algunos latinoamericanos la cultura de América del Norte y la religión protestante eran intrusiones similares del extranjero bárbaro... Para otros latinoamericanos... la cultura americana debía ser emulada» (*ibíd.*, 11). Sin embargo, es importante observar que ciertos liberales latinoamericanos y casi todos los liberales norteamericanos adoptaron la misma postura respecto de este choque de culturas, que la que tuvieron los ingleses y los españoles coloniales en su conflicto.

aprendiendo a apropiarse de ellas y a hablarlas por sí mismos y luego, some-
tiéndolas a la cruz de Jesucristo en términos derivados de su propia situación
cultural, histórica y lingüística.

ENCARNACIÓN COMO FILOSOFÍA

Lo que los autores logran en este libro es el duro trabajo de abrir las
posibilidades de profundizar en las capas de comprensión del Evangelio al
comprometerse de nuevo desde su contexto. Nuestra ubicación importa.
Nuestra historia importa. Si la Encarnación del Verbo en Jesús de Nazaret
significa algo, como nos recuerda el gran misiólogo Andrew Walls, significa
que, este tipo de traducción del Evangelio *debe* ocurrir.[4] La encarnación es la
forma que Dios elige para comunicarse con nosotros. El hecho de que Jesús
se haya convertido en carne humana —incluyendo todo lo necesario para
que Jesús habite entre nosotros (no *visitarnos*, sino *habitar entre* nosotros
como *uno de nosotros*)— significa que los idiomas, las prácticas y las formas
de pensamiento propias de las culturas humanas específicas, son los medios
elegidos por Dios para comunicarse con nosotros: El Evangelio tomando
carne y sangre. Como explica Benjamin Conner, «Dios fue *traducido*, en
Jesús, *a un segmento específico de la realidad social*: un judío palestino con
acento galileo marginado del centro del escenario mundial».[5] Hasta ahora,
la confesión fiel de Jesucristo a las naciones (i.e., la misión cristiana), lejos
de producir una cultura eclesiástica mundial monolítica, *requiere* que los
pueblos de las naciones lo hagan dentro de sus propias formas lingüísticas y
culturales. El cristianismo, observa Walls, por lo tanto «no tiene un elemento
cultural fijo» y es por lo tanto «infinitamente transferible».[6] Porque no sólo
se puede *traducir* el Evangelio cristiano a nuevas formas de pensamiento
cultural y lingüístico, sino que, dado el imperativo misionero explícito en
toda la narrativa bíblica, la verdad del Evangelio no puede ser proclamada a
las naciones sin este tipo de traducción.[7]

---

4   Véase Andrew F. Walls, *The Missionary Movement in Christian History: Studies in the
    Transmission of Faith* (Maryknoll, NY: Orbis Books, 1995), especialmente el capítulo 3.

5   Benjamin T. Conner, *Disabling Mission, Enabling Witness: Exploring Missiology Through the
    Lens of Disability Studies* (Downer's Grove, IN: IVP Academic, 2018), 95 (cursivas mías).

6   Walls, *The Missionary Movement in Christian History*, 13, 22.

7   Walls, *The Missionary Movement in Christian History*, xvii. Cf. Myron Bradley Penner, *The
    End of Apologetics: Christian Witness in a Postmodern Context* (Grand Rapids, MI: Baker
    Academic, 2011), 152. Según Walls, la encarnación del Verbo, el Hijo de Dios, en carne humana
    como Jesús de Nazaret, tiene que ver con la especificidad cultural y, en última instancia, con

Ostos y Sarabia expresan su versión de hacer esto en términos de la acertada metáfora de Agustín de «saquear a los egipcios», y ponen este concepto a buen recaudo (ellos mismos saqueando a Agustín). Implícita en esta metáfora, por supuesto, está la suposición de que es posible que la imaginación cristiana sea llevada cautiva, cooptada por las perspectivas filosóficas dominantes a nuestro alrededor. Los autores optan por *no* dejar que su imaginación cristiana sea capturada por la filosofía moderna o posmoderna. En su lugar, se esfuerzan pacientemente por apropiarse de los lenguajes y formas de pensamiento de cada uno para expresar «la gloriosa riqueza de este misterio..., que es Cristo en [nosotros], la esperanza de gloria».[8] No permitirán que los antagonismos que han impulsado los conflictos históricos que les preceden determinen los límites de su pensamiento sobre la fe. Ellos buscan destruir «argumentos y toda altivez que se levanta contra el conocimiento de Dios, y llevamos cautivo todo pensamiento para que se someta a Cristo».[9]

En la base de su trabajo, aquí, creo que puedo discernir un concepto muy particular de la filosofía que informa el trabajo de Ostos y Sarabia. Practican un tipo de filosofía aprendida de figuras como Ludwig Wittgenstein. Es un enfoque poco común de la filosofía que es extraño para la mayoría de los filósofos y teólogos contemporáneos. Este enfoque, sin embargo, permite a los autores situarse en algún lugar entre las filosofías modernas y posmodernas. Es, yo diría, de hecho, una forma de entender la fe y la vida cristiana que, está mucho más cerca de cómo los primeros cristianos entendieron lo que hacían al anunciar al mundo que Dios había restaurado las cosas en la vida, muerte y resurrección de Jesús. Para ellos, como para Wittgenstein y los antiguos filósofos de su época, la filosofía es una *práctica*, es una forma de vida. No es un discurso teórico en absoluto. Y aún más, es un tipo de *terapia* que, como el psicoanálisis, saca a la luz cosas que hemos pasado por alto, reprimido, olvidado o distorsionado.[10] Este tipo de filosofía es una forma de mantenernos claros sobre las cosas importantes, y no distraernos, confundirnos o ser engañados por los delirios y fantasías. Para los cristianos, es una forma de no confor-

---

la difusión entre culturas y tradiciones. Así que, él aboga por la «expansión de la fe cristiana por su interacción con diferentes culturas e incluso idiomas», en Andrew F. Walls, *The Cross-Cultural Process in Christian History: Studies in the Transmission and Appropriation of Faith* (Maryknoll, NY: Orbis, 2002), 9–10.

8   Colosenses 1.27 (Nueva Versión Internacional).

9   2 Corintios 10.5 (Nueva Versión Internacional).

10   Wittgenstein escribe, en Ludwig Wittgenstein, *Philosophical Investigations* (Oxford: Blackwell, 1967), §133, «No hay *un* método filosófico, aunque sí hay métodos, como diferentes terapias».

marse con «el patrón de este mundo», como diría San Pablo.[11] Pero aún más importante, la filosofía en este sentido es parte de una vida bien vivida y, en referencia a la fe cristiana, como la practican los autores, es una actividad espiritual que implica toda una forma de vivir bajo el señorío de Jesucristo. Hay ilusiones e ídolos en nuestras vidas que nos molestan y atacan, nos traicionan y nos producen una serie de dilemas existenciales y cognitivos, pero, sobre todo, dilemas *espirituales*. Estas dificultades nos ocultan los verdaderos patrones de pensamiento y nos roban la capacidad de estar bien en el mundo; de vivir en paz con Dios y con los demás y de mostrar al mundo la verdad de Jesucristo.

Así que, los pensadores cristianos latinos harán bien en seguir el ejemplo de Ostos y Sarabia, y acercarse a la fe en los mismos términos filosóficos. Esto se debe a que la formación espiritual está íntegramente ligada a la formación filosófica. Y la formación filosófica, a su vez, implica necesariamente una ruptura decisiva con la vida cotidiana y la conversión a nuevas «formas de vida»[12] con prácticas específicas. En resumen, ver la vida de fe en términos filosóficos nos ayuda a formar lo que Jacques Ellul llama un «estilo de vida cristiano».[13]

Mi punto —y creo que Ostos y Sarabia estarán de acuerdo— es que, los cristianos pierden la capacidad de entender y anunciar (o incluso *enunciar*) el Evangelio claramente, cuando no lo piensan en términos filosóficos. La búsqueda del cristiano de la sabiduría, de Jesucristo —o, para decirlo de otra manera, el proceso en el que un cristiano pone todas las cosas bajo el señorío de Jesucristo— debe necesariamente incluir el desenredarse de las preocupaciones del mundo, los engaños del pecado, los poderes que actúan a nuestro alrededor y en nosotros que esclavizan nuestras mentes y apagan la luz de Cristo.

EL MALESTAR ESPIRITUAL MODERNO

Pero no estoy seguro de que esto sea obvio para la mayoría de nosotros. Y este hecho, sostengo, es el resultado de nuestra ubicación sociocultural: el

---

11 Romanos 12.2 (*New International Version*).

12 Wittgenstein escribe en *Investigaciones Filosóficas*, §19, que «imaginar un lenguaje es imaginar una forma de vida». Para Wittgenstein, estas «formas de vida» son las prácticas básicas que realizamos juntos para lograr ciertos fines que necesariamente incluyen el hablar. La forma en que *actuamos*, cree Wittgenstein, es el suelo del que surgen nuestros juegos de lenguaje, no cualquier tipo de concepto o *teoría*. Para más información sobre esto, véase Myron B. Penner, «Referring to Words: Idolatry, Truth, and Possibility of Naming God», *Philosophia Christi* 19:1 (2017), 157–19; y Fergus Kerr, *Theology After Wittgenstein* (Oxford: SPCK, 1997), 29–31, 64–65, 68–69, 132–34.

13 Cf. Jacques Ellul, *The Presence of the Kingdom*, segunda edición, trad. Olive Wyon (Colorado Springs, CO: Helmers & Howard, 1989), 121.

Occidente pos-/moderno que, como Kierkegaard se apresuró a señalar, es esencialmente *sin espíritu*. Sin embargo, propuestas como la que tenemos aquí de Ostos y Sarabia, nos dan razones para creer que la importante contribución de la filosofía, tanto en nuestro pensamiento como en nuestra práctica cristiana, puede ser recuperada. Trataré de explicar esto, pero primero necesitamos entender por qué este papel de la filosofía ha sido oscurecido.

No estoy seguro de que podamos sobreestimar el efecto de la modernización en la cultura occidental y las instituciones culturales:[14] el complejo y esquivo conjunto de valores, prácticas de fondo y horizontes de expectativas comunes que conforman nuestras identidades sociales: lo que Charles Taylor llama nuestros «imaginarios sociales» modernos.[15] Sin embargo, la mayoría de nosotros no lo estimamos en absoluto. El impacto de la modernidad influye en todos los aspectos de la forma en que los que estamos en el Atlántico Norte Occidental pensamos e imaginamos el mundo. Y, mientras que la historia de la relación de la modernización occidental y europea con los no-europeos en el Sur Global es, por supuesto, una historia muy compleja y problemática de contar, sin embargo, las imaginaciones de los latinoamericanos no están menos formadas por la modernidad. Además, la modernidad ha tenido el mismo efecto en la forma en que somos cristianos —cultura e instituciones cristianas y la forma en que los cristianos se imaginan a sí mismos (léase: la Iglesia y, en particular, las tareas de sus teólogos, exegetas bíblicos, sacerdotes y ministros de todo tipo)— como en cualquier otro aspecto de la sociedad. Nosotros los cristianos simplemente no pensamos en nosotros mismos, el mundo, Dios, nuestra vida en común, o las posibilidades que existen para el ser humano, en los mismos términos que los santos que nos han precedido. Y esto es cierto *especialmente* cuando usamos el mismo lenguaje que ellos. Es más, la mayor parte de nuestro discurso cristiano parece casi totalmente inconsciente de este hecho (particularmente cuando apela a la «historia»). Así que, mi suposición

---

14   Véase Taylor, *A Secular Age*, 146 en adelante. Hay, por supuesto, mucho más que decir sobre esto. Como explico en Myron Bradley Penner, *The End of Apologetics: Christian Witness in the Postmodern Context* (Grand Rapids, MI: Baker Academic, 2013), 28, Taylor dice que «el cambio a la modernidad desinstala el yo premoderno del cosmos jerárquico de significados armonizados y de la identidad sociorreligiosa corporativa en la que todo está bien ordenado y tiene su lugar, y la realidad está fundamentalmente encantada, incluso es misteriosa».

15   Véase Charles Taylor, *Modern Social Imaginaries* (Durham, NC: Duke University Press, 2004) *passim*. Nótese que pensar en los imaginarios sociales esencialmente como ideas es fundamentalmente perder el concepto de Taylor y es en sí mismo un síntoma de estar instalado en un imaginario social moderno. Para él, un imaginario social es lo que permite las prácticas de la sociedad haciéndolas inteligibles. Véase también Charles Taylor, *A Secular Age* (Cambridge, MS: The Belknap Press, 2007), 159–211.

es que el hecho de estar incrustados en alguna forma de imaginario social moderno moldea profundamente la forma en que entendemos y realizamos nuestras tareas como sacerdotes y particularmente nuestra formación como santos y el pueblo de Dios, ya sea que estemos en el Atlántico Norte Occidental o en el Sur Global.

Para aclarar más esto, hay dos características clave del proceso de modernización occidental que tienen un gran impacto en nuestra formación como cristianos y desconecta el pensamiento cristiano de la práctica de la filosofía. La primera característica es el desencanto moderno del imaginario premoderno. Para ser muy breve: el cambio a la modernidad desinstala el yo premoderno del cosmos jerárquico de significados armonizados y de la identidad sociorreligiosa corporativa en la que todo está bien ordenado y tiene su lugar, mientras que al mismo tiempo está fundamentalmente *encantado*, incluso es misterioso.[16] La arquitectura de este profundo cambio es proporcionada por lo que Taylor llama «el marco inmanente»,[17] que es el producto de un «Gran desembarque» que ocurrió en las culturas occidentales. Ser moderno es ser *modernizado*, haber pasado por el proceso de ser desembarcado de lo premoderno. En este desembarque, el cosmos premoderno, que tiene un propósito inherente, se convierte en un universo esencialmente sin sentido; la realidad se desencanta, el yo se vuelve «atenuado» (o se aísla de sus condiciones materiales), y todo lo importante de este mundo se vuelve explicable en sus propios términos.[18] El segundo rasgo clave de la modernización occidental que afecta significativamente al pensamiento y a la vida cristiana es la construcción moderna de una «plaza pública».[19] Esto informa y da forma a cada aspecto de cómo imaginamos el discurso y las relaciones sociales. La plaza pública moderna es algo diferente de todo lo que la precede porque se imagina como un espacio neutral, común, libre y desvinculado de la esfera política o religiosa.[20] Se concibe como una especie de espacio compartido en el que personas que nunca se reúnen físicamente entre sí, se entienden a sí mismas como participantes en un debate y capaces de alcanzar un consenso racional.[21] Esta división de la vida en privada y pública es fundamental para toda la concepción de

---

16 Taylor explica que, «El mundo encantado en este sentido es el mundo de los espíritus, demonios y fuerzas morales en el que vivieron nuestros antepasados». Taylor, *A Secular Age*, 26.

17 Taylor, *A Secular Age*, 539 en adelante.

18 Penner, *End of Apologetics*, 28.

19 Esta discusión es extraída de Penner, *End of Apologetics*, 26–28.

20 Esta es también, no incidentalmente, una descripción justa de la *raison d'être* para la universidad moderna.

21 Taylor, *Modern Social Imaginaries*, 85.

la vida moderna, observa Taylor, porque permite que las sociedades modernas se consideren capaces de llegar a un acuerdo sin tener que apelar a la autoridad política o religiosa. Es lo que da forma al discurso racional. Nos imaginamos que estamos comprometidos en «un discurso de la razón *fuera del poder* que, sin embargo, es normativo para el poder».[22]

El efecto combinado del desencanto del cosmos con la plaza pública moderna, entonces, produce al menos dos efectos correspondientes y sustanciales para la filosofía y la imaginación cristiana. Para empezar, la dimensión espiritual de la vida y la sabiduría se cierra, ya sea como irrelevante (un extra, opcional, un añadido, a cómo pensamos e imaginamos nosotros mismos) o simplemente inexistente. Cualesquiera que sean los poderes espirituales que puedan (o no) operar en el mundo, no desempeñan un papel afectivo en la forma en que imaginamos y aprehendemos la verdad, incluso la verdad espiritual. La vida espiritual es opcional para pensar bien, porque el pensamiento no está intrínsecamente conectado a nuestras vidas, ni corporal ni socialmente. El segundo efecto es que, la razón y el discurso se imaginan como si ocurrieran en un espacio neutral, sin estar contaminados por prejuicios y compromisos personales o circunstancias históricas. Esto produce una serie de binarios, en los que se imagina que la teoría está separada de la práctica, el pensamiento del acto y la teología de la formación. La teología, imaginamos, es teoría (ideación) pública, objetiva y razonable; mientras que, la formación espiritual es práctica privada, personal y afectiva. El efecto neto de todo esto para la vida cristiana es que, el ser cristiano está separado de la teología, y aún más de la filosofía. En la modernidad no hay una forma o estilo de vida específico que sea parte integrante del modo de ser cristiano.

¿El cristianismo primitivo *como* filosofía?

Así que, debido al marco inmanente, trabajamos bajo una amplia gama de conceptos erróneos sobre el mundo premoderno, entre los que se encuentra la naturaleza de la filosofía en el mundo antiguo. El filósofo francés, Pierre Hadot, pasó su carrera señalando que la filosofía antigua era muy diferente de la filosofía de hoy —o como la tomamos típicamente— y que se caracteriza mejor como un conjunto de ejercicios espirituales. En primer lugar, Hadot

---

22   Taylor, *Modern Social Imaginaries*, 91; cursivas mías. Así, como me señaló Scott Baker, la pregunta crucial que se plantean los teóricos modernos de la plaza pública es la de quién administra esa neutralidad, su norma y sus reglas.

argumenta que la filosofía para los antiguos era una forma de vida, un arte de vivir, una actividad práctica y espiritual dirigida a la transformación personal para que uno viva bien. La tarea del filósofo, nos dice, no era principalmente la de comunicar «un conocimiento enciclopédico en forma de un sistema de proposiciones y de conceptos que reflejaran, más o menos bien, el sistema del mundo».[23] En cambio, los filósofos de la antigüedad no se preocupaban tanto por describir la forma en que el mundo es *realmente* e impartir un cuerpo de conocimientos sobre él, sino más bien, por el tipo de entrenamiento y educación que permitiría a sus discípulos vivir bien (en la vida de la ciudad, o en el mundo) y tener un estado mental correcto. La filosofía, en otras palabras, era una forma de vida. Uno no se inscribía en la Academia de Platón, por ejemplo, para completar la cantidad requerida de créditos de curso, graduarse y pasar a una vida normal en la polis con un puesto de profesor titular, una esposa, una amante y dos o tres hijos. En cambio, uno se mudaba, por así decirlo, y practicaba un estilo de vida distintivo en una comunidad de otros que compartían los mismos compromisos y prácticas. Y esto era una preocupación de por vida. Una vida filosófica requería, entonces, una ruptura decisiva con la vida cotidiana (βίος, *bios*) y la conversión a una nueva «forma de vida» como la practicaba una escuela filosófica particular.[24]

«El filósofo», escribe Hadot, «era un filósofo por su *actitud* existencial, una actitud que era el fundamento de su filosofía y que requería que se sometiera a una verdadera conversión, en el sentido más fuerte de la palabra, que cambiara radicalmente la dirección de su vida».[25] La conclusión importante que Hadot saca de todo esto es que, «En la antigüedad el filósofo se considera a sí mismo como un filósofo, no porque desarrolle un discurso filosófico, sino porque vive filosóficamente».[26] Así pues, el concepto de filosofía en el mundo

---

23   Pierre Hadot, «La philosophie antique: une éthique ou une pratique?», en *Problèmes de la morale antique*, ed. Paul Demont, (Amiens, 1993), 7–8. Citado por Arnold I. Davidson, «Introduction: Pierre Hadot and Spiritual Phenomenon of Ancient Philosophy», en Pierre Hadot, *Philosophy as a Way of Life: Spiritual Exercises from Socrates to Foucault*, ed. Arnold I. Davidson y trad. Michael Chase (Oxford: Blackwell, 1995), 20.

24   Véase Brian Gregor, «Text as Mirror: Kierkegaard and Hadot on Transformative Reading», *History of Philosophy Quarterly* 28 (2011): 65–84. Gregor presenta una lectura de Hadot, desde Hadot, *Philosophy as a Way of Life*, por medio de Pierre Hadot, *The Present Alone Is Our Happiness: Conversations with Jeannie Carlier and Arnold I. Davidson*, trad. Marc Djaballah (Stanford, CA: Stanford University Press, 2009), a Pierre Hadot, *What is Ancient Philosophy?*, trad. Michael Chase (Cambridge, MA: Harvard University Press, 2002). Véase también Abraham J. Malherbe, *Paul Among the Popular Philosophers* (Minneapolis: Fortress, 1989) para un estudio sobre la conversión a una forma de vida en los filósofos helenistas.

25   Hadot, *Philosophy as a Way of Life*, 20.

26   Citado en Davidson, «Introduction», 27.

antiguo es estrictamente inseparable del concepto de formación: ser miembro de una tradición filosófica particular es simplemente estar en un proceso de formación personal por medio de prácticas específicas guiadas por un sabio.

Un ejemplo claro de cómo somos propensos a malinterpretar la relación entre el cristianismo primitivo y la filosofía pagana debido al efecto que nuestra inmersión en los imaginarios sociales modernos tiene en la imaginación cristiana, viene del gran filósofo católico romano de antaño, Ettiene Gilson. En su *History of Christian Philosophy in the Middle Ages* [en español: *La filosofía en la Edad Media: desde los orígenes patrísticos hasta el fin del siglo XIV*], Gilson encuentra necesario negar que el cristianismo, como una forma de vida enfocada en «la persona viva de Cristo», califica como una filosofía. Nos dice que, «Cuando San Pablo escribió que Cristo era "sabiduría" [en 1 Co. 1:30]... estaba diciendo que lo que los filósofos habían esperado de su llamada sabiduría, los cristianos la acababan de recibir de Cristo, y esto no era una declaración filosófica; era una declaración religiosa».[27] Gilson está casi en lo correcto. Pero lo interesante, aquí, es que, como cristiano, no puede imaginar que Cristo es el cumplimiento de la expectativa de los filósofos paganos de la búsqueda de la sabiduría y, por lo tanto, es apropiado para la filosofía.

Lo que quiero decir es que la perspectiva de Gilson, en este caso, sólo puede ser adoptada por alguien que esté completamente inmerso en el marco inmanente; alguien que vea fuertes distinciones entre teoría y práctica, fe (o revelación) y razón, y, por último, entre el discurso de la razón (filosofía) y la religión, ninguna de las cuales era verdadera de una perspectiva filosófica antes de su modernización. De hecho, no estoy seguro de que Pablo o, de hecho, los cristianos del Nuevo Testamento, pudieran haber entendido la afirmación de Pablo de que Cristo es nuestra sabiduría como procedente de algo distinto de algún tipo particular de filosofía.[28] Por supuesto, Pablo y la emergente tradición cristiana —particularmente como la cuenta Lucas en el Libro de Hechos[29]— están intentando reconfigurar la fácil conexión entre Dios y la

---

27 Etienne Gilson, *History of Christian Philosophy in the Middle Ages* (Nueva York: Random House, 1955), v.

28 De hecho, Abraham J. Malherbe, *Paul Among the Popular Philosophers* (ubicación Kindle 890), llega a afirmar que «Pablo está tan familiarizado con las ricas tradiciones [filosóficas] griegas del cuidado pastoral, y las utiliza de una manera tan poco estudiada, que sería erróneo pensar que sólo minó superficialmente la veta para sus propios fines. Como Ulises, se había convertido de hecho en parte de lo que conoció. Al mismo tiempo, su autocomprensión apostólica y su teología informaron tan completamente su cuidado pastoral que la antítesis del título es falsa. En cuanto a su método de cuidado pastoral, Pablo es a la vez helenístico [*sic*] y cristiano».

29 Confío, para facilitar la referencia, en que puedo renunciar a la discusión crítica de la autoría histórica de los documentos del Nuevo Testamento y simplemente referirme a los autores

naturaleza que sustenta la teología filosófica pagana,[30] pero esto no fue tanto un abandono de la filosofía sino su *eclipse*. Es decir, cuando Pablo, de acuerdo con Isaías (Is. 29.14), escribe en su Primera Carta a los Corintios que Dios pretende «destruir la sabiduría de los sabios» (1 Co. 1.19; cf. 1 Co. 3.18-20), está diciendo que la sabiduría de la cruz no es simplemente una afirmación o una creencia. «Es», como comenta Paul Moser, «el *poder* divino que puede llevar a una persona impía a una relación correcta con Dios, liberándola de la esclavitud de las cosas que impiden esa relación».[31] Por lo tanto, era indispensable para vivir bien. Y todo esto es exactamente lo que los antiguos filósofos esperaban de su filosofía.

Para ver cómo se desarrolla esto en el Nuevo Testamento, quiero mirar muy brevemente tres textos: Colosenses 2.6-15, Hechos 16.16-22, y Hechos 17.16-34. En primer lugar, en Colosenses 2, Pablo, sonando muy parecido a lo que hizo al hablar a los corintios, advierte a la iglesia de Colosas que corren el peligro de ser cautivados por «una filosofía vacía y engañosa» que no está arraigada y basada en Jesucristo, sino que persigue una sabiduría que «es conforme a la tradición humana y a los espíritus elementales [o principios básicos] del mundo [στοιχεῖα τοῦ κόσμου (*stoicheia tou kosmou*)]» (Col 2.8 NET Bible). La filosofía centrada en el Evangelio y basada en Jesús es, para Pablo, un poder que se opone y suplanta los poderes naturales (*stoichea*) en los que la filosofía pagana está arraigada. Este (el Evangelio de Jesús Mesías) es la *verdadera* sabiduría recibida de una revelación de Dios, transmitida a través de una tradición del Evangelio (Col. 2.6), y basada en el gobierno y el reinado de Jesús el Mesías, que: (1) sustituye y mantiene en su interior los principios básicos/espíritus elementales de este mundo, como derivados de Cristo (y no al revés), y (2) ha apagado (desactivado) y llevado cautivos estos poderes por la cruz, precisamente de la misma manera que los Césares desarman y hacen cautivos a los generales militares vencidos (Col. 2.10, 14-15). Además, esta sabiduría (que es Jesús el Mesías) lleva consigo una forma de vida que tiene ciertas prácticas específicas que transforman la forma en que los cristianos están en el mundo (Col. 3). Así que, lo que Pablo parece estar diciendo aquí es que, en Cristo se nos ha dado una forma de vivir y pensar que involucra críticamente al mundo y nos permite estar en la verdad de una manera que está

---

atribuidos por la tradición canónica; así «Lucas» para el Libro de Hechos, «Pablo» para las cartas atribuidas a Pablo, y así sucesivamente. No creo que nada en mi argumento dependa de resolver estas cuestiones.

30 Cf. Rowe *World Upside Down*, 36.

31 Moser, «Conformation Model», 186; cursivas mías.

en contraste directo con la filosofía pagana; no como alternativa a ella, *per se*, sino como su *cumplimiento*.

Kavin Rowe presenta la historia de Pablo y Silas en Tiatira, en Hechos 16, como una demostración de este poder pneumático del evangelio cristiano que, abre «un desgarro en el tejido de la religión popular pagana en que demuestra la debilidad del πνευμα pagano».[32] Pablo y Silas están en Filipos y, tras la conversión de Lidia (16.14-15), se encuentran de frente, u «opuestos», como Rowe (creo que con razón) insiste,[33] con una esclava que tiene un espíritu (*pneuma púthona*, literalmente, un «espíritu pitón»[34]) cuyos oráculos generan mucho beneficio económico para sus amos.[35] La muchacha sigue a Pablo y Silas por la ciudad gritando: «Estos hombres son siervos del Dios Altísimo, que os anuncian un camino de salvación» (16.17). Pablo se enfada mucho e invoca el nombre de Jesucristo para exorcizar el espíritu pitónico (16.18). Esto no les sienta bien a los amos de la muchacha, por supuesto, que luego hacen que Pablo y Silas sean expulsados de la ciudad. Como señala Rowe, «la aparición explícita del nombre de Jesucristo implica un enfrentamiento simultáneo con un πνευμα (ο δαιμον) pagano y las prácticas económicas que dependen de la presencia pneumática».[36] Lucas, continúa Rowe, usa esta historia para mostrar cómo para Pablo, el poder de Cristo es «una fuerza de subversión para los hábitos religioso-económicos de la polis».

Lo que es obvio en todo esto es que, Pablo no está interesado en una mera reforma filosófica o en desmitologizar su visión pagana del mundo. No está tratando, en otras palabras, de introducir una nueva filosofía sobre las mismas bases que las filosofías paganas. Está interesado en su conversión a una forma de vida que está fundamentalmente en desacuerdo con los cultos paganos, con los que la práctica filosófica de la época tenía una relación ambigua.[37] Está introduciendo lo que sólo puede ser descrito como una nueva «filosofía», pero con una sabiduría que excede la tradición. En resumen, Pablo va *más allá* de Sócrates.

---

32 Rowe, *World Upside Down*, 26.

33 ὑπαντῆσαι – *hupantesai*: ir al encuentro; en referencia militar, un encuentro hostil.

34 «Pitón» era el nombre de la serpiente o dragón que guardaba el oráculo de Delfos. Según la mitología griega, vivía al pie del Monte Parnaso y fue asesinado por Apolo. De esto, la palabra vino a designar a una persona que se pensaba que tenía un espíritu de adivinación. Los generales paganos, por ejemplo, podrían consultar a alguien así. Así que su presencia aquí sugiere un encuentro sobrenatural que involucra a Pablo y el «espíritu» de ella.

35 Rowe, *World Upside Down*, 24.

36 Rowe, *World Upside Down*, 24.

37 Rowe, *World Upside Down*, 22.

Vemos la complejidad de la relación de Pablo con la filosofía en el siguiente capítulo cuando Lucas narra la llegada de Pablo a Atenas y su discurso en el Aerópago (Hechos 17.16-34).[38] El movimiento filosófico clave de Pablo en el discurso del Aerópago promulga una inversión completa de la relación entre la filosofía pagana y la fe religiosa (cristiana) de Pablo que, cómo podríamos pensar en ella dentro del marco inmanente, según el cual la filosofía implica una justificación objetiva y racional, mientras que, la religión es un asunto partidista que implica compromiso personal y (mera) convicción. Pablo, de hecho, *posiciona* la fe cristiana como una forma de «filosofía», pero lo hace mediante la subsunción efectiva de la sabiduría filosófica pagana en el relato bíblico.[39] Él enfrenta a los filósofos del Aerópago con un cambio de paradigma, un cambio de lealtades, un llamado a una nueva forma de vida. Pablo vuelve a narrar el relato filosófico pagano de los orígenes y lo pone entre paréntesis dentro del relato bíblico, como un subconjunto de la creación bíblica (Hechos 17.24, 26) y la consumación (Hechos 17.30-31), que proporciona, por así decirlo, el *telos*, el arco narrativo, para esta nueva vida. Para Pablo, entonces, «la filosofía pagana tiene lugar dentro de dos paréntesis, por así decirlo», dentro de la historia bíblica.[40] Así, Rowe argumenta que en Hechos 17.26-29, Pablo encaja piezas clave de la teología filosófica griega (somos la descendencia de Dios y vivimos, nos movemos y tenemos nuestro ser en Dios) en el movimiento teológico fundamental de los primeros capítulos de Génesis, que fluye (asimétricamente) de Dios hacia la humanidad.[41] Al hacerlo, Pablo afirma y disuelve simultáneamente el valor de la sabiduría filosófica pagana. Es decir, la recontextualiza. Citando a C. K. Barrett, Rowe resume la sustancia filosófica del mensaje del Aerópago de Pablo: «De la naturaleza los griegos ha evolucionado, no la teología natural, sino la *idolatría* natural».[42] Como lo presenta Lucas, Pablo convierte la sabiduría pagana (filosofía) en sí misma y así se queda fuera de la gloria de Dios revelada en Jesús. Es decir, termina en la aporía. No es la verdadera sabiduría. Así que, en un movimiento retórica y filosóficamente brillante, Pablo utiliza la teología natural pagana para abrir un agujero en sí misma para que se abra un espacio, una laguna, en la que la proclamación de la Buena Nueva de Dios en Jesús, el Crucificado y

---

38   Este estudio funciona muy cerca de mi estudio en Myron B. Penner, «The Unknown Mover (Or, How to Do 'Natural Theology' in a Postmodern Context): A Review Essay», *Philosophia Christi* 21:1 (2019): 201–208.

39   Una vez más, este es el argumento de Rowe en *World Upside Down*, 36 en adelante.

40   Cf. Rowe, *World Upside Down*, 40.

41   Rowe, *World Upside Down*, 38.

42   Cf. Rowe, *World Upside Down*, 38 (cursivas mías).

Resucitado, pueda ser escuchada por aquellos que tienen oídos para oír. Así, para Pablo, la sabiduría de la cruz revela cómo ser recto, y piensa que sólo una forma de vida que tenga *eso* como raíz produce una vida caracterizada por la *dikaiasune* (rectitud, una vida bien vivida).

Conclusión

Creo que es de vital importancia para los pensadores cristianos de América Latina hacer el tipo de movimiento que Ostos y Sarabia recomiendan aquí: reconocer las ideas del giro posmoderno y permitirles informar cómo se piensa y se practica la fe cristiana. Su práctica de saquear el pensamiento posmoderno puede ser una herramienta utilizada para destacar el grado en que los cristianos en su contexto latinoamericano pueden ser mantenidos cautivos de los ídolos modernos; reliquias coloniales que amenazan con colonizar su imaginación como cristianos. Su trabajo en este libro libera a los cristianos latinos para que se autoteologicen, y les ayuda a imaginar a Cristo y al Evangelio de manera que reflejen las contribuciones de la cultura, experiencia y lenguaje latinos.

Creo que estaremos en una mejor posición para comprender el valor de la contribución de Ostos y Sarabia en este libro, una vez que nos demos cuenta de que todos nosotros estamos, de hecho, inmersos en el marco inmanente y que, eso es determinante para la forma en que pensamos y sentimos y percibimos e imaginamos toda una gama de fenómenos y conceptos; de hecho, toda nuestra perspectiva. Y esto es cierto para los cristianos, ya sea que seamos del Atlántico Norte Occidental o del Sur Global. Específicamente, tenemos que darnos cuenta de que nuestra inserción en los imaginarios sociales modernos nos predispone a pensar que la forma en que pensamos sobre la fe puede aislarse de la matriz de condiciones materiales (sociales, históricas, relacionales, biológicas, etc.) que proporcionan el contexto en el que pensamos y teorizamos sobre la fe. Como diría Gadamer, tenemos prejuicios. Como diría Marx, somos propensos al autoengaño. Y como diría San Pablo (aún más radicalmente), *no podemos escapar al autoengaño*. No sólo los pensadores cristianos están muy inclinados, sino también cualquier otro cristiano, que, junto con los pensadores cristianos, están profundamente instalados en estos imaginarios. Esto nos produce todo un conjunto de prácticas que constituyen nuestra forma de vivir en el mundo: nuestras vidas económicas, sociales y políticas que se derivan de la forma en que imaginamos la vida en común.

Así, lo que los autores realizan para nosotros en este trabajo es el tipo necesario de actividad propia en la que los cristianos siempre deben comprometerse, dondequiera que sean y cuandoquiera que estén —y deben ayudar a otros a comprometerse— si queremos perseguir y encarnar la sabiduría de Jesucristo en nuestras propias vidas y nuestras comunidades. Es decir, Ostos y Sarabia son filósofos cristianos. Nos ayudan a pensar sobre nuestra fe. Hay ilusiones e ídolos en nuestras vidas que nos molestan y atacan, nos traicionan y nos producen una serie de dilemas existenciales y cognitivos, pero, sobre todo, dilemas *espirituales*. Estos nos oscurecen patrones de pensamiento verídicos y nos roban la capacidad de estar bien en el mundo; de amar a Dios y amar a los demás.[43] Por lo tanto, si queremos encarnar una forma de vivir y pensar que esté enraizada y cimentada en Cristo, necesitamos guías como Ostos y Sarabia. Necesitamos conocer el *pneuma* y el *dunamis* que comprometen críticamente al mundo y que nos permiten estar en la verdad y que se oponen directamente a toda pretensión que se oponga al conocimiento de Dios (2 Co. 10.5) y a la ceguera y la obstinación que hacen que nuestro pensamiento sea inútil y que nuestro entendimiento se oscurezca (Ef. 4.17-8). Y esto es exactamente lo que Ostos y Sarabia están ayudando a los cristianos latinoamericanos a llevar a cabo.

Dr. Rev. Myron Bradley Penner

St. Paul's Anglican Church

Alberta, Canadá

---

43 Edward Mooney, «Introduction: A Socratic and Christian Care for the Self», en *Ethics, Love, and Faith in Kierkegaard: Philosophical Engagements*, Indiana Series in the Philosophy of Religion, ed. Edward Mooney (ubicación Kindle 103). Kindle Edition, afirma «Cristo y Sócrates comienzan su cuidado de los demás desafiando a los ídolos de poder temporal o espiritual, y proporcionando objetos de atracción superiores».

BIBLIOGRAFÍA
RECOMENDADA

Austin, J. L. *Cómo hacer cosas con palabras*. Barcelona: Ediciones Paidós, 2016.

Behr, John. *The Mystery of Christ*. Yonkers, NY.: St Vladimir's Seminary Press, 2006.

Bevins, Winfield. *Ever Ancient, Ever New: The Allure of Liturgy for a New Generation*. Grand Rapids, MI: Zondervan, 2019.

Bonhoeffer, Dietrich. *Vida en comunidad*. Nueva Alianza Minor 13. Salamanca: Ediciones Sígueme, 2019.

Bourdieu, Pierre. *El sentido práctico*. Ciudad de México: Siglo XXI, 2009.

Butler, Christopher. *Postmodernism: A Very Short Introduction*. Very Short Introductions. Oxford: Oxford University Press, 2002.

Carter, Craig A. *Interpreting Scripture with the Great Tradition: Recovering the Genius of Premodern Exegesis*. Grand Rapids: Baker Academic, 2018.

Chatraw, Joshua D. Telling a Better Story: How to talk About God in a Skeptical Age. Grand Rapids, MI: Zondervan Reflective, 2020.

Chatraw, Joshua D. y Mark D. Allen. *Apologetics at the Cross: An Introduction for Christian Witness*. Grand Rapids, MI: Zondervan, 2018.

Derrida, Jacques. *De la gramatología*. Ciudad de México: Siglo XXI, 1978.

Derrida, Jacques y John Caputo. *La deconstrucción en una cáscara de nuez*. Buenos Aires: Prometeo Libros, 2009.

Fish, Stanley E. *Is There a Text in This Class? The Authority of Interpretive Communities*. Cambridge, MA: Harvard University Press, 1980.

Florovsky, Georges. *Bible, Church, Tradition: An Eastern Orthodox View*. Collected Works of Georges Florovsky. Belmont, MA: Nordland Publishing Company, 1972.

Foucault, Michel. *La hermenéutica del sujeto: Curso en el Collége de France (1981-1982)*. Buenos Aires: Fondo de Cultura Económica, 2009.

_____. *Vigilar y castigar: Nacimiento de la prisión*. Madrid: Siglo XXI Editores, 2018.

Galli, Mark. *Beyond Smells and Bells: The Wonder and Power of Christian Liturgy*. Brewster, MA: Paraclete Press, 2008.

Glendinning, Simon. *Derrida: A Very Short Introduction*. Very Short Introductions. Oxford: Oxford University Press, 2011.

Gorman, Sara E. y Jack M. Gorman. *Denying to the Grave: Why We Ignore the Facts That Will Save Us*. Nueva York: Oxford University Press USA, 2017.

Gratton, Peter y John Panteleimon Manoussakis, ed. *Traversing the Imaginary: Richard Kearney and the Postmodern Challenge*. Studies in Phenomenology and Existential Philosophy. Evanston, IL: Northwestern University Press, 2007.

Grayling, A. C. *Wittgenstein: A Very Short Introduction*. Very Short Introductions. Oxford: Oxford University Press, 2001.

Grenz, Stanley J. y John Franke. *Beyond Foundationalism: Shaping Theology in a Postmodern Context*. Louisville: Westminster John Knox Press, 2001.

Gschwandtner, Christina M. *Postmodern Apologetics?: Arguments for God in Contemporary Philosophy*. Perspectives in Continental Philosophy. Nueva York: Fordham University Press, 2012.

Guroian, Vigen. *Incarnate Love: Essays in Orthodox Ethics*. Segunda edición. Notre Dame: University of Notre Dame Press, 2002.

Gutting, Gary. *Foucault: A Very Short Introduction*. Very Short Introductions. Oxford: Oxford University Press, 2005.

Haidt, Jonathan. *La mente de los justos: Por qué la política y la religión dividen a la gente sensata*. Barcelona: Deusto, 2019.

Harakas, Stanley S. *Toward Transfigured Life: The Theoria of Eastern Orthodox Ethics*. Minneapolis: Light & Life Publishing, 1983.

_____. *Living the Faith: The Praxis of Eastern Orthodox Ethics*. Minneapolis: Light & Life Publishing, 1983.

Harrison Warren, Tish. *Liturgy of the Ordinary: Sacred Practices in Everyday Life*. Downers Grove, MI: InterVarsity Press, 2016.

Hauerwas, Stanley. *A Community of Character: Toward a Constructive Christian Social Ethic*. Notre Dame, IN: University of Notre Dame Press, 1981.

_____. *The Peaceable Kingdom: A Primer in Christian Ethics*. Notre Dame, IN: University of Notre Dame Press, 1983.

_____. *Unleashing the Scripture: Freeing the Bible from Captivity to America*. Nashville: Abingdon Press, 1993.

Hauerwas, Stanley y Charles Pinches. *Christians Among the Virtues: Theological Conversations with Ancient and Modern Ethics*. Notre Dame, IN: University of Notre Dame Press, 1997.

Hauerwas, Stanley y Samuel Wells, ed. *The Blackwell Companion to Christian Ethics*. Oxford: Blackwell, 2006.

Herdt, Jennifer. *Putting on Virtue: The Legacy of the Splendid Vices*. Chicago: University of Chicago Press, 2008.

Heringer, Seth. *Uniting History and Theology: A Theological Critique of the Historical Method*. Lanham, MD: Lexington/Fortress, 2018.

Horton, Michael. *Covenant and Eschatology: The Divine Drama*. Louisville: Westminster John Knox, 2002.

_____. *People and Place: A Covenant Ecclesiology*. Louisville: Westminster John Knox, 2008.

_____. *The Christian Faith: A Systematic Theology for Pilgrims on the Way*. Grand Rapids, MI: Zondervan, 2011.

Horujy, Sergey S. *Practices of the Self and Spiritual Practices: Michel Foucault and the Eastern Christian Discourse*. Grand Rapids, MI: Eerdmans, 2015.

Humphrey, Edith M. *Scripture and Tradition: What the Bible Really Says*. Grand Rapids, MI: Baker Academic, 2013.

Kahneman, Daniel. *Pensar rápido, pensar despacio*. Madrid: Debate, 2012.

Kahneman, Daniel, Paul Slovic y Amos Tversky. *Judgment under uncertainty: Heuristics and biases*. Cambridge: Cambridge University Press, 1982.

Kallenberg, Brad J. *Ethics as Grammar: Changing the Postmodern Subject*. Indiana: University of Notre Dame Press, 2001.

Kerr, Fergus. *Theology After Wittgenstein*. 2da edición. Londres: The Society For Promoting Christian Knowledge, 1997.

Kim, Jay Y. *Analog Church: Why We Need Real People, Places, and Things in the Digital Age*. Downers Grove, MI: InterVarsity Press, 2020.

Kuhn, Thomas, *La estructura de las revoluciones científicas*. Ciudad de México: Fondo de Cultura Económica, 2013.

Kusch, Martin. *Knowledge by Agreement*. Nueva York: Oxford University Press, 2002.

Laland, Kevin. *Darwin's Unfinished Symphony: How Culture Made the Human Mind*. Princeton, NJ: Princeton University Press, 2017.

Leithart, Peter J. *Against Christianity*. Moscow, ID: Canon Press, 2003.

_____. *Solomon Among the Postmoderns*. Grand Rapids, MI: Brazos Press, 2008.

Lindbeck, George A. *La naturaleza de la doctrina: Religión y teología en una época postliberal*. Biblioteca de Teología Actual. Viladecavalls: Editorial Clie, 2018.

Lyotard, Jean-Francois. *La condición postmoderna*. Madrid: Catedra Ediciones, 2004.

MacIntyre, Alasdair. *Whose Justice? Which Rationality?* Notre Dame, IN: University of Notre Dame Press, 1988.

_____. *Tras la virtud*. Barcelona: Austral, 2013.

Manoussakis, John Panteleimon. *God after Metaphysics: A Theological Aesthetic.* Philosophy of Religion. Bloomington, IN: Indiana University Press, 2007.

Manoussakis, John Panteleimon, ed. *After God: Richard Kearney and the Religious Turn in Continental Philosophy.* Nueva York: Fordham University Press, 2006.

McGrath, Alister. *Narrative Apologetics: Sharing the Relevance, Joy, and Wonder of the Christian Faith.* Grand Rapids, MI: Baker Books, 2019.

_____. *Mera apologética: Ayudando a interesados y escépticos a encontrar la fe.* Salem, OR: Publicaciones Kerigma, 2020.

Mercier, Hugo y Dan Sperber. *The Enigma of Reason.* Cambridge: Harvard University Press, 2017.

Monk, Ray. *Ludwig Wittgenstein: El deber de un genio.* 2da ed. Barcelona: Anagrama, 1997.

Mrowczynski-Van Allen, Artur, Teresa Obolevitch y Pawel Rojek, ed. *Beyond Modernity: Russian Religious Philosophy and Post-Secularism.* Eugene, OR: Pickwick Publications, 2016.

Oden, Thomas C. *After Modernity... What?: Agenda for Theology.* Grand Rapids: Zondervan, 1992.

Ostos, Jorge. *Mero conocimiento: Un llamado a una intelectualidad espiritual.* Salem, OR: Publicaciones Kerigma, 2018.

Penner, Myron B., ed. *Christianity and the Postmodern Turn: Six Views.* Grand Rapids, MI: Brazos Press, 2005.

_____. *The End of Apologetics: Christian Witness In A Postmodern Context.* Grand Rapids, MI: Baker Academic, 2013.

Plantinga, Alvin. *Warranted Christian Belief.* Nueva York: Oxford University Press, 2000.

Plantinga, Alvin y Nicholas Wolterstorff, ed. *Faith and Rationality.* Notre Dame, IN: University of Notre Dame Press, 1983.

Polanyi, Michael. *Personal Knowledge: Towards a Post-Critical Philosophy.* Chicago: University of Chicago Press, 1974.

_____. *The Tacit Dimension*. Chicago: University of Chicago Press, 2009.

Reguera Pérez, Isidoro. *Ludwig Wittgenstein*. Madrid: Edaf, 2002.

Rosner, Brian S. *Know by God: A Biblical Theology of Personal Identity*. Grand Rapids, MI: Zondervan, 2017.

Schmemann, Alexander. *The Eucharist: Sacrament of the Kingdom*. Crestwood: St. Vladimir's Seminary Press, 1987.

_____. *For the Life of the World*. St. Vladimir's Seminary Press Classics 1. Crestwood: St. Vladimir's Seminary Press, 2018.

Searle, John. *Actos de habla: ensayo de filosofía del lenguaje*. Barcelona: Grupo Anaya, 2017.

Simmons, J. Aaron. *God and the Other: Ethics and Politics after the Theological Turn*. Philosophy of Religion. Bloomington, IN: Indiana University Press, 2010.

Simmons, J. Aaron y Stephen Minister, ed. *Reexamining Deconstruction and Determinate Religion: Toward a Religion With Religion*. Pittsburgh, PA: Duquesne University Press, 2012.

Sloman, Steven y Philip Fernbach. *The Knowledge Illusion: Why We Never Think Alone*. Nueva York: Riverhead Books, 2017.

Smith, Gordon T. *Evangelical, Sacramental, and Pentecostal: Why the Church Should Be All Three*. Downers Grove, MI: IVP Academic, 2017.

Smith, James K. A. *Introducing Radical Orthodoxy: Mapping a Post-Secular Theology*. Grand Rapids: Baker Academic, 2004.

_____. *Who's Afraid of Postmodernism? Taking Derrida, Lyotard, and Foucault to Church*. The Church and Postmodern Culture. Grand Rapids, MI: Baker Academic, 2006.

_____. *Desiring the Kingdom: Worship, Worldview, and Cultural Formation*. Cultural Liturgies 1. Grand Rapids, MI: Baker Academic, 2009.

_____. *Thinking in Tongues: Pentecostal Contributions to Christian Philosophy*. Grand Rapids, MI: William B. Eerdmans Publishing Company, 2010.

_____. *Imagining the Kingdom: How Worship Works*. Cultural Liturgies 2. Grand Rapids, MI: Baker Academic, 2013.

_____. *Who's Afraid of Relativism? Community, Contingency, and Creaturehood*. The Church and Postmodern Culture. Grand Rapids, MI: Baker Academic, 2014.

_____. *How (Not) to Be Secular: Reading Charles Taylor*. Grand Rapids, MI: William B. Eerdmans Publishing Company, 2014.

_____. *You Are What You Love: The Spiritual Power of Habit*. Grand Rapids, MI: Brazos Press, 2016.

_____. *Awaiting the King: Reforming Public Theology*. Cultural Liturgies 3. Grand Rapids, MI: Baker Academic, 2017.

Stein, Edward. *Without Reason: The Rationality Debate in Philosophy and Cognitive Science*. Nueva York: Oxford University Press, 1996.

Taylor, Charles. *Imaginarios sociales modernos*. Barcelona: Paidós, 2006.

_____. *La era secular*. 2 volúmenes. Barcelona: Gedisa Editorial, 2014–2015.

Thompson, Geoff y Christian Mostert., ed. *Karl Barth: A Future for Postmodern Theology?* St. Adelaide: ATF Press, 2000.

Vanhoozer, Kevin J. *Is There a Meaning in This Text?: The Bible, the Reader, and the Morality of Literary Knowledge*. Décima edición. Landmarks in Christian Scholarship. Grand Rapids, MI: Zondervan Academic, 2009.

_____. *El drama de la doctrina: Una perspectiva canónico-lingüística de la teología cristiana*. Verdad e Imagen. Salamanca: Ediciones Sígueme, 2010.

_____. *Biblical Authority After Babel: Retrieving the Solas in the Spirit of Mere Protestant Christianity*. Grand Rapids: Brazos Press, 2016.

Vanhoozer, Kevin J., ed. *The Cambridge Companion to Postmodern Theology*. New York: Cambridge University Press, 2003.

Vondey, Wolfgang. *Teología Pentecostal: Viviendo el evangelio completo*. Salem, OR: Publicaciones Kerigma, 2019.

Volf, Miroslav y Dorothy C. Bass, ed. *Practicing Theology: Beliefs and Practices in Christian Life.* Grand Rapids, MI: Eerdmans, 2001.

Webster, John. *Holy Scripture: A Dogmatic Sketch.* Cambridge: Cambridge University Press, 2003.

Wells, Samuel. *Improvisation: The Drama of Christian Ethics.* Grand Rapids, MI: Brazos Press, 2004.

Westphal, Merold. *Overcoming Onto-Theology: Toward a Postmodern Christian Faith.* Perspectives in Continental Philosophy. Nueva York: Fordham University Press, 2001.

_____. *Whose Community? Which Interpretation?: Philosophical Hermeneutics for the Church,* The Church and Postmodern Culture (Grand Rapids, MI: Baker Academic, 2009.

Wilson, Andrew. *Spirit and Sacrament: An Invitation to Eucharismatic Worship.* Grand Rapids, MI: Zondervan, 2019.

Wittgenstein, Ludwig. *Investigaciones filosóficas.* Trad. C. Ulises Moulines y Alfonso García Suárez. Barcelona: Crítica, 1988.

_____. *Sobre la certeza.* Trad. Josep L. Paredes y Vicent Raga. Barcelona: Gedisa, 1988.

Woodill, Joseph. *The Fellowship of Life: Virtue Ethics and Orthodox Christianity.* Washington D. C.: Georgetown University Press, 2002.

Wright, N. T. The *New Testament and the People of God.* Minneapolis: Fortress Presss, 1996.

_____. *After You Believe: Why Christian Character Matters.* Nueva York: HarperOne, 2010.

Sobre los autores

Joge Ostos (Lic. Teología) es un prolífico escritor y traductor, teniendo en su haber varias obras literarias publicadas y una larga lista de obras académicas traducidas. Sus libros incluyen *Más humano, más espiritual* (2017), *Mero conocimiento* (2018) y la novela psicológica *Lucas, un retrato suicida* (2019). Actualmente estudia una Maestría en Historia y Pensamiento Cristiano.

Saúl Sarabia (Dr. (c) Filosofía de la Ciencia) es un investigador especializado en el campo de la filosofía y las ciencias cognitivas, con un enfoque central en temas como el razonamiento, la racionalidad y su origen evolutivo. Sarabia ha presentado ponencias en diferentes países como China y Noruega, así como también contribuido con capítulos de libros y artículos en revistas académicas como *Crítica*.

Made in the USA
Monee, IL
15 February 2022

91198932R00127